ein Ullstein Buch

Ullstein Buch Nr. 3248
im Verlag Ullstein GmbH
Frankfurt/M – Berlin – Wien
Titel der Originalausgabe:
»Belejet parus odinokij«
Aus dem Russischen
von Ina Tinzmann

Ungekürzte Ausgabe

Umschlagentwurf:
Hansbernd Cundemann
Mit Genehmigung des
Hermann Luchterhand Verlages,
Darmstadt und Neuwied
Printed in Germany 1976
© 1974 by
Hermann Luchterhand Verlag,
Darmstadt und Neuwied
Nutzung der deutschen
Übersetzung
mit Genehmigung des Verlages
Volk und Welt, Berlin-DDR
Gesamtherstellung:
Ebner, Ulm
ISBN 3 548 03248 6

Valentin
Katajew

Es blinkt ein
einsam Segel

Roman

ein Ullstein Buch

Der Abschied

Es war gegen fünf Uhr morgens, als auf dem Viehhof des Gutes das Horn ertönte.

Dieser aufreizende Klang, grell und gleichsam in eine Unmenge musikalischer Nebentöne zerrissen, durchdrang den Aprikosengarten, schwebte hinaus über die kahle Steppe, auf das weite Meer und hallte lange und traurig wie ein verklingendes Echo zwischen den Berghängen wider.

Es war das erste Signal zur Abfahrt der Postkutsche. Die Ferien waren zu Ende, und auch für die Familie des Odessaer Lehrers Batschej hatte nun die bittere Abschiedsstunde geschlagen. Die anderen Sommergäste waren, durch die Ereignisse aufgeschreckt, bereits im Hochsommer nach und nach abgereist.

Batschej hatte zwei Buben. Der ältere, Petja, war achteinhalb, der jüngere, Pawlik, dreieinhalb Jahre alt.

Nun hatte das Horn gerufen, und die kräftigen Rappen wurden für sie aus dem Stall geführt . . .

Petja hatte unruhig geschlafen und war lange vor dem Hornruf durch das Vogelgezwitscher aufgewacht. Er zog sich an und ging hinaus ins Freie.

Der Garten, die Steppe, der Hof – alles lag in kühlem Schatten. Die Sonne war aus dem Meer emporgestiegen, aber noch verdeckte sie ein hoher Felsen.

Petja trug seinen Sonntagsanzug, aus dem er im Laufe des Sommers ziemlich herausgewachsen war. Er bestand aus einer blauen wollenen Matrosenbluse mit aufgesteppten weißen Litzen am Kragen, aus einer kurzen Hose, langen Baumwollstrümpfen, Knöpfschuhen und einem runden Strohhut mit breitem Rand.

Ein wenig fröstelnd, schlenderte Petja noch einmal durch das Gut und nahm Abschied von all den Plätzen und Winkeln, die ihm während der Ferien so vertraut geworden waren.

Den ganzen Sommer über war Petja fast nackt umhergelaufen. Nun glänzte er am ganzen Körper rötlichbraun wie ein Indianer. Er war gewohnt, barfuß über Stacheln und Steine zu laufen, dreimal am Tage zu baden, sich am Ufer vom Kopf bis zu den Füßen mit rotem lehmigem Schlick einzuschmieren und die Brust mit allerlei Mustern zu bemalen, so daß er auf diese Weise tatsächlich einer Rothaut ähnlich sah, besonders wenn er sich noch die blauen Federn jener wunderschönen, ganz märchenhaften Vögel in den

Haarschopf steckte, die ihre Nester an den Felshängen bauten. Und nun ging er, nach all der genossenen Freiheit, in der engen wollenen Matrosenbluse, in den kratzenden Strümpfen, den unbequemen Schuhen und dem großen Strohhut umher, dessen Gummiband an den Ohren scheuerte und am Hals drückte.

Petja stieß den Hut vom Kopf und ließ ihn nach hinten fallen. Jetzt baumelte er wie ein Körbchen auf seinem Rücken.

Zwei dicke Enten watschelten lebhaft schnatternd vorüber, warfen einen verächtlichen Blick auf den geputzten Jungen und schlüpften nacheinander unter einem Zaun hindurch.

War das nun demonstrative Absicht, oder hatten sie ihn wirklich nicht erkannt? Petja wurde plötzlich so schwer und traurig zumute, daß er hätte weinen mögen.

Dieser frühe Morgen dünkte ihm kalt und fremd. Sogar die Grube am Ende des Gemüsegartens – diese herrliche tiefe Grube, in der man so spannend in aller Heimlichkeit auf einem Feuer Kartoffeln rösten konnte –, selbst die kam ihm nun seltsam fremd und verändert vor.

Die Sonne stieg immer höher. Obwohl Hof und Garten noch im Schatten lagen, berührten ihre ersten goldenen Strahlen schon kalt und leuchtend die rosigen, gelben und graublauen Kürbisse auf dem Schilfdach der kleinen Lehmhütte, in der die Wächter wohnten. Die Köchin – in kariertem handgewebtem Rock und einem rot und schwarz mit Kreuzstich besticktem Leinenhemd, einen Blechkamm in dem unordentlichen Haar – entfernte die ausgeglühten Kohlenreste aus einem Samowar.

Petja blieb vor ihr stehen und betrachtete die Kette, die an ihrem alten, faltigen Hals auf und ab hüpfte.

»Na, fahrt ihr weg?« fragte die Alte gleichgültig.

»Ja«, antwortete der Junge mit leicht bebender Stimme.

»Gute Reise!« Sie wandte sich zur Wassertonne, umwickelte die rechte Hand mit dem Saum ihres karierten Rockes und schlug den Zapfen heraus. Ein dicker Wasserstrahl schoß in hohem Bogen hervor. Helle runde Tropfen kullerten über den Boden und bedeckten sich mit grauem Pulverstaub.

Die Köchin stellte den Samowar unter den glitzernden Strahl, und unter dem steigenden Wasser sang er hell auf.

Nein, wahrhaftig, keiner hatte Mitgefühl mit ihm!

Auf dem Krocketplatz, auf der Wiese, in der Laube – überall die gleiche menschenleere, feindselige Stille.

Und wie lustig, wie festlich war es hier noch vor kurzem gewesen! Wie viele hübsche kleine Mädchen, wie viele ungezogene Buben, wie viele Streiche, Spiele, wieviel Krach, Prügel, Streit, wie viele Versöhnungen, Küsse, Freundschaften!

Und was für ein herrliches Fest hatte der Gutsbesitzer Rudolf Karlowitsch am Geburtstag seiner Frau Luisa Franzewna für die Sommergäste veranstaltet! Petja würde dieses Fest nie vergessen ... Alle Sommergäste waren zum Morgentee unter den Aprikosenbäumen eingeladen.

Im Garten war ein riesiger Tisch gedeckt und mit Feldblumensträußen geschmückt. Die Mitte der Tafel nahm ein vorzüglicher Geburtstagskuchen von der Größe eines Wagenrades ein. Fünfunddreißig brennende Kerzen, die in dem schön aufgegangenen, dick mit Puderzucker überstreuten Kuchen steckten, gaben das Alter des Geburtstagskindes an.

Die Feierlichkeiten endeten in einem Kinderkostümfest mit Musik und Feuerwerk.

Alle Kinder schlüpften in die schon lange vorher angefertigten Kostüme. Die Mädchen verwandelten sich in Nixen und Zigeunerinnen, die Buben in Indianer, Räuber, chinesische Mandarine und Matrosen. Alle hatten wunderschöne grellbunte Kaliko- oder Papierkostüme. Das Seidenpapier der Röckchen und Umhänge raschelte, die künstlichen Rosen wiegten sich auf ihren Drahtstengelchen, und die Seidenbänder der Tamburine flatterten im Wind.

Das allerschönste Kostüm aber trug selbstverständlich Petja. Vater hatte eigenhändig zwei Tage lang daran gebastelt, wobei ihm alle fünf Minuten der Zwicker von der Nase rutschte. Kurzsichtig, wie er war, stieß er dauernd den Leim um, murmelte entsetzliche Verwünschungen gegen die Veranstalter dieses »Unfugs« in seinen Bart und drückte überhaupt auf verschiedenste Weise seinen Abscheu gegen den »blöden Einfall« aus.

Aber natürlich waren das nur Finten. Er hatte ganz einfach Angst, daß das Kostüm mißraten könnte und er sich blamieren würde. Was hatte er sich für Mühe gegeben! Das Kostüm wurde aber auch großartig.

Es war eine regelrechte Ritterrüstung, kunstvoll aus Gold- und Silberpapier geklebt und auf ein Drahtgestell gezogen. Der mit einem prächtigen Federbusch gezierte Helm sah genauso aus wie die Ritterhelme in den Erzählungen von Walter Scott. Man konnte sogar das Visier heben und senken.

Das alles wirkte so wundervoll, daß man Petja in die zweite Reihe neben Soja stellte, die das schönste Mädchen unter den Sommergästen war und an diesem Tage das rosenfarbene Kostüm einer guten Fee trug.

Arm in Arm durchschritten sie den mit chinesischen Laternen geschmückten Garten, aus dessen geheimnisvoller Tiefe bald hier, bald dort die von grünem und rotem bengalischem Licht umflossenen, unwahrscheinlich leuchtenden Sträucher und Bäume hervortraten. Beim Schein brennender Kerzen aßen die Erwachsenen in der Gartenlaube zu Abend. Von allen Seiten flogen Schmetterlinge in das Licht und fielen versengt auf das Tischtuch.

Vier Raketen wurden abgeschossen. Zischend und funkensprühend klommen sie mühevoll in die Luft, um mit sanftem Knall in rote Leuchtkugeln zu zerplatzen.

Irgendwo auf der Welt gab es auch noch den Mond. Aber das wurde erst offenbar, als sich Petja und Soja in der Tiefe des Gartens befanden. Durch das Laub drang ein so heller, zauberhafter Mondschein, daß sogar das Weiß in den Augen des Mädchens von tiefer Bläue schien und das gleiche Blau auf dem dunklen Wasser der unter den Bäumen stehenden Regentonne aufblitzte, in der ein vergessenes Spielzeugschiffchen umherschwamm.

Und hier geschah es, daß beide sich ganz unerwartet einen Kuß gaben, nach diesem Kuß aber derart verlegen wurden, daß sie mit übertrieben lautem Gebrüll auf gut Glück losstürzten und so lange liefen, bis sie auf dem Hinterhof landeten. Hier feierten die Landarbeiter, die gekommen waren, um der Herrschaft zu gratulieren.

Auf dem aus der Gesindeküche geholten Fichtentisch standen ein Fäßchen Bier, zwei Maß Wein, eine Schüssel mit gebratenem Fisch und Weizenbrot. Die betrunkene Köchin, in ihrer neuen, rüschenbesetzten Kattunbluse kaum wiederzuerkennen, teilte mit bösem Gesicht jedem der feiernden Tagelöhner seine Portion zu und schenkte die Becher voll.

Der Ziehharmonikaspieler saß breitspurig mit aufgeknöpfter Joppe da, wiegte sich auf dem Stuhl hin und her und fingerte an den Knöpfen seines asthmatischen Instruments herum.

Zwei schlanke Burschen mit gleichgültigen Gesichtern hielten einander an den Hüften, knallten mit den Absätzen und stampften eine Polka.

Einige Landarbeiterinnen mit neuen, noch ungewaschenen Kopftüchern, die Wangen aus Eitelkeit und zur Hautpflege mit

Tomatensaft eingerieben, die Füße in zu enge Stiefel aus Ziegenleder gepreßt, standen dicht nebeneinander und hielten sich eng umschlungen.

Rudolf Karlowitsch und Luisa Franzewna wichen vor einem auf sie zukommenden Landarbeiter zurück.

Er war völlig betrunken. Einige Männer hielten ihn an den Armen fest. Er versuchte sich loszureißen und fluchte in gräßlichen Ausdrücken. Aus seiner Nase floß Blut auf das von oben bis unten zerrissene Sonntagshemd.

Zähneknirschend und weinend brüllte er, während er sich an diesem wütenden, irrsinnigen Weinen fast verschluckte, wie besessen: »Drei Rubel fünfzig für zwei Monate Sträflingsarbeit! O du schamlose Fresse! Laßt mich los, laßt mich zu dem Aas! Habt doch ein Herz, laßt mich zu ihm! Dem werd ich die Seele aus dem Leib prügeln! Gebt mir Streichhölzer, laßt mich ans Heu! Denen werd ich eine Geburtstagsfeier zeigen! Oh, du hast Grischka Kotowskis Hand noch nicht ausprobiert, du giftige Natter!«

Der Mondschein blinkte in seinen verdrehten Augen.

»Na, na, na . . .«, murmelte der Gutsbesitzer und wich noch weiter zurück. »Paß auf, Gawrila, überschlag dich nicht! Für solche Worte, Freundchen, kann man heutzutage an den Galgen kommen!«

»Na, los! Häng mich doch!« schrie der Landarbeiter mit überschnappender Stimme. »Warum hängst du mich nicht? Los, sauf mein Blut! Sauf!«

Das war so furchtbar, so unbegreiflich und reimte sich vor allem so schlecht mit diesem herrlichen Fest zusammen, daß die Kinder entsetzt davonstürzten und schreiend verkündeten, Gawrila wolle Rudolf Karlowitsch totstechen und das Gut anzünden.

Es läßt sich schwer beschreiben, was für ein Durcheinander nun anhob.

Die Eltern führten die Kinder ins Haus. Überall wurden Fenster und Türen geschlossen, wie vor einem Gewitter. Der Landeshauptmann, Tschuwjakow, der für ein paar Tage gekommen war, um seine Familie zu besuchen, ging über den Krocketplatz, riß mit dem Fuß die Torbogen aus der Erde und schleuderte die Kugeln und Schläger beiseite. In den Händen hielt er schußbereit eine Doppelflinte.

Vergebens bat Rudolf Karlowitsch seine Gäste, sich zu beruhigen. Vergebens beteuerte er, es sei nichts zu befürchten, Gawrila sei gefesselt und in den Keller gebracht worden, und morgen käme der Polizeiwachtmeister, um ihn abzuholen.

In der Nacht stand weit über der Steppe ein roter Feuerschein. Und am Morgen verbreitete sich das Gerücht, das Nachbargut sei abgebrannt. Man sagte, Landarbeiter hätten es angesteckt.

Leute, die aus Odessa kamen, erzählten von Unruhen in der Stadt. Es wurde sogar gemunkelt, im Hafen brenne das Bollwerk. Im Morgendämmern nach dem Fest kam der Polizeiwachtmeister und führte Gawrila ab. Im Halbschlaf hatte Petja sogar das Schellengeläut seines Wagens gehört.

Die Sommergäste begannen abzureisen, und es wurde einsam auf dem Gut . . .

Und nun stand Petja an der bewußten Regentonne unter dem alten Aprikosenbaum und planschte mit einer Gerte im Wasser. Nein, es war alles nicht mehr dasselbe – die Tonne nicht und das Wasser nicht und der alte Aprikosenbaum auch nicht!

Alles, alles rundum war fremd geworden, hatte seinen Zauber verloren.

Und das Meer? Ob es ihn zum Abschied auch so kalt und gleichgültig empfangen würde?

Petja wandte sich um und rannte zum Ufer hinab.

Das Meer

Die Steppe endete in einem steilen Abhang, und Petja blieb plötzlich stehen.

Weit dehnte sich das Meer, und das im Sonnenglanz flimmernde Wasser blendete die Augen des Jungen. Die silbrigen Büsche der Weiden zitterten über dem Abhang.

Ein steiler Pfad führte im Zickzack hinunter. Petja war gewohnt, barfuß zu gehen; die Schuhe beengten ihn, die Sohlen glitten auf dem Boden aus, die Füße liefen von selbst, und es war unmöglich, sie aufzuhalten.

Bis zur ersten Biegung ging der Abstieg noch einigermaßen gut. Petja stemmte die Absätze gegen den Boden und griff nach den verdorrten Fäden der Wurzeln, die über dem Pfad hingen. Doch die verfaulten Wurzeln rissen, unter den Absätzen bröckelte der Lehm, und eine Staubwolke, fein und braun wie Kakao, stieg in die Höhe. Der Staub drang ihm in die Nase und kitzelte im Hals.

Petja bekam es satt – ach was, komme, was da wolle!

Er brüllte auf, so laut er konnte, schwenkte die Arme und rannte Hals über Kopf in die Tiefe.

Der vom Wind geblähte Hut klopfte gegen seinen Rücken, und der Matrosenkragen wehte wie eine Fahne. Stacheln bohrten sich in seine Strümpfe. Die breiten Stufen der natürlichen Treppe in raschen Sprüngen nehmend, sauste der Junge wie der Wind über den trockenen, von der Sonne noch nicht erwärmten Ufersand. Dieser Sand war erstaunlich weiß und fein; er glich dem allerfeinsten Grieß und war mit Fußspuren übersät, die der Wind schon halb verweht hatte.

Flach, fast unmerklich, senkte sich der Strand zum Wasser hinab. Und sein äußerster Streifen, alle Augenblicke von weißen Schaumkronen beleckt, war feucht, glatt, fest und von violetter Farbe. Man konnte gut darauf gehen.

Der herrlichste Strand der Welt, der sich in einer Länge von hundert Werst von Karolino-Bugas bis zu dem Donauarm, der damals die Grenze Rumäniens bildete, hinzieht, war zu dieser frühen Morgenstunde ganz menschenleer. Ein Gefühl der Einsamkeit ergriff den Jungen. Aber es war die ganz besondere, stolze und mannhafte Einsamkeit des Robinson Crusoe auf der unbewohnten Insel.

Zuerst widmete sich Petja der Erforschung der Spuren. Er hatte den geübten, durchdringenden Blick eines erfahrenen Abenteurers und vermochte in den Abdrücken im Sand zu lesen wie der berühmte Mayne Reid*.

Der schwarze Fleck am Abhang und die ausgeglühten Kohlenreste sprachen davon, daß in der Nacht Eingeborene mit einem Kahn hier gelandet waren und an einem Lagerfeuer ihr Essen bereitet hatten. Die strahlenförmigen Spuren der Möwen zeugten von Windstille und einer Unmenge kleiner Fischchen in der Nähe des Ufers.

Der dicke Sektkorken mit der französischen Aufschrift und die Zitronenscheibe, von den Wellen auf den Sand geworfen, ließen zweifellos darauf schließen, daß hier ein ausländisches Schiff vorübergefahren war.

Unterdessen war die Sonne ein wenig höher gestiegen. Jetzt glit-

---

* Englisch-amerikanischer Schriftsteller, lebte von 1818 bis 1883 und schrieb Abenteuerromane, u. a. ethnographisch interessante Indianererzählungen.

zerte das Meer nicht mehr überall, sondern nur noch an zwei Stellen: als langer Streifen direkt am Horizont und als eine Menge kleiner, unerträglich flimmernder Sternchen, die in den spiegelblanken Wellen aufsprühten.

Sonst aber schimmerte die unendliche Weite des Meeres so zartblau und traurig in der spätsommerlichen Windstille, daß man unwillkürlich der Worte gedachte:

>Im blauen Dunst der Meeresweite
ein weißes Segel einsam blinkt . . .«,

obwohl nirgends ein Segel zu sehen war und auch kein Dunst über dem Wasser lag.

Petja versank in eine verzückte Betrachtung des Meeres.

Solange man es auch ansieht, nie wird es einem über, immer ist es anders, neu, unbekannt, immer wieder wechselt es sein Gesicht. Einmal ist es ganz ruhig, zart hellblau und von den weißen Pfaden völliger Windstille durchzogen; ein andermal ist es leuchtendblau, flammend und strahlend. Manchmal spielt es mit weißen Schaumkrönchen, dann wieder, unter einer frisch aufkommenden Brise, bekommt es einen dunklen Indigoton wie Wolle, die man gegen den Strich aufrauht.

Doch kommt Sturm auf, verwandelt sich das Meer drohend. Der Sturmwind jagt die Wellen vor sich her, über den bleifarbenen Himmel fliegen schreiend die Möwen, und die aufgewühlten Wogen zerren und schleudern den schillernden Leib eines toten Delphins ans Ufer. Gleich einer gezackten Mauer steht das grelle Grün des Horizonts vor den dunkelgrau sich ballenden Wolken. Die Malachitplatten der Brandung mit dem flüchtigen Zickzack des Schaumes zerschellen donnernd wie Kanonenschüsse am Ufer. Das Echo steht als bronzener Klang in der betäubten Luft. Und der dunstig sprühende Nebel des aufspritzenden Gischtes verhängt die ragende Höhe der Felsen.

Doch der eigentliche Zauber des Meeres lag in irgendeinem Geheimnis beschlossen, das es in seinen unendlichen Weiten barg. Oder war sein phosphoreszierendes Leuchten kein Geheimnis, wenn die Hand, in einer mondlosen Julinacht in das warme schwarze Wasser getaucht, plötzlich von hellblauen Fünkchen umgeben aufleuchtete? Und die sich bewegenden Lichter unsichtbarer Schiffe, das langsame blasse Aufblitzen unbekannter Leuchttürme? Oder die dem menschlichen Geist nicht faßbare Zahl der Sandkörnchen?

Und war denn nicht auch die flüchtige Erscheinung des aufständischen Panzerkreuzers, der sich einmal fern auf dem Meer gezeigt hatte, voller Geheimnisse?

Seinem Erscheinen ging der Brand im Odessaer Hafen voraus. Der Feuerschein war vierzig Werst weit zu sehen. Sofort lief das Gerücht um, daß es das Bollwerk sei, das da brenne. Dann fiel das Wort »Potjomkin«.

Geheimnisvoll und einsam tauchte der meuternde Panzerkreuzer am Horizont auf, mit Kurs auf die Küste Bessarabiens.

Die Landarbeiter ließen ihre Arbeit im Stich, eilten an die steil abfallende Küste und mühten sich, die ferne Rauchfahne zu erkennen. Zuweilen glaubten sie den Panzerkreuzer zu sehen; dann rissen sie ihre Mützen vom Kopf und fuchtelten damit wild in der Luft herum – zur Begrüßung der Aufständischen.

Doch sosehr Petja auch seine Augen zusammenkniff, sosehr er seinen Blick anstrengte, er konnte in der endlosen Weite des Meeres nichts erkennen.

Nur einmal, als es ihm gelungen war, einem anderen Jungen für einen Augenblick das Fernglas abzubetteln, gewahrte er die hellgrüne Silhoutte des Panzerkreuzers mit den drei Schornsteinen und einem roten Fähnchen am Mast.

Das Schiff bewegte sich in westlicher Richtung, der rumänischen Küste zu.

Am andern Tag aber bedeckte sich der ganze Horizont mit niedrigen dunklen Rauchwolken. Die ganze Schwarzmeerflotte war zur Verfolgung der »Potjomkin« ausgelaufen.

Die in ihren großen schwarzen Booten aus der Donaumündung herüberkommenden Fischer brachten das Gerücht, die »Potjomkin« sei in Konstanza gelandet, wo man die Matrosen gezwungen habe, sich der rumänischen Regierung zu ergeben. Die Besatzung sei an Land gegangen und habe sich in alle Himmelsrichtungen zerstreut.

Es verstrichen noch einige unruhige Tage. Und dann bedeckte sich in der Morgendämmerung der Horizont wieder mit Rauchwolken. Diesmal war es die Schwarzmeerflotte auf ihrem Rückweg von Konstanza nach Sewastopol; sie zog den gefangenen Rebellen im Schlepptau hinter sich her.

Leer, ohne Besatzung, die Flagge des Aufstandes eingeholt, glitt die »Potjomkin« langsam in der Umklammerung dichten Rauches an den hohen Klippen Bessarabiens vorbei, verfolgt von den

Blicken der dort stehenden Gutsarbeiter, Grenzsoldaten, Fischer und Landarbeiterinnen ... Man blickte ihr nach, bis das Geschwader den Augen entschwunden war. Und wieder wurde das Meer so freundlich und still, als sei es mit blauem Öl übergossen.

Auf den Steppenwegen aber tauchten berittene Patrouillen auf, die an die Grenzen Rumäniens entsandt waren, um die flüchtige Besatzung der »Potjomkin« einzufangen.

Petja beschloß, zum Abschied noch schnell zu baden.

Und kaum hatte sich der Junge mit einem Anlauf ins Meer gestürzt und, das kühle Wasser mit seiner braunen, seidigen Schulter teilend, zu schwimmen begonnen, als er auch schon alles auf der Welt vergaß.

Zunächst durchschwamm er die tiefe Stelle, die dicht am Ufer lag, und gelangte zur ersten Sandbank.

Er erklomm sie und ging, bis zu den Knien im Wasser, eine Weile auf und ab, wobei er durch das klare Wasser das Wellenmuster des sandigen Grundes betrachtete.

Auf den ersten Blick konnte es scheinen, als sei der Grund unbewohnt. Doch brauchte man nur genauer hinzusehen, um in den Runzeln des Sandes Leben zu entdecken. Dort bewegten sich, im Sand verschwindend und wieder auftauchend, die winzigen Muscheln des Schneckenkrebses. Petja griff sich solch eine Muschel und zupfte die krebsartige Molluske – es waren sogar Scheren an den winzigen Körperchen – heraus. Die Mädchen fädelten diese Muscheln gern auf einen dicken Faden, woraus eine wunderschöne Kette entstand. Das war aber keine Beschäftigung für Männer.

Plötzlich erblickte der Junge eine Meduse, die wie ein durchsichtiger Lampenschirm mit einer Quaste aus ebenso durchsichtigen Fühlern im Wasser hing, und er jagte ihr nach. Es schien, als schwebe sie regungslos. Doch das war eine Täuschung. Die dünnen Ränder ihrer dicken Kuppel atmeten, und die bläuliche Gallertmasse bebte wie die Ränder eines Fallschirms. Die Fühler bewegten sich schnell hin und her.

Die Qualle verzog sich schräg in die Tiefe, als ahnte sie die Gefahr. Aber Petja erreichte sie doch. Vorsichtig, um den giftigen, wie Brennesseln sengenden Rand nicht zu berühren, ergriff der Junge die Meduse mit beiden Händen an der Kuppel und zog sie aus dem Wasser. Mit aller Gewalt schleuderte er das Tier auf den Strand.

Die Meduse klatschte schwer auf den nassen Sand, und sofort

entzündeten sich die Sonnenstrahlen als silbriger Stern auf ihrer schleimigen Masse.

Petja stieß einen Schrei des Entzückens aus und gab sich nun, von der Sandbank in die Tiefe stürzend, seiner Lieblingsbeschäftigung hin – er tauchte mit geöffneten Augen.

Wie berauschend war das!

In der Tiefe erstand vor den Augen des Jungen ein wunderbares Reich. Durch das Wasser erblickte er, wie durch eine Lupe vergrößert, deutlich die buntfarbenen Kieselsteinchen, die den Meeresgrund wie Kopfsteinpflaster bedeckten.

Die Stengel der Wasserpflanzen bildeten einen märchenhaften Wald, den die mattgrünen, mondscheinblassen Strahlen der Sonne von oben her durchdrangen.

Zwischen den Wurzeln kroch, die fürchterlichen Scheren wie Hörner aufgestellt, geschickt eine große Krabbe. Sie trug auf ihren Spinnenbeinen das gewölbte Deckelchen ihres Rückenpanzers, der mit kalkigen Molluskenwarzen bedeckt war. Petja erschrak keineswegs vor ihr. Er wußte gut, wie man mit Krabben umzugehen hatte. Man mußte sie nur mutig mit zwei Fingern am Rücken packen, dann konnten sie nicht mehr kneifen. Im übrigen interessierte sie den Jungen wenig; mochte sie nur ruhig dahinkriechen – eine Seltenheit war sie nicht. Der ganze Strand war ja mit vertrockneten Scheren und rötlichen Panzerstückchen toter Krabben besät.

Viel interessanter waren die Seepferdchen. In einem kleinen Rudel tauchten sie gerade zwischen den Schlingpflanzen auf. Mit ihren gedrechselten Schnäuzchen und Brüstchen einem Schachpferd zum Verwechseln ähnlich – nur daß sich die Schwänzchen nach vorn ringelten –, steuerten sie, die Schwimmhäute der winzigen Flossen weit auseinandergespreizt, geradewegs auf Petja zu. Offenbar hatten sie nicht damit gerechnet, so früh schon auf einen Jäger zu stoßen.

Dem Jungen hüpfte das Herz vor Freude. In seiner Sammlung hatte er nur ein einziges Seepferdchen, und das war bereits zusammengeschrumpft und ausgetrocknet. Diese aber waren, eins wie das andere, groß und schön.

Es wäre eine Dummheit gewesen, eine so außerordentliche Gelegenheit ungenutzt vorübergehen zu lassen. Petja stieß rasch an die Oberfläche, um Luft zu schöpfen und dann so schnell wie möglich mit der Jagd zu beginnen. Doch plötzlich erblickte er oben am Abhang seinen Vater. Der alte Herr schwenkte seinen Strohhut und schrie irgend etwas. Aber sein Standort war so hoch, und die Stimme hallte so sehr am Abhang wider, daß den Jungen nur ein langgezogenes »... el-el-el-el ...!« erreichte. Doch Petja begriff den Sinn dieses »el-el-el-el« sehr gut. Es bedeutete: Wo steckst du denn, verflixter Bengel? Ich suche dich auf dem ganzen Gut! Der Wagen wartet! Du willst wohl, daß wir deinetwegen das Schiff verpassen? Komm sofort aus dem Wasser, du Lümmel! Die Stimme des Vaters rief in Petja wieder das bittere Trennungsgefühl hervor, mit dem er heute aufgewacht war. Und er brüllte mit verzweifelt lauter Stimme, daß es hell in den Ohren klang: »Ich komme gleich! Gleich!«

Und vom Abhang hallte es gedehnt zurück: »... ei-ei-ei ...!« Petja zog fix den Anzug über den nassen Körper – was ihm, ehrlich gesagt, sehr angenehm war – und kletterte den Abhang hinauf.

In der Steppe

Die Postkutsche stand schon auf der Straße vor dem Tor. Der Kutscher war auf ein Rad geklettert und band auf dem Wagendach die zusammenklappbaren Feldbetten der abreisenden Sommergäste sowie die runden Körbe mit den blauen Auberginen fest, die bei dieser Gelegenheit nach Akkerman mitgeschickt wurden.

Der kleine Pawlik, in Anbetracht der Reise mit einem neuen hellblauen Schürzchen angetan – auf seinem Kopf prangte dazu ein gestärktes Pikeemützchen, das wie eine kleine Puddingform aussah –, stand wohlweislich in einiger Entfernung von den Pferden und studierte tiefsinnig alle Einzelheiten ihres Geschirrs.

Es verwunderte ihn maßlos, daß dieses Geschirr, ein richtiges Geschirr für richtige, lebendige Pferde, in seiner Konstruktion so offensichtlich von dem Geschirr seines großartigen Pappmachépferdes Kudlatka abwich. Kudlatka hatte man nicht in die Sommerfrische mitgenommen. Es erwartete jetzt seinen Herrn in Odessa.

Wahrscheinlich hatte der Händler, der ihnen Kudlatka verkauft hatte, irgend etwas durcheinandergebracht! Pawlik war ganz betrübt. Auf keinen Fall durfte er vergessen, sofort nach der Rückkehr Papa zu bitten, aus irgendeinem Stoff diese sehr schönen schwarzen Klappen – wer weiß, wie sie heißen mochten – auszuschneiden und an Kudlatkas Augen zu kleben. Als ihm auf diese Weise Kudlatka in den Sinn gekommen war, verspürte Pawlik eine innere Unruhe. Wie mochte es ohne ihn in der Kammer leben? Ob ihm die Tante auch Heu und Hafer vorsetzte? Und ob ihm die Mäuse nicht inzwischen den Schwanz abgefressen hatten? Freilich, viel war ja nicht mehr davon übrig gewesen, zwei, drei Haare etwa und der Nagel, der sie hielt, doch immerhin ...

Ganz verzehrt von schrecklicher Ungeduld, rannte Pawlik ins Haus, um Papa und Petja anzuspornen.

Doch sosehr ihn Kudlatkas Schicksal auch beunruhigte, vergaß er doch keinen Augenblick das an einem Band über seine Schulter gehängte neue Reisetäschchen. Er umklammerte es fest mit beiden Händen, denn außer einer Tafel Schokolade und einigen Salzküchlein – Marke »Kapitän« – befand sich seine größte Kostbarkeit darin: die aus einer Kakaodose hergestellte Sparbüchse. Sie enthielt das Geld, das Pawlik für den Kauf eines Fahrrades sparte.

Es hatte sich schon recht viel darin angesammelt: etwa achtunddreißig oder neununddreißig Kopeken.

Papa und Petja, die zum Frühstück noch schnell Milch getrunken und Weißbrot gegessen hatten, kamen bereits auf den Wagen zu.

Petja trug seine Kostbarkeiten sorgsam unter den Arm geklemmt – ein Glas mit Seenadeln in Spiritus sowie eine Sammlung von Schmetterlingen, Käfern, Muscheln und Krabben.

Nachdem sie von den Wirtsleuten herzlich Abschied genommen hatten, bestiegen sie die Postkutsche, und die Fahrt begann.

Laut mit dem angebundenen Eimer klappernd, fuhr der Wagen am Obstgarten vorbei, vorüber an der Laube, am Vieh- und am Hühnerhof und erreichte schließlich auch jenen glatten, festgestampften Platz, auf dem das Getreide gedroschen wurde. Garman hieß dieser Platz hier in Bessarabien.

Gleich hinter der am Weg gelegenen Anhöhe, auf welcher staubbedeckter Ginster voller tropfenförmiger gelblichroter Beeren üppig wucherte, begann das Reich des Garman.

Die Schober von altem und neuem Stroh, groß und hoch wie Häuser, bildeten eine ganze Stadt. Es gab richtige Straßen, Gassen und Sackgassen. Hier und da unter den aufgeschichteten Mauern sehr alten Strohs drangen aus der festen, wie aus Eisen gegossenen Erde smaragdgrün leuchtende Weizenschößlinge von erstaunlicher Reinheit und Klarheit.

Aus dem Schornstein der Lokomobile stieg dichter gelblicher Rauch empor. Man hörte den heulenden Ton einer von der Straße aus nicht sichtbaren Dreschmaschine. Junge Frauen und Mädchen mit Heugabeln standen auf den Schobern, bis zu den Knien im Getreide versunken. Wie Schatten flogen die Garben durch die riesige Spreuwolke, die von schräg einfallenden Sonnenstrahlen zerteilt wurde.

Man sah Säcke, eine Waage und Gewichte.

Dann ging es rasch an einem großen Hügel frisch gedroschenen Korns vorüber, der sorgfältig mit mehreren Planen zugedeckt war. Und nun fuhr der Wagen in die offene Steppe hinaus.

Kurz und gut, es begann genauso wie in den vergangenen Jahren. Weit dehnte sich das offene, öde Stoppelfeld. Ein einsamer Hügel ragte auf. Lila leuchteten die Immortellen. Die Zieselmaus saß vor ihrem Bau. Und dann kam das seit je am Wegrand liegende Tauende, das einer zerquetschten Schlange glich . . .

Doch plötzlich wirbelte eine Staubwolke empor, und am Wagen trabten mehrere berittene Wachtposten vorbei.

»Halt!«

Der Wagen hielt.

Einer der Reiter näherte sich der Kutsche.

Über seiner grünen Schulterklappe mit der Regimentsnummer hüpfte der kurze Lauf eines Karabiners. Auch die staubige, schief aufgesetzte Schirmmütze hüpfte. Der Sattel knarrte und roch durchdringend nach Leder.

Das schnaubende Pferdemaul verharrte in der Höhe des geöffneten Wagenfensters, und die großen Zähne kauten das blanke Eisen der Kandare. Heller Schaum tropfte von den gummiähnlichen schwarzen Lippen, und aus den zarten rosigen Nüstern drang heißer Atem, der die Insassen des Wagens dampfend umgab.

»Wen und wohin fährst du?« erscholl irgendwo oben die Stimme des Soldaten.

»Sommerfrischler zum Schiff«, antwortete der Kutscher mit dünner, diensteifriger Stimme. »Sie fahren nach Akkerman, von da direkt ans Schiff und dann nach Odessa. Sie haben den ganzen Sommer auf dem Gut gelebt. Seit Anfang Juni. Nun fahren sie heim . . .«

»Los, zeigt euch mal!«

Und schon blickte ein rotes Soldatengesicht mit gelbem Schnurrbart und gelben Brauen, mit stachligem Kinn und einer ovalen

Kokarde auf dem grünen Mützenrand zum Wagenfenster herein.

»Wer seid ihr?«

»Sommerfrischler«, antwortete der Vater mit einem Lächeln. Dem Soldaten mißfiel offenbar dieses Lächeln und dieses allzu leicht dahingesagt »Sommerfrischler«, hinter dem er eine Verhöhnung witterte.

»Das seh ich selber«, sagte er barsch. »Was besagt das schon – Sommerfrischler! Also, wer seid ihr?«

Der Unterkiefer des Vaters zuckte, und sein Bärtchen hüpfte. Blaß vor Zorn, schloß er mit zitternden Fingern alle Knöpfe seines Sommermantels, rückte den Zwicker zurecht und schrie mit durchdringend hoher Stimme: »Wie kommen Sie dazu, in diesem Ton mit mir zu reden? Ich bin Pädagoge an der Mittleren Lehranstalt, Kollegienrat Batschej, und das sind meine Söhne – Pjotr und Pawel. Wir befinden uns auf dem Weg nach Odessa.«

Die Stirn des Vaters bedeckte sich mit rosa Flecken.

»Verzeihung, Euer Gnaden«, stammelte der Soldat und hob, seine Augen weit aufreißend, die Hand mit der Peitsche an den Mützenrand. »Verzeihung, ein Mißverständnis!«

Man sah, daß er zu Tode erschrocken war, als er den ihm bisher zwar unbekannten, aber doch so gewichtigen Amtstitel »Kollegienrat« vernommen hatte. Mag der nur in Gottes Namen weiterfahren! Weiß der Kuckuck, was man sich sonst einbrockt; es kann einem teuer zu stehen kommen.

Er gab seinem Pferd die Sporen und galoppierte davon.

»Dussel!« sagte Petja, als die Soldaten bereits außer Hörweite waren.

Der Vater brauste wieder auf.

»Schweig! Wie oft hab ich dir gesagt, daß du dieses Wort nicht in den Mund nehmen sollst! Wer oft ›Dussel‹ sagt, ist meistens selbst ein ... kein allzu kluger Mensch. Merk dir das ein für allemal!« Zu anderer Zeit hätte Petja natürlich widersprochen, aber jetzt schwieg er. Er begriff den seelischen Zustand seines Vaters sehr gut.

Vater, der immer mit großer Verachtung von Titeln und Orden sprach, der nie seine Uniform und nie seinen Annenorden Dritter Klasse trug, der keine Standesprivilegien anerkannte und hartnäckig behauptete, alle Bewohner Rußlands seien nichts anderes als einfache »Bürger« – er hatte nun plötzlich, in einer zornigen Aufwallung, Gott weiß was erzählt. Und wem? Dem erstbesten

Soldaten! »Pädagoge an der Mittleren Lehranstalt« ... »Kollegienrat« ... »Wie kommen Sie dazu, in diesem Ton zu reden?«

Welch ein Blödsinn! schien das verlegene Gesicht des Vaters zu sagen. Welch eine Schande!

Inzwischen hatte der Kutscher, wie es oft bei langen Reisen mit Pferden passierte, in der allgemeinen Aufregung die Schnur seiner Peitsche verloren. Er ging nun die Straße zurück und durchstöberte mit dem Peitschenstiel die am Wege stehenden staubgrauen Wermutbüschel.

Schließlich hatte er die Peitschenschnur gefunden und band sie wieder an, wobei er den Knoten mit den Zähnen festzog. »Hol sie der Teufel!« sagte er, an den Wagen herantretend. »Da patrouillieren diese Wachtposten nun alle Straßen ab und jagen einem bloß 'n Schrecken ein.«

»Warum reiten sie denn umher?« fragte der Vater.

»Weiß ich, warum? Anscheinend sind sie hinter einem her. Da hat man vorgestern das Haus des Gutsbesitzers Balabanow, etwa dreißig Werst von hier entfernt, in Brand gesteckt. Man sagt, ein flüchtiger Matrose von der ›Potjomkin‹ soll's gewesen sein. Nun reiten sie kreuz und quer und wollen ihn schnappen. Er soll sich hier irgendwo in der Steppe versteckt haben, sagt man. Na, fahren wir weiter!«

Mit diesen Worten kletterte der Kutscher auf seinen Bock, ergriff die Zügel, und der Wagen setzte sich wieder in Bewegung.

So schön dieser Morgen begonnen hatte – die Stimmung war nun allen verdorben.

Offenbar war in dieser herrlichen Welt mit dem tiefblauen Himmel, der mit kleinen, bauschigen weißen Wolken übersät war, in der Welt der lilafarbenen Schatten, die wellenartig von Hügel zu Hügel über das Steppengras liefen, in dem hier und da ein Pferdeschädel oder das Horn eines Ochsen auftauchte, in der Welt, die doch ausschließlich zu des Menschen Glück und Freude erschaffen zu sein schien – offenbar war in dieser Welt nicht alles in Ordnung.

Darüber dachten in der Postkutsche sowohl der Kutscher als auch der Vater und Petja nach.

Nur Pawlik hatte seine eigenen Gedanken.

Seine runde Stirn, auf die unter dem Hütchen hervor der Pony herabfiel, war angespannt in Falten gelegt, und seine aufmerksamen braunen Augen blickten nachdenklich durch das Fenster.

»Papa«, sagte er plötzlich, ohne den Blick vom Fenster zu wenden, »Papa, wer ist der Zar?«

»Was heißt das: Wer ist der Zar?«

»Na – wer?«

»Hm . . . ein Mensch.«

»Na ja doch! . . . Das weiß ich selber, daß er ein Mensch ist. Du bist aber einer! Das mein ich doch gar nicht. Aber wer es ist! Hörst du, wer?«

»Ich versteh nicht, was du willst.«

»Ich frag doch: wer?«

»Na, mein Gott . . . wer, wer . . . Ein Gesalbter, wenn du so willst.«

»Mit was ist er denn gesalbt?«

»W-a-a-s?« Der Vater blickte seinen Sohn streng an.

»Na ja, mit was er gesalbt ist? Hör doch – mit was?«

»Red keinen Blödsinn!« Erbost wandte sich der Vater ab.

Die Tränke

Gegen zehn Uhr vormittags hielten sie in einem großen, zur Hälfte rumänischen, zur Hälfte ukrainischen Dorf, wo die Pferde getränkt werden sollten.

Der Vater nahm Pawlik an die Hand, und sie gingen Melonen kaufen. Petja blieb bei den Pferden, um beim Tränken zuzusehen. Der Kutscher führte die Tiere, die den unförmigen Wagen hinter sich herzogen, zu einem altertümlichen Ziehbrunnen, dem sogenannten »Kranich«.

Dort angelangt, steckte er die Peitsche in den Stiefelschaft und angelte nach der langen, senkrecht hängenden Stange, an der ein schwerer Eichenbottich hing. Er packte die Stange mit beiden Händen und ließ, Hand über Hand greifend, den Bottich in den Brunnen hinab. Der »Kranich« knarrte. Das eine Ende des riesigen Querbalkens begann sich zu senken, als wolle es einen Blick in den Brunnen werfen, während das andere, an dem als Gegengewicht ein großer Stein angebunden war, leicht in die Höhe ging. Petja legte sich mit der Brust auf den Rand des Brunnens und blickte hinab.

Der runde, mit Kopfsteinen ausgemauerte und mit stumpfem dunkelbraunem, samtigem Schimmel überzogene Brunnenschacht verlor sich in der Tiefe. Und dort, in der kalten Finsternis, blinkte das Wasser, in dem sich Petjas Hut widerspiegelte.

Der Junge stieß einen Schrei aus, und gleich einem Tonkrug füllte sich der Brunnen mit weittönendem Schall.

Der Bottich sank nach unten, wurde kleiner und kleiner, aber noch immer hatte er das Wasser nicht erreicht. Schließlich hörte man ein fernes Aufklatschen. Der Zuber versank im Wasser, füllte sich und wurde wieder nach oben gezogen.

Schwere Tropfen platschten ins Wasser zurück und knallten wie Zündplättchen. Langsam stieg die von den vielen Händen wie Glas blankpolierte Stange in die Höhe, bis schließlich die nasse Kette sichtbar wurde. Der Kutscher griff mit seinen starken Armen nach dem schweren Bottich und schüttete das Wasser in den steinernen Trog. Bevor er es aber ausgoß, trank er davon und nach ihm auch Petja. Das war ja der eigentliche Reiz des Tränkens.

Der Junge steckte Nase und Kinn in das ciskalte Wasser. Der Bottich war innen mit grünem, bärtigem Schlamm bewachsen, und es war etwas Unheimliches, Verwunschenes um diesen Bottich und diesen grünen Schlamm – etwas Uraltes, Urwaldartiges, etwas, was in der kindlichen Phantasie die Wassermühle, den alten zaubernden Müller, finstere Wasser und die Froschprinzessin erstehen ließ.

Das eisige Wasser umklammerte sofort mit heftigem Schmerz seine Stirn. Doch der Tag war heiß, und Petja wußte, daß dieser Schmerz bald vergehen würde.

Er wußte auch sehr gut, daß man etwa sieben bis zehn Bottiche braucht, um die Pferde zu tränken, und daß dies mindestens eine halbe Stunde in Anspruch nehmen würde. Also konnte er sich weiter umsehen.

Vorsichtig stakste der Junge durch den von Schweinehufen aufgewühlten kohlrabenschwarzen Dreck, der den Brunnen umgab. Dann ging er an der Wasserrinne entlang über die mit Gänseflaum übersäte Wiese. Die Wasserrinne führte zu einem Sumpf, der ganz und gar mit einem regelrechten Wald von Schilf, Riedgras und Unkraut bewachsen war. Hier herrschte auch mittags ein kühles Halbdunkel, und betäubende Gerüche schlugen einem entgegen.

Der scharfe Geruch des Riedgrases vermischte sich mit dem süßen, nußartigen des Wasserschierlings, der geradezu Kopfschmerzen verursachte. Neben den spitzblättrigen Büschen der Tollkirsche, die von schwarzgrünen Kapseln mit fleischigen Stacheln und langen, ungewöhnlich zarten, doch übelriechenden weißen Blüten bedeckt waren, wuchsen Nachtschatten, Bilsenkraut und die geheimnisvolle Schlafbeere.

Auf dem Pfad saß ein großer Frosch mit geschlossenen Augen, und Petja bemühte sich mit aller Gewalt, ihn nicht anzugucken, um nicht plötzlich auf seinem Kopf ein winziges goldenes Krönchen zu erblicken.

Überhaupt schien hier alles verzaubert wie in einem Märchenwald. Irrte hier nicht die kleine Aljonuschka umher, die ihr Brüderchen Iwanuschka suchte?

Und wäre jetzt plötzlich ein weißes Zicklein aus dem Dickicht gekommen und hätte mit dünner Kinderstimme gemeckert, so wäre Petja wahrscheinlich vor Angst ohnmächtig geworden.

Der Junge beschloß, nicht an das Zicklein zu denken. Doch je mehr er sich darum bemühte, desto lebhafter stellte er es sich vor. Und je heftiger er daran dachte, desto unheimlicher wurde es ihm in dem Schwarzgrün dieses verwunschenen Ortes.

Er nahm sich mit aller Kraft zusammen, um nicht aufzuschreien, und rannte ungestüm wieder aus dem Dickicht hinaus. Er lief so lange, bis er die Hofseite einer kleinen Wirtschaft erreicht hatte. Hinter dem Flechtzaun, auf dem eine Menge Tonkrüge steckten, bot sich Petja das anheimelnde Bild eines Dreschplatzes.

In der Mitte, wo frischer, eben erst eingebrachter Weizen verstreut lag, stand ein etwa elfjähriges barfüßiges Mädchen mit einem großen Kopftuch. Sie hatte einen langen Faltenrock an und trug ein kurzes Kattunjäckchen mit bauschigen Ärmeln. Den Arm zum Schutz gegen die Sonne vor die Augen gehoben, trieb sie zwei hintereinandergespannte Pferdchen an einer langen Leine im Kreis herum. Sie zogen eine gezackte Walze hinter sich her, die auf und nieder hüpfte, und an ihr hing nachschleifend ein ziemlich breites, vorn wie ein Schneeschuh hochgebogenes Brett. Petja wußte, daß die untere Fläche des Brettes mit vielen spitzen bernsteinfarbenen Kieseln bedeckt war, die das Korn besonders sauber aus den Ähren lösten.

Auf diesem rasch dahingleitenden Brett stand wie auf einem Schlitten, nur mit Mühe das Gleichgewicht haltend, aber keck, ein Bürschlein etwa in Petjas Alter, während ein kleines weißblondes Mädchen wie ein Mäuschen zu seinen Füßen hockte und sich krampfhaft an der Hose des Bruders festhielt.

Ein alter Mann lief im Kreis herum, lockerte mit einer Heugabel die Ähren und warf sie den Pferden vor die Füße. Eine alte

Frau ordnete den auseinanderfließenden Kreis, der immer wieder seine Form verlor, mit einem langen, an einer Stange befestigten Brett. Ein wenig abseits stand eine Bauersfrau und mühte sich an einer Kornfege ab. In dem runden Ausschnitt der Trommel sah man die sich drehenden roten Schaufeln.

Der Wind entführte der Kornfege eine glänzende Spreuwolke. Leicht und luftig wie ein Schleier sank sie auf die Erde herab, bedeckte das Steppengras bis hin zum Obstgarten, wo über dem leicht verdorrten Kraut völlig reifer gelbroter Steppentomaten eine Vogelscheuche ihre zerrissenen Lumpen spreizte.

Auf diesem kleinen Dreschplatz arbeitete offensichtlich die ganze Bauernfamilie, außer dem Hausherrn selbst. Er war natürlich im Krieg, in der Mandschurei, und es war sehr gut möglich, daß er in diesem Augenblick von den Japanern mit Schimose* beschossen wurde.

Dieses ärmliche, mühselige Dreschen glich so gar nicht dem lärmenden, üppigen, von vielen Menschen betriebenen Dreschen, das Petja vom Gut her kannte. Doch auch an dieser bescheidenen Dreschweise fand Petja einen Reiz. Zum Beispiel wäre er sehr gern auf dem Brett mit den Kieseln spazierengefahren und hätte auch, wenn nicht anders möglich, gern die Kurbel der Kornfege gedreht. Doch jetzt mußte er sich leider beeilen, und so ging er wieder zu der Tränke zurück.

Für immer würden all die einfachen, rührenden Einzelheiten der bäuerlichen Arbeit in seinem Gedächtnis haftenbleiben: der helle Glanz des frischen Strohs, die sauber geweißte Mauer der Lehmhütte, die Puppen aus Lumpen und ausgetrockneten kleinen Kürbissen, die sogenannten »Tarakuskis«, das einzige Spielzeug der Bauernkinder, sowie der auf dem First des Schilfdaches neben seinem Nest stehende Storch. Dieser blieb besonders in seinem Gedächtnis haften: sein kurzes Röckchen mit der Pikeeweste, das rote Stöckchen seines Beins – das andere, eingezogene war nicht zu sehen – und der lange rote Schnabel, der so hölzern klapperte wie die Klapper des Nachtwächters. Vor dem Bauernhaus mit dem blauen Schild »Bezirksverwaltung« waren drei gesattelte Kavalleriepferde am Treppenpfosten angebunden.

Den Säbel zwischen die Knie geklemmt, saß im Schatten auf den Stufen ein Soldat mit staubigen Stiefeln und rauchte in Zei-

---

* Explosivstoff, der früher in Japan für Artilleriegeschosse verwendet wurde.

tungspapier gewickelten Machorka.

»Hören Sie bitte, wen suchen Sie hier?« fragte Petja.

Der Soldat musterte den Jungen vom Kopf bis zu den Füßen, spuckte durch die Zähne und sagte gleichmütig: »Sind hinter dem Matrosen her.«

Was ist denn das für ein geheimnisvoller, furchtbarer Matrose, der sich hier irgendwo in der Steppe versteckt hält, der die Gutshöfe anzündet und den die Soldaten einfangen müssen? dachte Petja, während er die sonnenbeschienene, menschenleere Straße hinunter zu der in der Talsenke liegenden Tränke ging. Vielleicht überfällt dieser fürchterliche Räuber auch die Postkutsche! Selbstverständlich erzählte Petja seinem Vater und dem Bruder nichts von seinen Befürchtungen. Wozu sollte er sie unnütz aufregen? Er selbst aber wollte wachsam sein, und deshalb steckte er seine Sammlung vorsorglich unter die Bank, näher zur Wand hin.

Kaum hatte sich der Wagen in Bewegung gesetzt und bergauf zu fahren begonnen, als sich der Junge sofort aus dem Fenster lehnte und unaufhörlich nach allen Seiten spähte, ob sich der Räuber nicht irgendwo hinter einer Wegbiegung zeige.

Er war fest entschlossen, bis in die Stadt hinein seinen Posten nicht mehr zu verlassen.

Inzwischen widmeten sich der Vater und Pawlik, die offenbar keine Gefahr vermuteten, den gekauften Melonen.

In einem leinenen Kissenüberzug mit aufgestickten verblichenen Sträußen lag etwa ein Dutzend dieser für je eine Kopeke gekauften Früchte. Der Vater nahm eine feste, mit einem Netz feinster Rillen überzogene graugrüne Melone heraus und sagte: »Na, nun wollen wir mal diese berühmten Früchte versuchen!« Er schnitt sie fein säuberlich der Länge nach auf, klappte die beiden Hälften auseinander, wobei der Melone ein herrlicher Duft entströmte, löste das Innere der Frucht mit seinem Taschenmesser und warf es mit einer geschickten Bewegung zum Fenster hinaus. Dann teilte er sie in dünne, appetitliche Scheiben, legte sie auf ein sauberes Taschentuch und meinte: »Das Melönchen scheint nicht übel zu sein.«

Der ungeduldig auf seinem Platz herumrutschende Pawlik ergriff mit beiden Hängen die größte Scheibe und biß gierig hinein; dabei bekamen selbst die Ohren ihren Teil ab. Er schnaufte vor Entzücken, und Tropfen des trüben Safts blieben an seinem Kinn hängen.

Der Vater nahm, wie es sich gehört, ein kleines Stück in den Mund, kaute es bedächtig, kniff genießerisch die Augen zusammen und sagte: »Wirklich wunderbar!«

»Ein Genießerchen!« bestätigte Pawlik.

Jetzt hielt es Petja, hinter dessen Rücken all diese aufregenden Dinge vorgingen, nicht mehr aus. Alle Gefahr vergessend, stürzte auch er sich auf die Köstlichkeiten.

Der Flüchtling

Etwa zehn Werst vor Akkerman begannen die Weinberge. Die Melonen waren schon längst aufgegessen und die Schalen zum Fenster hinausgeworfen. Der Mittag kam heran, und es wurde langweilig.

Der leichte Morgenwind, dessen Frische den nahenden Herbst ankündigte, hatte sich ganz gelegt. Die Sonne brannte wie im Juli, nur noch heißer, sengender und anhaltender.

Die Pferde schleppten die schwerfällige Postkutsche mühsam durch den tiefen Sand. Die kleinen Vorderräder versanken manchmal bis an den Nabenrand, und die großen Hinterräder schwankten und zermalmten knirschend die im Sand liegenden blauen Muscheln.

Eine Staubwolke umwirbelte den Wagen, färbte Augenbrauen und Wimpern grau, und zwischen den Zähnen knirschte feiner Sand. Pawlik riß seine schokoladenbraunen Augen weit auf und nieste verzweifelt.

Der Kutscher hatte sich in einen mehlbestäubten Müller verwandelt. Ringsum aber erstreckten sich endlos die Weinberge. Das knotige Geflecht alter Reben bedeckte in strenger schachbrettartiger Anordnung den trockenen, staubgrauen Boden. Man hätte meinen können, die Gicht habe sie gekrümmt. Doch die Natur hatte sich die Mühe gemacht, sie mit wundervollen Blättern von antiker Zeichnung zu schmücken. Scharf gezackt, vom reliefartigen Muster verschlungener Adern überzogen, mit grellen türkisfarbenen Vitriolflecken betupft, schimmerten sie gelblichgrün in den Strahlen der Mittagssonne. Die jungen Triebe der Reben schlängelten sich fest um die hohen Stangen, während sich die alten unter der Last der Trauben bogen. Aber man mußte schon sehr scharfe Augen haben, um diese im Laub verborgenen Früchte zu sehen. Ein Mensch mit weniger guten Augen hätte ein ganzes Hektar durchstreifen können, ohne auch nur eine Traube zu entdecken, während buchstäblich jeder Stock voll behangen war und sie zu rufen schienen: Mann, da sind wir doch! Zentnerweise! So nimm uns doch und iß! ... Ach, du Trottel! Und plötzlich sähe der Trottel direkt vor seiner Nase eine Traube hängen ... dann eine andere ... eine dritte ... bis es schließlich um ihn her von Weintrauben leuchtete, als habe ein Zauberspruch sie hervorgebracht.

Petja jedoch war in diesen Dingen bewandert. Nicht allein, daß er sie sogleich bemerkte – er vermochte sogar von der fahrenden Postkutsche aus ihre Sorte zu bestimmen.

Die großen hellgrünen Beeren des »Tschaus« mit den schmalen Kernen, die matt durch die dicke Haut schimmerten, hingen in langen, spitz zulaufenden Trauben, von denen jede etwa zwei bis drei Pfund wiegen mochte. Ein geübtes Auge hätte sie unmöglich etwa mit »Damenfingern« verwechseln können, die auch hellgrün, aber länglicher und glänzender waren.

Die zarten, heilkräftigen Beeren der »Schaschla« unterschieden sich auf den ersten Blick fast gar nicht von denen der »Rosa Muskat«, doch was für ein Unterschied war zwischen ihnen! Die runden Beeren der »Schaschla«, so eng in eine kleine graziöse Traube gepreßt, daß sie ihre Form einbüßten und fast zu Würfeln wurden, spiegelten auf ihrer honigfarbenen Oberfläche grell die Sonne wider, während die der »Rosa Muskat« von einem matten Amethystschleier überzogen waren und keinen Sonnenstrahl zurückwarfen.

Aber alle – sowohl die blauschwarze »Isabella« als auch die »Tschaus«, die »Schaschla« und die »Muskat« –, alle waren so verlockend in ihrer reifen, durchsichtigen Schönheit, daß sich sogar die verwöhntesten Schmetterlinge auf ihnen niederließen wie auf Blumen, ihre zarten Fühler mit den grünen Fäden der Reben vermischend.

Zuweilen tauchte inmitten der Weinstöcke ein Zelt auf, und daneben stand immer ein Faß mit Vitriollösung, auf der sich die Schattenbilder von Apfel- oder Aprikosenbäumen zeigten. Neidvoll blickte Petja zu den Strohzelten hinüber. Er wußte sehr gut, wie angenehm es war, am heißen Nachmittag in solch einem schattenspendenden Zelt zu sitzen.

Die unbewegliche Schwüle war durchtränkt von dem süßen Geruch des Pfefferkrauts und Thymians. Kaum hörbar knackten die reifen Schoten der Vogelwicke. Wie schön das war!

Von glasig lohender Luft umspielt, bebten und flimmerten die Stöcke des Weinbergs. Und über all dem blaute blaß der vor Hitze fast farblose, gleichsam staubige Himmel.

Plötzlich aber ereignete sich etwas derart Unerwartetes und Ungewöhnliches, daß man kaum zu begreifen vermochte, was zuerst und was danach geschah. Auf jeden Fall zunächst ein Schuß. Doch war das nicht der wohlbekannte, ungefährliche, laut hallende Schreckschuß, der in Weinbergen so oft zu hören ist. Nein! Es war das entsetzliche, unheilverkündende Krachen eines dreiläufigen Armeegewehrs.

Zugleich zeigte sich auf der Straße ein berittener Soldat mit einem Karabiner in der Hand. Er legte noch einmal an, zielte in die Büsche, besann sich dann aber eines Besseren, legte den Karabiner quer über den Sattel, gab dem Pferd die Sporen, duckte sich und landete mit einem Satz über den Graben und den hohen Wall im Weinberg. Die Mütze in die Stirn gezogen, galoppierte er geradeaus und war bald verschwunden.

Die Postkutsche fuhr unbeirrt weiter, und eine Weile war ringsumher alles still.

Auf einmal aber geriet hinten auf dem Wall ein Ginsterbusch in Bewegung. Irgend jemand sprang in den Graben, kletterte von dort auf die Straße und lief, in eine dichte Staubwolke gehüllt, hinter dem Wagen her.

Wahrscheinlich hatte der oben sitzende Kutscher alles als erster bemerkt. Doch anstatt zu bremsen, richtete er sich auf und ließ die Peitsche knallen. Die Pferde fielen in raschen Trab.

Aber der Unbekannte war bereits auf das Trittbrett gesprungen, hatte die hintere Tür geöffnet und blickte in den Wagen. Sein Atem ging so schwer, daß er kaum noch Luft zu holen vermochte.

Es war ein kräftiger Mann mit einem jungen, vor Erschöpfung bleichen Gesicht und braunen, zu Tode erschrockenen Augen. Auf seinem runden, kurzgeschorenen Schädel saß ungeschickt eine neue Mütze mit einem Knopf, in der Art, wie sie die Handwerker an Feiertagen trugen. Aber zugleich blickte unter seiner engen Joppe ein gesticktes Landarbeiterhemd hervor; also konnte er auch vom Lande sein.

Doch die staubige Hose aus dickem Militärstoff paßte weder zu einem Handwerker noch zu einem Landarbeiter. Das eine Hosenbein war hochgerutscht, und darunter kam der rotbraune Schaft eines derben Marinestiefels zum Vorschein.

Der Matrose! schoß es Petja erschreckend durch den Kopf, und da erkannte er auch schon zu seinem Entsetzen auf der Hand des Unbekannten, welche die Klinke der Wagentür umklammerte, einen hellblau tätowierten Anker.

Indessen schien der Unbekannte durch sein plötzliches Eindringen nicht minder verwirrt zu sein als die Reisenden selbst. Beim Anblick des vor Überraschung erstarrten Herren mit dem Zwicker und der beiden erschrockenen Kinder bewegte er lautlos seine Lippen, als wolle er einen Gruß oder eine Entschuldigung hervorbringen; doch nur ein schiefes, verlegenes Lächeln kam zustande.

Da winkte er ergebungsvoll ab und war schon bereit, vom Trittbrett auf den Weg abzuspringen, als sich plötzlich vorn eine Streife zeigte. Der Unbekannte blickte vorsichtig hinter dem Wagen hervor, sah die Soldaten, sprang rasch in den Wagen hinein und schlug die Tür hinter sich zu. Er warf den Reisenden einen flehenden Blick zu und kroch dann, ohne ein Wort zu sagen, auf allen vieren unter die Bank, und zwar, zu Petjas Schrecken, gerade dorthin, wo die Sammlung versteckt lag.

Verzweifelt blickte der Junge den Vater an, doch der saß regungslos da, mit völlig gleichgültigem, wenn auch ein wenig blassem Gesicht und entschlossen vorgestrecktem Bärtchen. Die Hände auf dem Bauch verschränkt, drehte er gelassen die Daumen umeinander. Seine Haltung schien zu sagen: Es ist nichts geschehen, es gibt nichts zu fragen, man hat auf seinem Platz sitzen zu bleiben und weiterzufahren, als habe sich nichts ereignet.

Und nicht nur Petja, auch der kleine Pawlik verstand den Vater sofort. Nichts merken lassen! In der augenblicklichen Situation war es sicher das einfachste und beste.

Was nun den Kutscher betraf, so verstand sich das von selbst. Er ließ in gewohnter Weise die Peitsche knallen und drehte sich nicht einmal um.

Kurz und gut, es war eine sehr seltsame, aber einmütige Verschwörung des Schweigens.

Die Streife hatte jetzt die Postkutsche erreicht. Einige Soldatengesichter blickten zum Fenster herein, doch der Matrose lag tief unter der Bank und war überhaupt nicht zu sehen.

Offenbar fanden die Soldaten diese friedliche Postkutsche mit den Kindern und Auberginen in keiner Weise verdächtig und ritten, ohne anzuhalten, weiter.

Das allgemeine Schweigen währte mindestens noch eine halbe Stunde. Der Matrose lag unbeweglich unter der Bank. Ringsumher war alles ruhig. Schließlich tauchten aus dem spärlichen Grün der Akazien die ersten Häuser der Stadt auf.

Der Vater brach als erster das Schweigen. Gleichmütig aus dem Fenster blickend, sprach er wie vor sich hin, zugleich aber betont laut: »Oh! Offenbar sind wir gleich da. Akkerman ist schon zu sehen. Welch schreckliche Hitze! Kein Mensch weit und breit!«

Petja hatte die List des Vaters sofort erraten.

»Wir sind gleich da! Wir sind gleich da!« rief er.

Er packte Pawlik an der Schulter und drängte ihn zum Fenster hin, indem er mit gemacht erregter Stimme ausrief: »Guck mal, guck mal, Pawlik, da fliegt ein schönes Vögelchen!«

»Wo fliegt ein Vögelchen?« fragte Pawlik und streckte vor Neugier die Zungenspitze heraus.

»Ach Gott, was bist du doch dumm! Da ist es doch, da!«

»Ich seh nichts!«

»Dann bist du blind!«

In diesem Augenblick vernahm er hinter sich ein Geräusch, und gleich danach wurde die Tür zugeschlagen. Petja drehte sich rasch um. Doch drinnen war alles unverändert. Nur daß kein Stiefel mehr unter der Bank hervorguckte.

Petja sah ängstlich nach seiner Sammlung. Doch die Kästchen lagen unversehrt da. Alles war in bester Ordnung. Pawlik aber zappelte weiter am Fenster herum, eifrig bemüht, das Vögelchen zu entdecken.

»Wo ist denn das Vögelchen?« maulte er mit schiefem Mündchen. »Zeig mir doch das Vögelchen! Petja, wo ist das Vö-ö-ö-gel-chen?«

»Heul nicht!« sagte Petja belehrend. »Das Vögelchen ist nicht da. Es ist weggeflogen. Laß mich in Ruhe!«

Pawlik seufzte schwer, begriff, daß er gröblich belogen worden war, und begann staunend unter die Bank zu spähen. Dort war niemand mehr zu sehen.

»Papa«, brachte er schließlich hervor, »wo ist denn der Onkel?«

»Schwatz nicht!« sagte der Vater streng.

Und Pawlik verstummte betrübt und zerbrach sich den Kopf über das geheimnisvolle Verschwinden des Vögelchens und das nicht minder geheimnisvolle Verschwinden des Onkels. Die Räder ratterten über das Straßenpflaster; die Postkutsche war in eine schattige, mit Akazien bepflanzte Straße eingefahren. Graue, schiefe Telegrafenstangen, rote Ziegel- und graublaue Eisenblechdächer zogen vorüber. In der Ferne wurde für einen Augenblick die langweilige Wasserfläche des Meerbusens sichtbar.

Auf der Schattenseite der Straße ging ein Eisverkäufer in himbeerfarbenem Hemd vorüber; er trug sein Fäßchen auf dem Kopf.

Dem Stand der Sonne nach zu urteilen, war es bereits ein Uhr mittags. Und der Dampfer »Turgenjew« fuhr um zwei Uhr.

Der Vater ordnete an, nicht erst beim Gasthaus zu halten, sondern geradewegs zum Hafen zu fahren, von wo eben das langgezogene kräftige Tuten der Schiffssirene herübertönte.

Der Dampfer »Turgenjew«

Man darf nicht vergessen, daß sich die in diesem Buch geschilderten Ereignisse vor mehr als fünfzig Jahren abgespielt haben. Der Dampfer »Turgenjew« aber zählte bereits damals zu den reichlich veralteten Fahrzeugen.

Recht lang, aber schmal, mit zwei Rädern, deren rote Schaufeln durch die Schlitze der runden Radkästen zu sehen waren, glich er mit seinen beiden Schornsteinen eher einem großen Tender als einem kleinen Dampfer.

Petja erschien er jedoch als ein Wunderwerk der Schiffsbaukunst, und die Überfahrt von Akkerman nach Odessa dünkte ihm mindestens wie eine Reise über den Atlantischen Ozean. Die Fahrkarte zweiter Klasse war recht teuer, sie kostete einen Rubel und zehn Kopeken. Es wurden zwei Fahrkarten gekauft. Pawlik durfte umsonst mitfahren.

Immerhin war es billiger und vor allem viel angenehmer mit dem Schiff zu reisen, als sich dreißig Werst im sogenannten »Owidiopolez« durch den stickigen Staub schleppen zu lassen. »Owidiopolez« hieß ein klappriges Gefährt mit einem jüdischen Kutscher in zerschlissenem landesüblichen Kaftan mit flott gebundenem roten Gürtel. Wenn er die fünf Rubel Fahrgeld in Empfang genommen und die Echtheit des Silberstückes mit den Zähnen geprüft hatte, stellte der trübselige rothaarige Kutscher die Geduld der Fahrgäste auf eine harte Probe, indem er alle zwei Werst seine altersschwachen, halbtoten Schindmähren mit Hafer fütterte.

Kaum hatte man die Plätze in der gemeinsamen Kajüte eingenommen und die Sachen verstaut, als der von der Hitze und der Reise ermüdete Pawlik einzunicken begann. Man mußte ihn sofort auf eine der Bänke schlafen legen, die mit schwarzem Wachstuch bezogen und von der unbarmherzig durch die viereckigen Fenster scheinenden Sonne ganz heiß waren.

Obwohl die Fenster mit blankgeputztem Messing eingefaßt waren, störten sie doch den Gesamteindruck erheblich. Wie allgemein bekannt, muß es auf einem Schiff unbedingt runde Bullaugen geben, die im Falle eines Sturmes verschraubt werden können.

In dieser Beziehung stand es viel besser um die Bugkajüte der dritten Klasse, die richtige Bullaugen hatte, obwohl es dort keine weich gepolsterten Sitze, sondern nur einfache Holzbänke gab wie in einem Pferdeomnibus.

In der dritten Klasse zu reisen, galt jedoch als »unanständig«; eine Überfahrt in der ersten Klasse dagegen war zu kostspielig. Ihrem Stand nach gehörte die Familie des Odessaer Lehrers Batschej zur mittleren Kategorie der Reisenden, also genau in die zweite Klasse. Das war ebenso angenehm und bequem wie unbequem und erniedrigend. Entscheidend war hier nur, in welcher Klasse die Bekannten fuhren. Darum vermied es Herr Batschej tunlichst, mit reichen Nachbarn aus der Sommerfrische gemeinsam abzureisen, um sich eine unnötige Erniedrigung zu ersparen.

Es war gerade die heiße Zeit der Tomatenernte und der Weinlese, und die Befrachtung des Schiffes ging unsagbar langsam vor sich. Petja war ein paarmal an Deck gegangen, um zu erfahren, ob man nicht bald abfahre. Doch jedesmal hatte es den Anschein, als ginge es überhaupt nicht vorwärts. Einer hinter dem anderen liefen die mit Kisten und Körben beladenen Lastträger über den Laufsteg. Das sich am Pier türmende Lastgut schien jedoch überhaupt nicht abzunehmen. Der Junge ging zu dem Schiffsoffizier, der das Verladen überwachte, trieb sich eine Weile in dessen Nähe herum, stellte sich neben ihn, blickte von oben in den Laderaum hinab, in den die Weinfässer – gleich drei, vier auf einmal – vorsichtig an Ketten hinabgelassen wurden, und streifte dann den Offizier wie zufällig mit dem Ellbogen – alles nur, um ihn auf seine Person aufmerksam zu machen.

»Junge, steh mir nicht im Weg«, sagte der Offizier mit gleichmütiger Verdrossenheit, was Petja jedoch nicht im geringsten kränkte. Ihm war es nur darum zu tun, irgendwie das Gespräch zu beginnen.

»Sagen Sie, bitte, fahren wir bald ab?«

»Ja.«

»Und wann?«

»Sobald wir geladen haben.«

»Und wann haben wir geladen?«

»Wenn wir losfahren.«

Petja brach in ein gemachtes Gelächter aus, um dem Offizier zu schmeicheln. »Nein, sagen Sie doch wirklich: Wann?«

»Junge, laß mich in Ruhe!«

Petja trat unbekümmert höflich zur Seite, als wäre keineswegs etwas Unangenehmes geschehen, als hätten sie nur eben miteinander geplauscht und gingen nun ganz einfach auseinander. Das Kinn auf die Reling gestützt, begann er von neuem den Hafen zu betrachten, der ihn bereits tödlich langweilte.

Außer der »Turgenjew« wurden hier noch eine Menge Lastkähne befrachtet. Der ganze Hafenplatz war voll weizenbeladener Wagen. Mit trockenem, seidigem Rascheln floß das Korn die hölzernen Rinnen hinab und gelangte durch die viereckigen Luken in den Laderaum. Die unbarmherzig niederbrennende Sonne beherrschte diesen staubigen Platz, der auch nicht die geringste Spur von Schönheit und Poesie zeigte. Alles, alles hier war von ermüdender Häßlichkeit.

Die im Garten so glühend und verlockend aus dem Schatten welken Grüns hervorleuchtenden herrlichen Tomaten waren hier in Tausende gleichförmiger Kisten verpackt. Die zartesten Weintrauben, deren jede am Rebstock einem Kunstwerk glich, waren schonungslos in grobe Weidenkörbe gepreßt und eilig mit Sackleinwand umnäht, auf die große Adreßzettel klebten. Der mit soviel Mühe großgezogene und bearbeitete Weizen, dessen üppige bernsteingelbe Körner mit all den heißen Düften des Feldes vollgesogen waren, lag auf schmutzigen Zeltbahnen und wurde mit Stiefeln getreten.

Zwischen all den Säcken, Kisten und Fässern ging ein Akkermaner Polizist umher. Er trug einen langen Säbel und hatte sich die orangefarbene Schnur, die zum Befestigen des Revolvers diente, um den Hals gebunden.

Die unbeweglich über der Flußmündung lastende Hitze, der Staub und der träge, aber ununterbrochene Lärm des langsam fortschreitenden Beladens machten Petja ganz schläfrig.

Um nichts unversucht zu lassen, näherte sich der Junge noch

einmal dem Offizier und fragte, wann man nun endlich losfahren würde. Und wieder bekam er zur Antwort, der Dampfer würde losfahren, wenn man geladen habe, und man würde geladen haben, wenn man losfahre. Gelangweilt grübelte Petja darüber nach, daß auf dieser Welt offenbar alles aus Ware bestand: die Tomaten, die Lastkähne, die Häuschen am Ufer, die zitronengelben Strohhaufen neben diesen Häuschen und höchstwahrscheinlich sogar die Lastträger – alles stellte Ware dar. Gähnend schlenderte er in die Kajüte, ließ sich an Pawliks Seite nieder und merkte gar nicht, wie er einschlief. Als er aufwachte, wurde er gewahr, daß der Dampfer bereits fuhr.

Die Lage der Kajüte hatte sich irgendwie verändert; es war viel heller geworden, und über die Decke huschte der glänzende Widerschein der Wellen. Die Maschinen liefen, und man hörte das geschäftige Getöse der Räder.

Petja hatte den interessantesten Augenblick versäumt – das die Abfahrt verkündende Tuten, das Kommando des Kapitäns, das Einziehen des Laufstegs, das Loswerfen der Trossen . . .

Das war um so schrecklicher, als sich weder Papa noch Pawlik in der Kajüte befanden. Sie hatten also alles gesehen.

»Warum habt ihr mich denn nicht geweckt?« brüllte Petja in dem schmerzlichen Gefühl, eines Erlebnisses beraubt worden zu sein.

Im Hinausstürzen stieß er sich heftig an der messingbeschlagenen Türschwelle, ohne diese Kleinigkeit zu beachten.

Doch seine Aufregung war ganz umsonst gewesen. Freilich hatte sich der Dampfer schon in Bewegung gesetzt, aber er fuhr noch nicht den richtigen Kurs, sondern war erst beim Wenden. Also war das Interessanteste noch nicht vorbei.

Es standen noch bevor: »Volle Fahrt voraus«, »Halbe Fahrt voraus«, »Stop«, »Halbe Fahrt zurück« und noch eine Unmenge berauschender Dinge, die dem Jungen sehr gut bekannt waren.

Langsam wurde der Hafen kleiner und schien sich zu drehen. Die Passagiere, von denen der Dampfer plötzlich wimmelte, drängten sich alle an eine Bordseite. Sie winkten inbrünstig und wild mit Taschentüchern und Hüten, als führen sie wer weiß wie weit, mindestens bis ans Ende der Welt, während sie in Wirklichkeit dreißig Werst weiter wieder an Land gingen.

Doch so verlangten es nun einmal die Traditionen einer Seereise und das heiße Temperament der Südländer.

In der Hauptsache waren es die Passagiere der dritten Klasse und die sogenannten »Deckpassagiere«, die sich auf dem unteren Vorderdeck neben dem Laderaum aufhielten. Sie hatten nicht das Recht, auf das Oberdeck zu steigen, das ausschließlich für das »bessere« Publikum der ersten und zweiten Klasse bestimmt war.

Petja erblickte seinen Vater und Pawlik auf dem oberen Deck. Auch sie winkten mit ihren Hüten.

Dort befanden sich noch der Kapitän und fast die gesamte Besatzung: der Erste Offizier und zwei barfüßige Matrosen. Von ihnen waren nur der Kapitän und der eine Matrose mit dem eigentlichen Navigieren des Schiffes beschäftigt. Der Erste Offizier und der andere Matrose verkauften Fahrkarten. Mit verschiedenfarbigen Papierrollen und einer Kasse aus grünem Drahtgeflecht gingen sie die Reihen der Fahrgäste ab, die keine Zeit gefunden hatten, am Hafen Karten zu lösen.

Zwischen den beiden rechts und links quer über das Deck führenden Brücken hin und her gehend, erteilte der Kapitän seine Kommandos. Zugleich sah der Matrose unter den Blicken der staunenden Passagiere in den großen Messingkessel des Kompasses und drehte unter gelegentlicher Zuhilfenahme des nackten Fußes das Steuerrad. Dabei knarrte es ganz unwahrscheinlich, und die Steuerketten rutschten knirschend hin und her, jeden Augenblick bereit, unachtsamen Damen die Schleppen abzureißen.

Der Dampfer fuhr rückwärts und wendete langsam.

»Steuerbord«, brüllte der Kapitän, ohne die ehrfürchtig den Kompaß umringenden Passagiere auch nur im geringsten zu beachten, mit heiserer, versoffener Stimme dem Steuermann zu. »Etwas mehr Steuerbord! Noch etwas mehr! Noch eine Kleinigkeit! Gut! Ruder auf Kurs!« Er ging zur rechten Brücke hinüber, nahm das Deckelchen des nach unten führenden Sprachrohrs ab und trat mit dem Fuß auf das Pedal. In der Tiefe des Schiffes erklang das Bimmeln einer Glocke. Die Passagiere hoben respektvoll die Augenbrauen und wechselten stumme Blicke. Sie hatten begriffen, daß der Kapitän nunmehr in den Maschinenraum hinunterrief.

Was tun? Auf die Brücke rennen und zusehen, wie der Kapitän seine Befehle ins Sprachrohr ruft, oder bei dem Matrosen und dem Kompaß bleiben? Petja war nahe daran, sich zu zerreißen.

Doch das Sprachrohr siegte.

Der Junge faßte Pawlik bei der Hand und schleppte ihn zur Brücke hinüber, während er, nicht ohne die geheime Absicht, zwei unbekannte, aber schöne Mädchen durch seine Kenntnisse in navigatorischen Dingen zu verblüffen, laut und erregt verkündete: »Guck mal, Pawlik, guck mal, gleich ruft er ins Sprachrohr: ›Volle Fahrt voraus!‹«

»Halbe Fahrt zurück!« befahl der Kapitän ins Sprachrohr hinein. Und sofort bimmelte unten die Glocke. Das bedeutete, daß das Kommando verstanden worden war.

Der geheimnisvolle Passagier

Akkerman war den Blicken entschwunden, und auch die Ruine der alten türkischen Festung hatte sich in der Ferne verloren. Der Dampfer aber fuhr immer noch in dem breiten Liman* an der Dnestrmündung, und es schien, als wollte diese häßliche kaffeebraune, mit dem Blei der Sonne übergossene Wasserfläche überhaupt kein Ende nehmen.

Das Wasser war so trübe, daß der Schatten des Dampfers wie auf Lehmboden zu fallen schien. Es war, als hätte die Reise noch immer nicht begonnen, und die Reisenden, vom Anblick des Limans erschöpft, erwarteten alle sehnsüchtig das Meer. Endlich, nach etwa anderthalb Stunden Fahrt, passierte der Dampfer die Mündung des Limans.

Petja lehnte an der Reling, ängstlich darauf bedacht, auch nicht die kleinste Kleinigkeit dieses feierlichen Augenblicks zu versäumen. Das Wasser war sichtlich heller geworden, obwohl es noch immer reichlich schmutzig aussah.

Die Wellen wurden kräftiger und höher. Die roten Stangen der Bojen, die die Fahrrinne kennzeichneten, ragten aus dem Wasser hervor und wiegten bedächtig ihre spitzen Hütchen. Zuweilen streiften sie so dicht am Schiff vorbei, daß Petja in der Mitte eines solchen Gitterhütchens deutlich die eiserne Zelle erkennen konnte, in die nachts die Laterne hineingestellt wurde.

Die »Turgenjew« überholte einige Fischerfahrzeuge und zwei kleinere Eichenboote mit straff geblähten dunklen Segeln. Die Boote schaukelten auf den Heckwellen des Dampfers. An der sonnendurchglühten sandigen Landzunge Karolino-Bugas mit der Kaserne und dem Mast ihrer Grenzwache vorbei führte der breite

* Lagunenartige Strandseen am Schwarzen und Kaspischen Meer.

Wasserweg jetzt, von zwei Bojenreihen flankiert, ins offene Meer hinaus.

Der Kapitän schaute alle Augenblicke auf den Kompaß und wies dem Steuermann höchstpersönlich den Kurs. Die Lage war anscheinend nicht so einfach.

Das Wasser wurde klarer. Jetzt war es offensichtlich schon mit sauberem hellgrauem Meerwasser vermischt.

»Halbe Fahrt!« rief der Kapitän ins Sprachrohr.

Vorn zeichnete sich als blauschwarzer Streifen das unruhige Meer vom gelben Wasser des Limans ab. Frischer Wind schlug einem von der Seeseite entgegen.

»Geringste Fahrt!«

Die Maschine hatte fast aufgehört zu arbeiten. Nur ab und zu klatschten die Schaufeln träge ins Wasser. Das flache Ufer zog so nahe vorüber, daß man glaubte, es watend erreichen zu können.

Der kleine blendendweiße Leuchtturm der Grenzwache, der hohe Mast mit den bunten Marineflaggen, die, von der kräftigen Brise bewegt, alle in die gleiche Richtung wehten, das tief im Schilf liegende Patrouillenboot und die kleinen Gestalten der Grenzwachsoldaten, die ihre Wäsche in dem seichten, spiegelblanken Wasser wuschen – das alles bewegte sich, von der Sonne deutlich beleuchtet, fast geräuschlos an dem Schiff vorüber, licht und prägnant wie ein Abziehbild.

Die Nähe des Meeres verlieh der Welt wieder Frische und Reinheit, als wäre aller Staub vom Dampfer und von den Passagieren mit einem Atemzug weggeweht.

Sogar die Kisten und Körbe, bisher nur widerlich langweilige Waren, verwandelten sich nach und nach in Schiffsladung und begannen, je näher sie dem Meer kamen, leise zu knarren, wie es sich für eine Schiffsladung gehört.

»Halbe Fahrt!«

Die Grenzwache war schon jenseits des Hecks, drehte sich und verlor sich in der Ferne. Reines, tiefes, dunkelgrünes Wasser umspülte jetzt den Dampfer, eine kraftvolle Brise wehte, und das Schiff begann zu schaukeln.

»Volle Fahrt voraus!«

Dunkle Rauchwolken quollen dicht aus den schnaufenden Schornsteinen hervor, und ein schräger Schatten legte sich auf das hintere Sonnendeck.

Offenbar war es für die altersschwache Maschine nicht leicht, gegen die starken Wellen der offenen See anzukämpfen. Ihr Atem ging schwerer.

Die hölzerne Verschalung der Reling knarrte leise, und der Anker unter dem Bugspriet verneigte sich rhythmisch vor den Wellen. Der Wind hatte bereits einen Strohhut entführt, der nun, auf dem breiten Schaumstreifen schaukelnd, hinter dem Dampfer davonschwamm. Vier blinde Juden mit blauen Brillen stiegen, ihre steifen Hüte vorsorglich festhaltend, hintereinander das Treppchen hinauf. Sie setzten sich am oberen Deck auf eine Bank und ließen ruckartig ihre Geigenbogen über die Saiten streichen. Die aufreizend falschen Töne des Marsches »Auf den Höhen der Mandschurei« vermischten sich mit dem schweren Ächzen der alten Maschine. Mit wehenden Rockschößen eilte einer der beiden Schiffskellner, der verhältnismäßig saubere weiße Stoffhandschuhe trug, das gleiche Treppchen hinauf. Geschickt wie ein Zauberkünstler schwenkte er das winzige Tablett mit einer sprudelnden Limonadenflasche vor sich her.

So begann die Fahrt auf dem Meer.

Petja hatte bereits das ganze Schiff durchstöbert und festgestellt, daß es nirgends gleichaltrige Kinder gab und mit einer angenehmen Bekanntschaft nicht zu rechnen war.

Zuerst freilich hatte er einige Hoffnung in jene beiden Mädchen gesetzt, vor denen er so unglücklich mit seinen navigatorischen Kenntnissen versagt hatte. Doch diese Hoffnung erwies sich als trügerisch. Erstens fuhren diese Mädchen erster Klasse und hatten, indem sie mit ihrer Gouvernante französisch sprachen, sofort zu verstehen gegeben, daß ein Junge aus der zweiten Klasse keine passende Gesellschaft für sie sei. Dann wurde eine von ihnen, als man das Meer erreicht hatte, seekrank, und Petja sah sie durch eine halboffene Tür in der für ihn unerreichbaren prächtigen Kajüte erster Klasse auf einem Sofa liegen und an einer Zitrone saugen.

Und das auf Deck gebliebene Mädchen erwies sich trotz ihrer unzweifelhaften Schönheit und Eleganz – sie trug ein kurzes Mäntelchen mit goldenen, ankerverzierten Knöpfen und ein Matrosenmützchen mit einem roten französischen Pompon – als eine unerhörte Nörglerin und Heulliese. Sie lag in ständigem Streit mit ihrem Papa, einem großen, phlegmatischen Herrn mit Backenbart und kurzem Überwurf, der haargenau Lord Glanarvan aus dem Buch »Die Kinder des Kapitäns Grant« glich.

Die ganze Zeit über fand zwischen Vater und Tochter folgender Dialog statt:

»Papa, ich möchte trinken.«

»Man möchte manches, es wird sich geben«, erwiderte Lord Glanarvan phlegmatisch, ohne das Fernglas von den Augen zu nehmen.

Das Mädchen stampfte launisch mit dem Fuß auf und wiederholte mit gehobener Stimme: »Ich möchte trinken!«

»Man möchte manches, es wird sich geben«, sagte der Vater noch gelassener.

Aber das Mädchen beharrte mit eigensinniger Wut: »Papa, ich möchte trinken! Papa, ich möchte trinken! Papa ich möchte trinken!«

Mit einer Stimme, die einem auf die Nerven ging, leierte sie mit ununterbrochener Sturheit: »Pa-a-apa-a-a, i-i-ich mö-ö-öchte-e tri-i-in-ke-en!«

Worauf Lord Glanarvan noch gleichmütiger, ohne Hast und Stimmaufwand, immer wieder sagte: »Man möchte manches, es wird sich geben.«

Es war ein furchtbares Duell zweier Dickköpfe, das fast schon in Akkerman begonnen hatte. An eine Bekanntschaft war dabei natürlich überhaupt nicht zu denken.

Doch Petja fand eine andere interessante Beschäftigung: er heftete sich an die Fersen eines Passagiers, und wohin dieser ging, da ging auch Petja hin. Das war sehr interessant, zumal der Passagier schon seit geraumer Zeit durch sein absonderliches Benehmen die Aufmerksamkeit des Jungen auf sich gelenkt hatte.

Vielleicht hatten die übrigen Fahrgäste nichts bemerkt. Petja aber fiel eine Tatsache auf, die ihn stark betroffen machte. Es war nämlich so, daß dieser Passagier ohne Fahrkarte fuhr, und dabei wußte der Erste Offizier das ganz genau. Indessen machte er aber dem seltsamen Passagier nicht nur keine Vorhaltungen, sondern erlaubte ihm sogar stillschweigend, hinzugehen, wohin er nur immer mochte, sogar in die Kajüten der ersten Klasse.

Petja hatte das, was sich abspielte, als der Erste Offizier mit seiner grünen Drahtkasse an den seltsamen Passagier herantrat, deutlich beobachtet.

»Ihre Fahrkarte?« sagte der Erste Offizier.

Der Passagier flüsterte ihm etwas ins Ohr. Der Erste Offizier nickte und antwortete: »Bitte.«

Danach hatte niemand mehr den seltsamen Fahrgast behelligt. Und er begann auf dem ganzen Dampfer umherzuschlendern und überall hineinzuschauen: in die Kajüten, in den Maschinenraum, ins Restaurant, in die Toiletten, in den Laderaum.

Wer mochte das sein?

Ein Gutsbesitzer? Nein. Gutsbesitzer waren nicht so angezogen und benahmen sich nicht so. Ein bessarabischer Gutsbesitzer trug unbedingt einen Staubmantel aus Segeltuch und eine weiße Reisemütze, deren Schirm abgegriffen aussehen mußte; ferner einen lang herabhängenden Schnurrbart und ein geflochtenes Körbchen mit einem Vorhängeschloß. Das Körbchen enthielt immer ein Kästchen mit geräucherten Makrelen, Tomaten und Schafskäse sowie in einer grünen Flasche zwei bis drei Viertelliter jungen Weißwein. Die Gutsbesitzer reisten aus Sparsamkeit zweiter Klasse, hielten alle zusammen, blieben in der Kajüte und waren die ganze Zeit über entweder mit Essen oder mit Kartenspiel beschäftigt.

Doch der seltsame Fahrgast war nicht in ihrer Gesellschaft. Freilich trug er eine Sommermütze, aber er hatte weder Staubmantel noch Körbchen. Nein, er war natürlich kein Gutsbesitzer.

Vielleicht war er irgendein Postbeamter oder ein Lehrer. Kaum. Obwohl er unter dem Rock ein rohseidenes Hemd mit weichem Kragen und statt eines Schlipses eine Schnur mit Troddeln trug, paßten weder der nach oben gezwirbelte pechschwarze Schnurrbart noch das sorgfältig rasierte Kinn dazu, und schon gar nicht der ungewöhnlich große rauchfarbene Zwicker auf der fleischigen, ordinären Nase mit den behaarten Nasenlöchern. Der ließ sich in keine Kategorie von Fahrgästen einstufen.

Und dann diese feingestreifte Hose und die Sommersandalen mit den dicken weißen, irgendwie amtlich wirkenden Socken! Nein, hier war ganz bestimmt etwas nicht in Ordnung!

Mit den Händen in den Hosentaschen – was ihm, nebenbei bemerkt, streng verboten war – spazierte Petja mit unbeteiligtem Gesicht hinter dem seltsamen Fahrgast her.

Zunächst verweilte er in dem engen Durchgang zwischen Maschinenraum und Küche. Aus der Kombüse schlug beißender Dunst, und aus den offenen Klappen des Maschinenraums wehte heißer Wind, vermengt mit dem Geruch nach überhitztem Dampf, kochendem Wasser, nach Eisen und Öl.

Die gläserne Luke war angehoben, und man konnte von oben in den Maschinenraum blicken, was Petja auch mit Genuß tat. Er kannte diese Maschine wie seine eigene Hand. Doch jedesmal löste sie neues Entzücken aus. Stundenlang hätte der Junge ihrer Arbeit zuschauen mögen. Obwohl jeder wußte, daß die Maschine veraltet war, nichts mehr taugte und so weiter und so weiter, überraschte sie doch immer wieder durch ihre unwahrscheinliche, überwältigende Kraft. Die stählernen Pleuelstangen, mit dickflüssigem grünem Öl überzogen, glitten mit einer Leichtigkeit hin und her, die bei ihrem zentnerschweren Gewicht geradezu verblüffend war. Kolben stampften, Kurbeln flitzten, die Exzenterscheiben drehten sich eilfertig und beeinflußten auf geheimnisvolle Weise die unmerkliche, emsige Tätigkeit der bescheidenen, aber so wichtigen Ventile.

Und über all dieses sinnverwirrende Durcheinander herrschte das unmäßig große Schwungrad, das sich auf den ersten Blick nur langsam zu drehen schien; beim näheren Hinschauen aber entdeckte man, daß es mit rasender Schnelligkeit rotierte und dabei einen gleichmäßig heißen Wind entfachte.

Es war beängstigend, zu beobachten, wie der Maschinist zwischen all diesen in unerbittlicher Bewegung befindlichen Teilen umherging, sich zu ihnen hinabbeugte und mit seiner Ölkanne hantierte.

Doch das Erstaunlichste im ganzen Maschinenraum war die elektrische Birne, die einzige auf dem ganzen Schiff. Sie hing unter einem Blechteller in einem Maulkorb aus dickem Draht und ähnelte den heutigen blendend hellen Glühbirnen nur wenig. In ihrem geschwärzten Glas leuchtete die rotglühende feine Drahtschlinge nur schwach und flackerte bei jeder Erschütterung des Dampfers. Und doch stellte sie ein Wunder dar. Sie war verknüpft mit dem Zauberwort »Edison«, das im Bewußtsein des Jungen schon längst die Bedeutung eines Familiennamens verloren und den geheimnisvollen Sinn einer Naturerscheinung angenommen hatte, wie »Magnetismus« oder »Elektrizität«.

Dann durchstreifte der seltsame Unbekannte bedachtsam das Zwischendeck. Es war dem Jungen, als betrachte der Mann unauffällig, aber höchst eingehend die Fahrgäste, die neben ihren Bündeln und Körben um den Mast herum, an der Bordwand oder zwischen der Schiffsladung lagerten.

Petja hätte wetten können – was ihm, nebenbei bemerkt, auch ganz streng verboten war –, daß dieser Mann heimlich jemand suchte. Recht ungeniert stieg er über die schlafenden Moldaubauern hinweg, drängte sich durch die Gruppen olivenessender Juden und hob die Zeltbahnen an, die über die Tomatenkisten gebreitet waren. Auf den Decksplanken schlief ein Mann, die Wange mit der Mütze zugedeckt, den Kopf gegen einen Fender gelehnt, den man beim Anlegen über Bord hängt, um den Anprall des Schiffes abzuschwächen. Er lag da, die Arme im Schlaf auseinandergebreitet, die Beine angezogen wie ein Kind.

Zufällig blickte der Junge auf diese Beine in den hochgerutschten Hosen – und erstarrte. Sie staken in den ihm wohlbekannten Marinestiefeln mit den rotbraunen Schäften! Es konnte kein Zweifel darüber herrschen: am Morgen hatte Petja genau die gleichen Stiefel unter der Bank der Postkutsche gesehen. Doch selbst wenn dies ein reiner Zufall war, so konnte ein anderer Umstand kein Zufall mehr sein. Auf der Hand des Schlafenden, genau auf dem gleichen fleischigen Dreieck zwischen dem Daumen und dem Zeigefinger, erkannte Petja deutlich den kleinen hellblauen Anker.

Der Junge hätte beinahe aufgeschrien vor Überraschung. Aber er beherrschte sich, denn er hatte gemerkt, daß der Schlafende auch dem schnauzbärtigen Fahrgast aufgefallen war.

Der »Schnauzbart« ging ein paarmal hin und her, bemüht, das von der Mütze verdeckte Gesicht zu erkennen. Doch das wollte ihm nicht gelingen. Da trat er im Vorbeigehen dem Schlafenden wie versehentlich auf die Hand.

»Verzeihung!«

Der Schläfer zuckte zusammen. Er richtete sich auf und blickte erschrocken mit verschlafenen, nichts begreifenden Augen um sich. »He? Was ist: Wohin?« murmelte er verstört und rieb sich mit der Faust die Wange, auf der der rötliche Abdruck eines Taues zu sehen war.

Das war er – das war derselbe Matrose!

Petja versteckte sich hinter einem Vorsprung des Lagerraums, hielt den Atem an und beobachtete mit Spannung, was sich nun weiter abspielen würde.

Doch es geschah nichts Besonderes. Der »Schnauzbart« entschuldigte sich noch einmal und ging dann weiter. Der Matrose drehte sich auf die andere Seite, schlief jedoch nicht wieder ein, sondern spähte unruhig und, wie Petja zu erkennen glaubte, sorgenvoll umher. Was tun? Zu Papa laufen? Dem Ersten Offizier alles erzählen? Nein, nein!

Petja erinnerte sich sehr gut an das Benehmen seines Vaters in der Postkutsche. Offenbar war an dieser Begebenheit etwas, worüber man mit keinem reden, wonach man keinen fragen durfte, wobei man nur zu schweigen und sich den Anschein zu geben hatte, als wüßte man von nichts.

Da beschloß der Junge, den »Schnauzbart« zu suchen, um zu sehen, was er machte. Er fand ihn auf dem fast leeren Deck der ersten Klasse an das Rettungsboot gelehnt, das mit Segeltuch fest umschnürt war. Unter der Deckskajüte rauschte unsichtbar das Rad und wirbelte das fast schwarze schaumige Wasser hoch auf. Das Geräusch war so stark wie in einer Mühle. Der schon recht lange Schatten des Dampfers glitt rasch über die leuchtenden Wellen, die immer blauer wurden, je weiter sie sich vom Schiff entfernten.

Am Heck wehte, von der Sonne bestrahlt, die weißblaurote Handelsflagge. Hinter dem Dampfer lief wie ein breiter Weg das Kielwasser her und verlor sich in der Ferne. Links zog sich bereits das hohe lehmige Ufer von Noworossia hin.

Der »Schnauzbart« hielt irgendeinen Gegenstand in der Hand, den er heimlich betrachtete.

Petja schlich sich unbemerkt von hinten heran, stellte sich auf die Zehenspitzen und erblickte den Gegenstand. Es war eine kleine Fotografie, ein Paßbild, das einen Matrosen in voller Uniform mit keck aufgesetzter Matrosenmütze zeigte. Auf dem Mützenrand prangte die Aufschrift »Fürst Potjomkin-Tawritscheski«.

Der Matrose war kein anderer als eben der mit dem Anker auf der Hand. Und zugleich wurde es Petja infolge einer unbegreiflichen Gedankenverbindung klar, warum das Äußere des »Schnauzbartes« so seltsam wirkte: er war verkleidet! Und der Mann mit dem Anker ebenfalls!

»Mann über Bord!«

Es wehte ein frischer Wind. Um der Maschine zu helfen und die beim Laden verlorene Zeit aufzuholen, befahl der Kapitän, das Segel zu setzen.

Kein Fest, keine Geschenke hätten bei Petja eine solche Begeisterung auszulösen vermocht wie diese Kleinigkeit. Doch was heißt hier Kleinigkeit! Auf demselben Schiff und zur gleichen Zeit sowohl eine Maschine als auch ein Segel! Dampfer und Fregatte in einem!

Ich denke, auch ihr würdet begeistert sein, wenn ihr plötzlich das Glück hättet, eine Seereise auf einem richtigen Dampfer und außerdem unter Segel zu machen. Sogar damals wurden Segel nur noch auf ganz alten Schiffen und auch da nur sehr selten gesetzt. Und jetzt kommt so etwas überhaupt nicht mehr vor. Man kann sich also leicht vorstellen, welch ein Erlebnis dieser Vorgang für Petja war.

Selbstverständlich vergaß der Junge sofort den »Schnauzbart« und den Flüchtling. Wie verzaubert stand er am Bug, den Blick auf den barfüßigen Matrosen geheftet, der träge an der Luke herumhantierte und dann das ordentlich zusammengerollte Segel zum Vorschein brachte.

Petja wußte sehr genau, daß es ein Klüver war. Dennoch trat er an den Ersten Offizier heran, der aus Mangel an weiteren Matrosen selber beim Setzen des Segels behilflich war.

»Sagen Sie, bitte, ist das ein Klüver?«

»Ja«, antwortete der Erste Offizier ziemlich ungeduldig.

Doch Petja war darum nicht im mindesten gekränkt. Er begriff sehr wohl, daß ein richtiger Seebär unbedingt ein wenig grob sein müsse. Was wäre er denn auch sonst für ein Seemann?

Petja blickte die Fahrgäste mit einem leicht überlegenen Lächeln an und wandte sich dann wieder ein wenig nachlässig, ganz als wäre er seinesgleichen, an den Ersten Offizier: »Und sagen Sie, bitte, was gibt es noch alles für Segel? Die Fock und das Großsegel, nicht wahr?«

»Junge, laß mich in Ruhe!« sagte der Offizier mit einem Gesicht, als hätte er Zahnweh. »Geh zur Mutti in die Kajüte, geh mit Gott!«

»Meine Mutter ist gestorben«, erwiderte Petja dem Grobian. »Wir reisen mit Papa.«

Der Erste Offizier antwortete nicht, und somit war das Gespräch beendet.

Schließlich war der Klüver gesetzt, das Schiff machte raschere Fahrt, und bald kam Odessa in Sicht. Rechts voraus erkannte man schon den weißen Streifen des Suchoi-Liman. Das Wasser war tiefblau, mit einem leichten Schimmer ins Rötlichviolette. Es dauerte nicht lange, da tauchten die Schieferdächer der deutschen Kolonie Lustdorf auf und die große ungefüge deutsche Kirche mit dem Wetterhahn auf der Turmspitze.

Villen, Gärten, Badeanstalten, Türme und Leuchttürme zogen

vorüber. Zuerst kam der berühmte Kowalewski-Turm, der sogar seine eigene Geschichte hat.

Ein gewisser Herr Kowalewski, ein sehr reicher Mann, beschloß, auf eigene Verantwortung und aus eigener Tasche, eine Wasserleitung für die Stadt zu bauen. Er versprach sich davon ungewöhnlich hohe Einnahmen. Kunststück! Für jeden Schluck Wasser hätten die Leute dem Herrn Kowalewski zahlen müssen, was er dafür forderte. Der Grund und Boden, der Herrn Kowalewski gehörte, barg nämlich eine Süßwasserquelle, die einzige in der Umgebung Odessas. Freilich lag die Wasserader sehr tief. Um also das Wasser zu gewinnen, mußte man ein riesiges Pumpwerk errichten. Ein schwieriges Unternehmen für einen einzelnen. Doch Herr Kowalewski war nicht gesonnen, den künftigen Gewinn mit irgend jemand zu teilen. Ganz allein begann er mit dem Wasserturmbau, der aber erheblich kostspieliger wurde, als er kalkuliert hatte. Seine Verwandten flehten ihn an, das unsinnige Projekt aufzugeben, aber er hatte bereits zuviel Geld in das Unternehmen gesteckt und wollte es nicht mehr rückgängig machen. Er setzte den Bau fort. Als der Turm zu drei Viertel fertig war, gingen ihm die Mittel aus. Da versetzte er alle seine Häuser und sein ganzes Land, und so gelang es ihm, den Turmbau zu vollenden. Es wurde ein riesiges Gebilde und glich dem ungeheuerlich vergrößerten Turm eines Schachspiels. Sonntags strömten die Odessaer scharenweise herbei, um das Wunderwerk zu bestaunen. Der Turm allein aber genügte natürlich nicht. Es mußten Maschinen im Ausland gekauft, Bohrungen vorgenommen und Leitungsrohre gelegt werden. Verzweifelt ging nun Herr Kowalewski die Odessaer Kaufleute und Bankiers um Geld an. Er bot ihnen sagenhafte Prozente und versprach ungeheure Einnahmen. Er flehte, demütigte sich, weinte. Die Bankiers und Kaufleute jedoch konnten es ihm nicht verzeihen, daß er sie vorher von dem Geschäft hatte ausschließen wollen, und waren nun unerbittlich. Keiner gab ihm auch nur eine einzige Kopeke. Er war vollständig bankrott, vernichtet, zerschmettert. Die Wasserleitung wurde ihm zu einer fixen Idee. Tagelang umkreiste er wie ein Irrsinniger den Turm, der sein Vermögen verschlungen hatte, und zerbrach sich den Kopf, wo er wohl noch Geld auftreiben könne. Nach und nach wurde er wirklich verrückt. Und schließlich erklomm er die äußerste Spitze des unglückseligen Turmes und stürzte sich hinab.

Dies war fünfzig Jahre vorher geschehen, aber der im Laufe der

Zeit schwarz gewordene Turm erhob sich noch immer hoch über dem Meer in der Nähe der reichen Handelsstadt als furchtbare Warnung und finsteres Mahnmal maßloser menschlicher Habgier.

Dann tauchte der neue weiße Leuchtturm auf und gleich danach der alte, der längst ausgedient hatte. Klar beschienen vom rosigen Licht der hinter goldüberstäubten Vorstadtakazien versinkenden Sonne, ragten diese Türme so deutlich, so nah und vor allem so vertraut über der Küste empor, daß Petja am liebsten aus voller Kraft in den Klüver gepustet hätte, nur um so schnell wie möglich zu Hause zu sein.

Hier war ihm nun jedes Stück des Ufers bis in die geringsten Einzelheiten bekannt: »Große Fontäne«, »Mittlere Fontäne«, »Kleine Fontäne«, das hohe, abschüssige Ufer, auf dem Besenginster, Heckenrosen, Flieder und Weißdorn wucherten, sowie die kurz vor dem Strand aus dem Wasser herausragenden, zur Hälfte mit grünem Meerschlamm bedeckten Felsen, auf denen Angler mit langen Bambusstangen saßen oder Badende sich tummelten.

Da war auch die »Arkadia«, das Restaurant auf Pfählen, die Muschel für das Orchester – aus der Ferne ganz klein, nicht größer als ein Souffleurkasten –, bunte Sonnenschirme und Tischtücher, über die der frische Wind hinwegstrich.

All diese Bilder erstanden vor den Augen des Jungen, eins immer lebendiger, immer interessanter als das andere. Er hatte sie nicht vergessen. Nein! Man konnte sie unmöglich vergessen, wie man seinen Namen nicht vergessen konnte. Sie waren nur für eine Weile irgendwie dem Gedächtnis entglitten, und nun kehrten sie zurück, wie man in ein Haus zurückkehrt, das man eigenmächtig verlassen hat. Es wurden ihrer immer mehr und mehr. Sie überholten einander, und es war, als riefen sie dem Jungen um die Wette zu: Guten Tag, Petja! Endlich bist du wieder da! Wir haben uns alle so nach dir gesehnt. Erkennst du uns denn nicht wieder? Guck doch ordentlich hin – ich bin es doch, deine Lieblingsvilla Marasli! Du bist doch so gern über meinen wunderbar gepflegten smaragdgrünen Rasen gelaufen, obwohl es streng verboten ist! Du hast so gern meine Marmorstatuen betrachtet, auf denen die großen Schnecken herumkriechen und ihre schleimige Spur hinterlassen! Schau doch, wie ich im Sommer gewachsen bin! Schau, wie dicht das Laub meiner Kastanien geworden ist, wie üppig die Georginen und Pfingstrosen auf meinen Beeten blühen und welch prachtvolle Augustschmetterlinge sich im Schatten meiner Alleen niederlassen!

Und da bin ich, »Otrada!« Unmöglich, daß du meine Badeanstalt vergessen hast und meine Schießbude und meine Kegelbahn! Guck mal, während du weg warst, haben wir es zu einem Karussell mit Schiffchen und Pferdchen gebracht! Hier ganz in der Nähe wohnt ja auch dein Freund und Kumpan Gawrik. Der kann es kaum erwarten, bis du wieder da bist. Also, mach schnell!

Da bin auch ich! Willkommen, Petja! Hast du Lanscheron nicht wiedererkannt? Sieh nur, wieviel Kähne an meinem Strand liegen, wieviel Fischernetze auf den über Kreuz gestellten Rudern zum Trocknen ausgebreitet sind! Mein Sand war es doch, in dem du voriges Jahr zwei Kopeken gefunden hast, woraufhin du vier Glas von dem sauren Kwaß* getrunken hast, der so in die Nase steigt und die Zunge kitzelt! – vier Glas, obwohl eigentlich gar nicht soviel in dich hineinging! Erinnerst du dich noch an diese Limonadenbude? Da ist sie, da, da steht sie ja am Abhang in dem inzwischen hochgeschossenen Steppengras! Man braucht nicht einmal ein Fernglas, um sie zu erkennen!

Und ich bin auch da! Ich auch! Guten Tag, Petja! Oh, was während deiner Abwesenheit in Odessa alles los war! Guten Tag, guten Tag . . .

Je näher man der Stadt kam, desto stiller und wärmer wurde der Wind. Die Sonne war überhaupt nicht mehr zu sehen, nur die äußerste Spitze des Mastes mit dem roten Mützchen des Windstanders leuchtete noch am klaren Himmel in ihren Strahlen. Der Klüver wurde niedergeholt.

Das Dröhnen der Schiffsmaschine hallte von den Felsen und Uferhängen wider, und das blaßgelbe Topplicht kroch den Mast hinauf.

Petjas ganzes Denken kreiste um das Ufer, um Odessa. Hätte ihn jemand daran erinnert, daß er vor ganz kurzer Zeit, am Morgen noch, fast geweint hatte, als er vom Gut Abschied nahm, er hätte es nicht geglaubt.

Ein Gut? Was für ein Gut? Er hatte es bereits vergessen. Es existierte einfach nicht mehr für ihn – jedenfalls nicht bis zum nächsten Sommer. Schnell, schnell in die Kajüte, den Papa anfeuern, die Sachen zusammenzupacken!

---

* Erfrischendes säuerliches Getränk aus gegorenem Schwarzbrot, im Geschmack dem Berliner Weißbier ähnlich.

Petja drehte sich um, wollte loslaufen und wurde plötzlich starr vor Entsetzen – jener Matrose mit dem Anker auf der Hand saß auf den Stufen der Bugtreppe, und der »Schnauzbart« ging mit knarrenden Sandalen geradewegs auf ihn zu, ohne Kneifer, die Hände in den Hosentaschen. So trat er ganz dicht an ihn heran, beugte sich hinunter und fragte, nicht laut, aber auch nicht leise: »Shukow?«

»Was denn, Shukow?« entgegnete der Matrose, als bereite ihm das große Überwindung, und richtete sich auf.

»Setz dich! Still! Setz dich, sag ich!«

Der Matrose blieb stehen. Ein schwaches Lächeln zitterte auf seinen blaß gewordenen Lippen.

Der »Schnauzbart« runzelte die Stirn.

»Von der ›Potjomkin‹? Willkommen, mein Lieber! Hättest andere Stiefelchen anziehen sollen ... Was haben wir hier auf dich gewartet! Na, Rodion Shukow, was sagst du nun? Da wären wir, was?«

Mit diesen Worten packte der »Schnauzbart« den Matrosen fest am Arm.

Dessen Gesicht verzerrte sich. »Loslassen!« brüllte er mit fürchterlicher Stimme und stieß dem »Schnauzbart« mit aller Kraft die Faust vor die Brust. »Du sollst einen kranken Mann nicht anfassen, du Aas!«

Der Ärmel krachte.

»Halt!«

Doch es war schon zu spät. Der Matrose hatte sich losgerissen und lief das Deck entlang, sich zwischen Körben, Kisten und Menschen hindurchschlängelnd. Hinter ihm her der »Schnauzbart«. Beim flüchtigen Hinschauen konnte man glauben, die beiden erwachsenen Männer spielten Haschen.

Sie verschwanden im Durchgang des Maschinenraumes und tauchten auf der anderen Seite wieder auf. Dann rannten sie die Treppe hinauf; ihre Schuhsohlen klapperten laut und rutschten auf den glatten Messingstufen.

»Halt! Festhalten!« brüllte keuchend der »Schnauzbart«.

Der Matrose hielt plötzlich eine Latte, die er irgendwo abgerissen hatte, in der Hand.

»Festhalten, fe-e-estha-a-alten!«

Neugierig drängten sich die Fahrgäste zusammen. Irgend jemand pfiff durchdringend auf einer Polizeipfeife.

Mit einem Satz sprang der Matrose über einen hohen Lukendeckel. Er duckte sich vor dem »Schnauzbart«, der von der Seite angelaufen kam, schlug einen Haken, sprang über die Luke zurück und auf eine Bank hinauf, von der Bank auf die Reling, hielt sich am Stock der Heckflagge fest, versetzte dem »Schnauzbart« mit voller Wucht einen Schlag mit der Latte ins Gesicht und sprang ins Meer, daß die Wasserspritzer gegen die Bordwand und sogar auf das Achterdeck klatschten.

»A-ah!«

Die Fahrgäste, die dort standen, wichen heftig zurück, als schlüge ihnen ein kalter Wind entgegen.

Der »Schnauzbart« raste an der Reling hin und her, drückte die Hände ans Gesicht und brüllte heiser: »Festhalten, der geht durch! Festhalten, der geht durch!«

Der Erste Offizier eilte mit dem Rettungsring die Treppe hinauf, wobei er immer drei Stufen auf einmal nahm.

»Mann über Bord!«

Die Fahrgäste drängten ebenso heftig zur Reling zurück, als triebe sie jetzt der gleiche Wind wieder vorwärts.

Petja stand dicht an die Reling gepreßt. Schon recht weit vom Dampfer entfernt, schaukelte im weißen Schaum des Kielwassers der Kopf des schwimmenden Mannes.

Doch schwamm er nicht auf den Dampfer zu, sondern von ihm weg, wobei er mit aller Kraft seine Arme und Beine gebrauchte. Nach jedem dritten, vierten Schlag wandte er sich um und blickte zurück.

Der Erste Offizier merkte schließlich, daß der »Mann über Bord« offenbar nicht das geringste Verlangen hegte, »gerettet« zu werden. Ganz im Gegenteil, er war offensichtlich bestrebt, sich möglichst weit von seinen »Rettern« zu entfernen. Obendrein konnte er vorzüglich schwimmen, und bis zum Ufer hatte er es gar nicht mehr weit. Es war also alles in Ordnung und kein Anlaß vorhanden, sich aufzuregen.

Umsonst krallte sich der »Schnauzbart« in den Ärmel des Ersten Offiziers, umsonst rollte er wild mit den Augen, umsonst verlangte er, man solle das Schiff zum Stehen bringen und ein Rettungsboot zu Wasser lassen.

»Das ist ein politischer Verbrecher! Sie werden sich zu verantworten haben!«

Der Erste Offizier hob phlegmatisch die Schultern.

»Das ist nicht meine Sache. Ich habe keinen Befehl. Wenden Sie sich an den Kapitän.«

Doch der Kapitän winkte nur ab. Man hatte sowieso Verspätung. »Wo sollte das hinführen, mein Lieber? Ist auch nicht nötig. I'ner halben Stunde legen wir an, dann könnt ihr euren Politischen suchen. Unser Schiff ist ein Handelschiff und privat. Mit Politik beschäftigt es sich nicht und hat in dieser Hinsicht auch keinerlei Anweisungen.«

Da stieß der »Schnauzbart« einen Fluch aus und begann sich durch die Menschenmenge zu zwängen, die sich an der Stelle angesammelt hatte, wo der Laufsteg für die Passagiere der dritten Klasse ausgelegt werden sollte.

Er stieß die erschrockenen Leute derb zur Seite, trat ihnen auf die Füße, schubste die Körbe aus dem Weg und stand schließlich unmittelbar an der Reling, um beim Anlegen sofort an Land springen zu können.

Inzwischen war der Kopf des Matrosen in den Wellen kaum noch zu sehen. Er verschwand zwischen all den Fähnchen, die über den ausgelegten Fischernetzen und Angelschnüren schaukelten.

Nachts in Odessa

Rasch senkte sich die Dunkelheit über das Ufer; es wurde blau, violett. Drüben am Land herrschte schon der Abend, doch auf dem Meer war es noch hell. Aber auch hier spürte man bereits die Nähe der Nacht.

Die gewölbten Gläser der Positionslichter auf beiden Seiten des Dampfers, die so dunkel und dick waren, daß man bei Tag unmöglich ihre Farbe hätte erraten können, bekamen jetzt einen grünen und roten Schimmer, und wenn sie auch nichts zu erhellen vermochten, so hatten sie doch schon eine gewisse Leuchtkraft.

Die blaue Stadt mit dem kuppelartigen Dach des Stadttheaters und den Kolonnaden des Woronzow-Schlosses wuchs seltsam schnell empor und verdeckte mit ihrer Silhouette den halben Horizont. Die hellen Sterne der Hafenlichter spiegelten sich blaß in der völlig glatten Wasserfläche des Hafens. Dorthin bog die »Turgenjew« jetzt ein, dicht vorbei an dem dicken, nicht allzu großen Leuchtturm.

Zum letztenmal ertönte im Maschinenraum die Klingel des Kapitäns.

»Halbe Fahrt!«

»Geringste Fahrt!«

Flink und fast lautlos glitt das schmale Dampferchen an den drei Stockwerke hohen Bugen der Ozeandampfer der Freiwilligen Flotte vorbei, die an der Innenseite der Wellenbrecher in einer Reihe nebeneinanderlagen.

Petja mußte den Kopf weit nach hinten biegen, um ihre riesigen Anker bewundern zu können. Das waren Schiffe!

»Stop!«

Völlig geräuschlos, ohne die Geschwindigkeit zu verringern, glitt die »Turgenjew« durch das Hafenbecken – wenn sie nicht bald stoppte, würde sie bestimmt in die Landungsstege hineinrasen. Ihr spitzer Bug teilte das Wasser und erzeugte lange schmalen Wellen, so daß es gestreift aussah wie eine Makrele. Leise rauschend glitt es an der Bordwand entlang. Die näher kommende Stadt strömte eine Gluthitze aus, als wäre sie ein Backofen.

Und plötzlich sah Petja einen Schornstein und zwei Masten aus dem spiegelglatten Wasser herausragen. Ganz nah glitten sie vorbei, schwarz, schaurig, tot . . .

Die an der Reling zusammengedrängten Fahrgäste stießen einen Ruf der Überraschung aus.

»Sie haben es versenkt«, sagte jemand leise.

Wer hat es versenkt? wollte der entsetzte Junge fragen, aber im gleichen Augenblick sah er etwas noch viel Schrecklicheres: das eiserne Skelett eines ausgebrannten Schiffes, das an der halbverkohlten Anlegestelle lag.

»Sie haben es verbrannt«, sagte dieselbe Stimme noch leiser.

Jetzt erreichte das Schiff die Landungsbrücke.

»Volle Fahrt zurück!« kommandierte der Kapitän. Die Räder, die bereits verstummt waren, schlugen laut aufs Wasser und drehten sich rückwärts. Große Strudel liefen über die Wasserfläche. Die Anlegerbrücke entfernte sich, drehte sich auf unbegreifliche Weise und rückte dann – sehr langsam – wieder näher, aber diesmal von der anderen Bordseite. Ein aufgewickeltes Tau flog über die Köpfe der Fahrgäste hinweg, sich im Fluge lockernd und entrollend.

Petja spürte einen leichten Stoß, als das Schiff den Kai berührte. Der Laufsteg wurde zur Anlegebrücke hinübergeschoben, und als erster lief der »Schnauzbart« an Land und verlor sich sofort in der Menge.

Kurz darauf kamen auch unsere Reisenden an die Reihe. Der

Junge wunderte sich, daß am Laufsteg ein Schutzmann und mehrere Zivilisten standen, die jeden Fahrgast aufmerksam betrachteten. Auch den Papa musterten sie eingehend. Dabei begann Herr Batschej ganz mechanisch seinen Mantel zuzuknöpfen und streckte sein zitterndes Bärtchen vor. Er umfaßte Pawliks Hand ganz fest, und sein Gesicht nahm den gleichen abweisenden Ausdruck an wie am Morgen in der Postkutsche, als er mit dem Soldaten gesprochen hatte. Sie nahmen eine Droschke, setzten Pawlik auf den vorderen Klappsitz – während Petja ganz wie ein Erwachsener neben Papa auf dem Hauptsitz Platz nahm – und fuhren los.

Am Hafentor stand ein Wachtposten mit Patronentasche und Gewehr, was früher nie der Fall gewesen war.

»Papa, warum steht hier ein Wachtposten?« flüsterte der Junge.

»Ach, mein Gott!« versetzte der Vater gereizt und machte eine abwehrende Handbewegung. »Warum und weshalb! Woher sollte ich das wissen? Der steht eben da. Und du sollst stillsitzen.«

Petja begriff, daß man hier lieber nicht fragen sollte, und daß man Papas Gereiztheit nicht übelnehmen durfte.

Als der Junge aber beim Bahnübergang plötzlich das vollständig abgebrannte Bollwerk, einen Haufen verkohlter Bohlen, Schienen, die sich in der Luft zu Schlaufen krümmten, sowie die Räder umgekippter Wagen, kurzum, dieses ganze regungslose Chaos sah, rief er mit überschnappender Stimme: »Au, was ist das? Guck mal! Hören Sie, Kutscher, was ist das?«

»Sie haben es verbrannt«, erwiderte der Kutscher geheimnisvoll und nickte – war es verurteilend, war es anerkennend? – mit dem Kopf, auf dem ein steifer Filzhut thronte.

Man fuhr an der berühmten Odessaer Treppe vorüber. Auf der Spitze ihres Dreiecks, zwischen den Silhouetten der beiden halbrunden, symmetrischen Paläste, zeichnete sich die kleine Gestalt des Herzogs Richelieu mit dem Meer entgegengestrecktem Arm gegen den hellen Nachthimmel ab.

Die dreiarmigen Laternen des Boulevards blitzten, Musik klang von der Terrasse des Restaurants herüber, und hoch über den Kastanien und dem Kies der Prachtstraße zitterte blaß der erste Stern. Petja wußte, daß eben dort, hinter dem Nikolai-Boulevard, all das im höchsten Grade Verlockende, Unerreichbare, Flüchtige, das in der Familie des Herrn Batschej mit einer leicht verächtlichen Bewunderung »das Zentrum« genannt wurde, sein glitzerndes und lautes Dasein führte.

Im »Zentrum« lebten die »Reichen«, das heißt jene besonderen Menschen, die erster Klasse reisten, jeden Tag ins Theater gehen konnten, aus unerklärlichen Gründen um sieben Uhr abends zu Mittag speisten, statt einer Köchin einen Koch und statt eines Kindermädchens eine »Bonne« hatten und die sogar oft genug eine eigene Kutsche besaßen, was schon über alle Grenzen der menschlichen Phantasie hinausging.

Selbstverständlich lebten Batschejs keineswegs »im Zentrum«. Den Fahrdamm entlangrasselnd, fuhr die Droschke unten durch die Quarantänestraße und bog dann rechts in eine zur Stadt hinaufführende Straße ein.

Petja war die lauten Geräusche der Stadt nicht mehr gewohnt, und das Klappern der Pferdehufe auf dem Fahrdamm, das gleichmäßige Rattern der Räder, das Geklingel der Pferdebahnen, das Knarren der Stiefel und das harte Klopfen der Spazierstöcke auf den blauen Lavaplatten des Fußsteiges betäubten ihn beinahe.

Auf dem Gut, inmitten der abgemähten Felder und in der weiten, offenen Steppe war schon lange mit kühler Frische und leiser Wehmut der goldene Herbst eingezogen. Hier in der Stadt aber herrschte noch der Sommer! Schwül und reglos brütete auch nachts die Hitze in den mit Akazien bestandenen Straßen.

In den geöffneten Türen der Krämerläden blakten gelb die Zünglein der Petroleumlampen und beleuchteten spärlich die Gläser mit gefärbten Eisbonbons.

Unmittelbar auf dem Fußsteig unter den Akazien lagen Berge von Wassermelonen – glänzende schwarzgrüne »Nebel«-Melonen mit wächsernen Glatzen und länglich gestreifte »Kloster«-Melonen.

Zuweilen tauchte an einer Ecke ein hellerleuchteter Obstladen auf. In dem unerträglich grellen Licht der Gaslampen umfächelten Perser mit knisternden Büscheln aus Seidenpapier die herrlichsten Krimfrüchte – große violette Pflaumen, wie mit türkisfarbenem Staub bepudert, und zarte bräunliche, sehr teure Alexanderbirnen.

Durch weinumrankte Eisengitter sah man im Schein der erleuchteten Villenfenster die Blumenbeete in den Vorgärten, wo dicke Nachtschwärmer die Kapuzinerkresse, die Begonien und die prachtvoll erblühten Georginen umflatterten. Vom Bahnhof klangen Lokomotivpfiffe herüber.

Die Droschke fuhr an einer bekannten Apotheke vorbei. Hinter der großen Fensterscheibe mit den goldenen Glasbuchstaben blinkten deutlich zwei birnenförmige, mit grellvioletter und grüner Flüssigkeit gefüllte Gläser. Petja zweifelte nicht im geringsten – das war Gift! Aus dieser Apotheke hatte man für die sterbende Mama die furchtbaren Sauerstoffkissen geholt. Ach, wie schrecklich war ihr Röcheln an Mamas Lippen gewesen, an diesen von den vielen Medikamenten schon ganz schwarzen Lippen!

Pawlik schlief bereits. Der Vater nahm ihn auf den Arm. Das Köpfchen des Kindes schwankte und hüpfte, die dicken nackten Beinchen rutschten von den väterlichen Knien herab, doch die Fingerchen umklammerten immer noch fest die Tasche mit der geliebten Sparbüchse.

So wanderte er auch in die Arme der Köchin Dunja, die ihre Herrschaft auf der Straße erwartete; denn endlich hielt der Kutscher vor dem Tor mit der dreieckigen Laterne, deren Licht schwach durch die ausgeschnittene Ziffer der Hausnummer drang.

»Willkommen! Willkommen!«

Immer noch mit dem Gefühl, das schwankende Deck unter den Füßen zu haben, betrat Petja den Hausflur.

Welch eine riesige, leere Treppe! Welch eine Menge Lampen! Petroleumlampen auf gußeisernen Konsolen an der Wand eines jeden Treppenabsatzes. Und über jeder Lampe schaukelte im Lichtkreis schläfrig ein Deckelchen. Blankgeputzte Messingschildchen an jeder Tür. Kokosmatten für die Füße. Ein Kinderwagen.

All diese längst vergessenen Dinge erstanden plötzlich in all ihrer ursprünglichen Neuheit vor Petjas staunenden Blicken. Man mußte sich wieder an sie gewöhnen.

Hell, im ganzen Treppenhaus widerhallend, knackte jetzt irgendwo oben ein Schlüssel, eine Tür schlug zu, rasch sprechende Stimmen wurden laut. Jeder Ausruf hallte wie ein Pistolenschuß. Dann ertönten, durch die Wände gedämpft, die harmonischen Klänge eines Klaviers und erinnerten den Jungen daran, daß es ja auch so etwas noch gab.

Und endlich – mein Gott, wer war denn das . . .?

Aus der Tür kam eine vergessene, ihm aber äußerst bekannte Dame in einem blauen Seidenkleid mit Spitzenkrägelchen und Spitzenmanschetten; ihre von Tränen geröteten Augen waren freudig erregt, die Lippen gespannt vor Lachen, das Kinn bebte vom Lachen oder Weinen.

»Pawlik!«

Sie entriß das Kind den Armen der Köchin.

»Herrgott, was ist er schwer geworden!«

Pawlik schlug die vom Schlaf ganz dunklen Augen auf und sagte mit grenzenlos gleichmütiger Stimme: »Oh! Tante?«

Und schlief wieder ein.

Aber natürlich, natürlich, das war ja die Tante! Die so wohlbekannte, liebe, vertraute, nur eben ein wenig vergessene Tante. Wie war es nur möglich, daß er sie nicht gleich erkannt hatte?

»Petja! Junge! Welch ein Riese!«

»Tante, wissen Sie, was uns begegnet ist?« begann Petja sofort. »Tante, Sie wissen ja noch gar nichts! Aber Tante! So hören Sie doch, was uns begegnet ist! Tante, Sie hören ja nicht! Hören Sie doch!«

»Schön, schön, aber nicht alles auf einmal. Geh ins Zimmer. Wo ist denn Wassili Petrowitsch?«

»Hier, hier . . .«

Der Vater kam die Treppe herauf.

»So, da wären wir. Guten Tag, Tatjana Iwanowna!«

»Willkommen, willkommen! Treten Sie doch ein. Hatten Sie schlimmen Seegang?«

»Ganz und gar nicht. Sind wunderbar gefahren. Haben Sie wohl Kleingeld? Der Kutscher kann auf drei Rubel nicht herausgeben.«

»Sofort, sofort. Nur keine Aufregung . . . Aber Petja, steh mir doch nicht im Weg . . . Wirst mir später alles erzählen können . . . Dunja, meine Liebe, nehmen Sie von meinem Frisiertisch . . . laufen Sie runter, geben Sie dem Kutscher . . .«

Petja trat in den Flur, der ihm sehr geräumig, düster und derartig fremd vorkam, daß er nicht einmal den braungebrannten großen Jungen im Strohhut auf den ersten Blick erkannte, der, von der vergessenen, aber bekannten Lampe beleuchtet, ganz unerwartet im Nußbaumrahmen des vergessenen, aber bekannten Spiegels auftauchte.

Und den hätte Petja doch wohl ohne Mühe erkennen müssen, denn das war er ja selbst!

Daheim

Dort auf dem Gut war es ein kleines, weißgetünchtes Zimmerchen gewesen, mit drei Feldbetten, auf denen Reisedecken lagen. Ein eiserner Waschständer. Ein Tischchen aus Fichtenholz. Ein

Stuhl. Eine Kerze in einem Glasständer. Grüne Fensterläden. Gestrichener, vom häufigen Scheuern abgeblätterter Fußboden.

Wie süß war das Einschlafen nach einer aus dicker Milch und Weißbrot bestehenden Mahlzeit in jenem leeren, kühlen und ein wenig nüchtern wirkenden Zimmer gewesen, während leise das Meer rauschte!

Hier war es ganz anders.

Dies hier war eine große Wohnung, beklebt mit alten Papiertapeten und vollgestellt mit Möbeln, die in Schutzbezügen steckten.

In jedem Zimmer war die Tapete anders, und die Möbel ebenfalls. Die Sträuße und Rhomben auf den Tapeten machten die Räume kleiner, und die Möbelstücke, die man hier »Einrichtung« nannte, dämpften die Schritte und den Klang der Stimmen.

Die Lampen wurden von einem Zimmer ins andere getragen. Im Salon standen Gummibäume mit harten, wachsigen Blättern.

Das Licht der von einem Platz zum andern wandernden Lampen irrte zugleich aus einem Spiegel in den anderen. Die Vase auf dem Deckel des Flügels zitterte – das kam von einer auf der Straße vorbeifahrenden Droschke. Das Rattern der Räder verband das Haus mit der Stadt.

Für sein Leben gern wäre Petja nach dem abendlichen Tee wenigstens für einen Augenblick auf den Hof geflitzt, um die anderen Jungen zu sehen und dies und jenes zu erfahren. Doch es war schon sehr spät; es ging auf zehn Uhr, und sicher schliefen seine Spielkameraden längst.

Gern hätte er der Tante oder, wenn es schon nicht anders ging, Dunja von dem flüchtigen Matrosen erzählt, aber alle waren beschäftigt: Die Betten wurden bezogen, die Kissen aufgeschüttelt, die schweren, glatten Laken aus der Kommode geholt und die Lampen aus einem Zimmer ins andere getragen.

Petja ging hinter der Tante her, trat ihr dabei auf die Schleppe und bettelte: »Tante, warum hören Sie denn nicht zu? Hören Sie doch mal . . .«

»Du siehst doch, daß ich beschäftigt bin.«

»Tante, was macht's Ihnen schon aus!«

»Erzähl es mir morgen.«

»Ach, warum sind Sie bloß so! Lassen mich gar nichts erzählen!«

»Steh mir nicht im Weg! Erzähl's Dunja.«

Petja verfügte sich betrübt in die Küche, wo auf der Fensterbank in einer Holzkiste Schnittlauch wuchs.

Dunja bügelte gerade einen Kissenbezug auf dem mit Leinen bespannten Plättbrett. Dichter Dampf stieg unter dem Bügeleisen auf.

»Dunja, hören Sie mal, was uns begegnet ist . . .«, begann Petja mit kläglicher Stimme und schaute auf Dunjas entblößten sehnigen Ellbogen, über dem sich straff die glänzende Haut spannte.

»Junger Herr, gehn Sie zur Seite, sonst verbrenn ich Sie noch mit dem Eisen – Gott behüte!«

»Aber, hören Sie doch mal . . .«

»Gehen Sie, erzählen Sie's der Tante.«

»Tante will nicht. Ich erzähl's lieber Ihnen, Dunja, aber . . .«

»Erzählen Sie's dem Herrn.«

»Mein Gott, wie dumm sind Sie! Papa weiß es doch.«

»Morgen, junger Herr, morgen.«

»Ich will aber heute . . .«

»Gehn Sie mir unter dem Ellbogen weg! Sind denn so wenig Zimmer da, daß Sie auch noch in die Küche müssen?«

»Dunetschka, ich erzähl es bloß schnell und geh dann gleich weg! Ganz großes Ehrenwort! Ich schwör's bei allen Heiligen!«

»Ist das ein Kreuz mit dem Jungen! Nur mir zur Qual ist er wieder heimgekommen . . .«

Wütend stellte Dunja das Bügeleisen auf den Untersatz, ergriff den gebügelten Kissenbezug und stürzte mit solcher Heftigkeit hinaus, daß ein starker Luftzug durch die Küche wehte.

Petja rieb sich kummervoll die Augen, und plötzlich überfiel ihn ein so starkes Gähnen, daß er sich nur mit knapper Not noch bis an sein Bett zu schleppen vermochte, aber nicht mehr fähig war, die Augen offenzuhalten, und sich wie ein Blinder den Matrosenanzug auszog.

Kaum hatte seine glühende Wange das Kissen berührt, als er auch schon fest schlief und nicht einmal mehr den Bart seines Vaters fühlte, der wie gewöhnlich gekommen war, um ihm den Gutenachtkuß zu geben.

Was aber Pawlik betrifft, so hatte man mit ihm noch seine Not. Er war in der Droschke so tief eingeschlafen, daß der Papa und die Tante ihn nur mit Mühe auszuziehen vermochten. Doch kaum hatte man ihn ins Bett gepackt, als der Junge plötzlich ganz munter die Augen aufschlug, sich erstaunt umsah und fragte: »Fahren wir noch?«

Zärtlich küßte ihn die Tante auf das heiße rote Bäckchen.

»Nein, ihr seid schon da. Schlaf, Kindchen!«

Es stellte sich jedoch heraus, daß Pawlik ausgeschlafen hatte und nun zur Unterhaltung geneigt war.

»Tante, sind Sie das?«

»Ja, ich bin es, Vögelchen. Schlaf!«

Pawlik lag still, die olivdunklen Augen weit und aufmerksam geöffnet, und horchte auf die unbekannten städtischen Laute in der Wohnung.

»Tante, was macht da solchen Lärm?« fragte er schließlich, ängstlich flüsternd.

»Wo ist Lärm?«

»Da. Es schnarcht.«

»Das ist das Wasser in der Leitung, Kindchen.«

»Schnaubt es sich?«

»Ja, ja, es schnaubt sich. Schlaf!«

»Und was pfeift da?«

»Das ist eine Lokomotive.«

»Wo?«

»Hast du's vergessen? Auf dem Bahnhof. Uns gegenüber ist der Bahnhof. Schlaf!«

»Und warum ist Musik?«

»Oben spielt man Klavier. Hast du denn schon vergessen, wie man Klavier spielt?«

Pawlik schwieg eine ganze Weile. Man hätte glauben können, daß er wieder schlief. Doch in dem grünlichen Licht des Nachtlämpchens auf der Kommode sah man deutlich seine Augen glänzen. Entsetzt verfolgte er die auf der Decke hin- und zurückwandernden langen Lichtstrahlen.

»Tante, was ist das?«

»Die Laternen der Droschken. Mach die Äuglein zu!«

»Und was ist das?«

Ein riesiger Schmetterling, ein »Totenkopf«, flatterte mit unheilverkündendem Surren oben in einer Ecke herum.

»Ein Schmetterling. Schlaf!«

»Beißt er?«

»Nein, er beißt nicht. Nun schlaf aber!«

»Ich will nicht schlafen. Ich hab' Angst.«

»Wovor hast du denn Angst? Erzähl keine Dummheiten. So ein großer Junge, schäm dich!«

Pawlik holte tief und wohlig Atem, ergriff mit seinen beiden heißen Händchen die Hand der Tante und flüsterte: »Haben Sie 'n Zigeuner gesehen?«

»Nein, hab' ich nicht.«

»Und einen Wolf?«

»Auch nicht. Schlaf!«

»Und einen Schornsteinfeger?«

»Einen Schornsteinfeger auch nicht. Kannst ganz beruhigt schlafen.«

Der Junge atmete noch einmal tief und befriedigt auf, drehte sich auf die andere Seite, legte sein Bäckchen in das leicht gekrümmte Händchen und murmelte, während er die Augen schloß: »Tante, geben Sie mir ein Zippelchen.«

»Mahlzeit! Und ich hab' gedacht, du hättest dir das Zippelchen längst abgewöhnt.«

»Zippelchen« nannte man ein sauberes, besonders für diesen Zweck vorhandenes Taschentuch, an dem Pawlik im Bett zu nuckeln pflegte und ohne das er nicht einschlafen konnte.

»Zi-i-ippelche-e-en . ..!« quengelte der Junge.

Aber die Tante gab ihm kein Zippelchen. So ein großer Junge! Es war höchste Zeit, ihm das abzugewöhnen.

Pawlik quengelte noch ein Weilchen weiter, zog dann den Kissenzipfel in den Mund, nuckelte daran herum und lächelte träge mit den wie Teig zusammenbackenden Augen. Plötzlich fiel ihm voller Entsetzen seine Sparbüchse ein: Wenn nun Diebe sie gestohlen hätten! Doch er hatte keine Kraft mehr, sich aufzuregen, und schlief ein.

Gawrik

Am selben Tag in der Morgendämmerung erwachte, frierend vor Kälte, ein anderer Junge – jener Gawrik, den wir beim Beschreiben der Odessaer Ufer flüchtig erwähnt haben.

Er hatte neben einem Fischerboot am Meeresstrand geschlafen, den Kopf auf einen flachen Stein gelegt und sich mit dem alten Rock seines Großvaters zugedeckt. Für die Beine hatte es aber nicht mehr gereicht. Die Nacht war warm gewesen, doch gegen Morgen wurde es frisch, und Gawrik fror an den Beinen. So zog er im Halbschlaf den Rock auf die Beine herunter, mit dem Erfolg, daß ihm nun der Kopf fror.

Gawrik zitterte vor Kälte, blieb aber liegen. Er wollte das Frösteln überwinden, konnte jedoch nicht mehr einschlafen. Zum Teufel, da war nichts zu machen, man mußte aufstehen! Verdrossen öffnete er ein klein wenig die Augen. Er erblickte das glänzende zitronengelbe Meer und das düstere dunkelpurpurne Morgenrot auf dem völlig reinen grauen Himmel. Der Tag versprach heiß zu werden. Doch solange die Sonne nicht emporstieg, war an Wärme nicht zu denken. Natürlich hätte Gawrik ohne weiteres beim Großvater in der Hütte schlafen können; dort war es warm und weich. Aber welcher Junge hätte auf das Vergnügen verzichtet, eine Nacht unter freiem Himmel am Meeresstrand zu verbringen?

Eine vereinzelte Welle schlägt leise, kaum hörbar, ans Ufer, schlägt an und läuft wieder zurück, den feinen Sand träge mit sich führend. Sie wartet ein Weilchen, dann schleppt sie den Sand zurück und schlägt wieder gegen das Ufer.

Der silbrigschwarze Himmel ist dicht besät mit Auguststernen. Der gespaltene Arm der Milchstraße hängt wie die Erscheinung eines Himmelsflusses hoch über dem Kopf.

Der Himmel spiegelt sich so vollkommen und herrlich im Meer, daß man nicht zu unterscheiden vermag, was oben und was unten ist. Es ist, als schwebe man über einem sternenerfüllten Abgrund.

Im Steppengras zirpen Grillen. Irgendwo in weiter Ferne bellt ein Hund. Erst glaubt man, die Sterne seien unbeweglich. Aber blickt man genauer hin, so erkennt man, daß sich das ganze Himmelsgewölbe langsam dreht. Einige Sterne versinken jenseits der Villen, andere steigen aus dem Meer empor.

Der warme Windhauch wird kühler, der Himmel heller und durchsichtiger, das Meer dunkler. Wie ein kleiner Mond spiegelt sich der Morgenstern im dunklen Wasser.

Von den Sommerhäusern tönt verschlafen der dritte Hahnenschrei herüber. Es tagt.

Wie kann man denn eine solche Nacht unter einem Dach verbringen? Gawrik erhob sich, reckte wohlig die Arme, krempelte sich die Hose hoch, gähnte und watete bis an die Knöchel ins Wasser. Ja, war er denn wahnsinnig geworden? Seine Füße waren doch ohnehin blaugefroren, und da stieg er noch ins Meer, dessen bloßer Anblick einen schon frösteln ließ! Doch der Junge wußte sehr wohl, was er tat. Das Wasser sah nur so aus, als sei es kalt. In Wirklichkeit war es sehr warm, viel wärmer als die Luft. Der Junge wärmte sich seine Füße ganz einfach. Dann wusch er sich und schneuzte sich so laut, daß einige großköpfige junge Fischlein, die friedlich im Uferwasser eingeschlafen waren, erschrocken auseinanderspritzten und sich in die Tiefe verzogen.

Gähnend und ins Licht der aufgehenden Sonne blinzelnd, griff Gawrik nach seinem Hemd und rieb sich das sommersprossige Gesicht mit dem lila Näschen trocken, das sich wie eine junge Kartoffel häutete.

»Tja-ja-ja . . .«, brummelte er ganz wie ein Erwachsener, schlug ein Kreuz über dem gähnenden Mund, in dem immer noch die beiden Vorderzähne fehlten, nahm den Rock auf und schlenderte mit dem wiegenden, ausgreifenden Schritt eines Odessaer Fischers die Anhöhe hinauf. Er zwängte sich durch das Dickicht des stark wuchernden Steppengrases, das seine nassen Füße und die Hosenbeine mit dem gelben Staub seiner Blüten überschüttete.

Das Hüttchen stand etwa dreißig Schritt vom Ufer entfernt auf einem roten Lehmhügel, der von Tonschieferkristallen glitzerte.

Eigentlich war es eine kleine Bretterbude, aus den verschiedenartigsten Holzabfällen roh zusammengezimmert – aus abgebrochenen Stücken gestrichener Bretter, aus Kisten, Furnierholz und alten Masten. Das flache Dach war mit Lehm bedeckt, und obendrauf wuchsen Steppengras und Tomaten.

Als Großmutter noch lebte, wurde die Hütte zweimal im Jahr – zu Ostern und zum Kreuzerhöhungsfest – geweißt. Dadurch sollte ihr ärmliches Aussehen vor den Leuten wenigstens etwas bemäntelt werden. Doch Großmutter war gestorben, und nun hatte seit etwa drei Jahren keiner mehr daran gedacht, das Hüttchen zu weißen. Die Farbe war abgeblättert, und die Wände waren dunkel geworden. Nur hier und da sah man noch schwache Spuren von Kreide, die sich in das morsche Holz eingefressen hatte. Diese Spuren erinnerten Gawrik immer an die Großmutter und ihr Leben, das noch unbeständiger gewesen war als diese Kreide. Gawrik war Vollwaise. An seinen Vater konnte er sich gar nicht mehr erinnern, an seine Mutter nur wenig: irgendein verquollener, dampfender Waschzuber schwebte ihm vor, rote Hände, ein Kiewer Siegelring auf dem geschwollenen, glitschigen Finger und eine Menge buntschillernder Seifenblasen, die um ihre eisernen Haarkämme flogen . . .

Der Großvater war schon aufgestanden. Er ging in dem winzigen, von Steppengras überwucherten und mit Müll bedeckten Gemüsegarten umher, in dem noch einige große Kürbisblüten – orangefarben, fleischig, behaart, mit einer süßen Flüssigkeit auf dem Boden des durchsichtigen Kelches – hell aufleuchteten.

Großvater sammelte Tomaten in den Schoß seines verwaschenen Hemdes, das längst die Farbe verloren hatte, jetzt aber in der aufgehenden Sonne zartrosa schimmerte.

Zwischen dem hochgehobenen Hemd und den ausgebeutelten Hosen sah man den mageren braunen Bauch mit dem dunklen Grübchen des Nabels.

Großvater fand aber nur noch acht Tomaten, lauter kleine gelbe. Weiter nichts. Alle anderen hatten sie schon aufgegessen.

Den grauen Kopf gesenkt, das Kinn nach Soldatenart angezogen, ging der Alte auf und ab und stöberte mit dem nackten Fuß in den Grasbüscheln herum, ob sich nicht doch noch etwas finden ließe. Aber auch da war nichts mehr.

Ein größeres Küken mit einem ums Bein gebundenen Läppchen lief hinter dem Großvater her und pickte ab und zu etwas auf, wobei die Schirmchen des Dills leise zitterten.

Großvater und Enkel begrüßten sich nicht und wünschten einander auch nicht einen guten Morgen. Das bedeutete aber keineswegs, daß sie sich gezankt hatten. Ganz im Gegenteil, sie waren gute Freunde. Nur der anbrechende Morgen versprach nichts als schwere Arbeit und Sorgen. Es hatte gar keinen Sinn, sich gegenseitig mit leeren Wünschen zu trösten.

»Alles aufgegessen, nichts mehr da«, murmelte der Alte, als setze er das gestrige Gespräch fort. »Was sagst du nun? Acht Tomaten – was nützen uns die? Da lachen ja die Hühner!«

»Fahren wir, ja?« fragte Gawrik und blickte nach der Sonne, wobei er die Augen mit der Hand beschattete.

»Werden wohl müssen«, antwortete der Großvater.

Sie gingen in die Hütte und tranken gemächlich aus einem mit sauberen Brettchen ordentlich zugedeckten Eimer.

Der Alte ächzte, und Gawrik ächzte auch. Der Großvater schnallte den Hosengurt enger, und der Enkel tat das gleiche. Dann holte der Alte ein Stück Brot vom Regal herunter und band es zusammen mit den Tomaten in ein schwarzgetupftes Kattuntuch. Außerdem nahm er ein kleines Fäßchen mit Wasser unter den Arm, trat aus der Hütte und hängte ein Schloß vor die Tür.

Das war freilich übertriebene Vorsicht. Erstens gab es gar nichts zu stehlen, und zweitens – wer sollte so gewissenlos sein, arme

Leute zu berauben?

Gawrik holte die Ruder vom Dach und hob sie sich auf die kleinen, aber kräftigen Schultern.

Heute stand dem Großvater wie auch dem Enkel noch viel Arbeit bevor.

Vor drei Tagen hatte ein Sturm getobt. Die Wellen hatten die Angelschnüre zerrissen, und sie waren gezwungen gewesen, ohne Fang zurückzukehren. Und nun fand sich keine Kopeke mehr im Haus.

Gestern aber hatte sich das Meer beruhigt, und nachts waren sie wieder hinausgefahren und hatten die Angelschnüre erneut ausgelegt.

Die mußten nun heute wieder eingeholt, die Fische rechtzeitig auf den Markt gebracht, die Angeln neu besteckt und die Schnüre abends unbedingt nochmals ausgelegt werden. Das gute Wetter mußte man ausnutzen.

Mit großer Anstrengung zogen sie das Boot über den Kies zum Wasser hinunter und stießen es in die Wellen.

Bis zu den Knien im Wasser stehend, hob Gawrik den Fischbehälter – ein kleines geschlossenes, durchlöchertes Kästchen – hinten ins Boot, versetzte dem Fahrzeug einen kräftigen Stoß, nahm Anlauf und legte sich mit dem Bauch über den Bootsrand. Seine Füße, von denen glänzende Tropfen herabfielen, baumelten über dem Wasser. Erst als der Kahn mehrere Meter vorwärtsgeschossen war, krabbelte der Junge hinein und setzte sich zum Rudern neben den Großvater.

Jeder von ihnen arbeitete mit einem Riemen. Das war leicht und lustig: Wem gelang es besser?

Sie ruderten mit gleichmütig gerunzelter Stirn und stöhnten nur ab und zu leise vor sich hin.

Gawriks Handflächen brannten angenehm. In dem grünen, durchsichtigen Wasser schien der Riemen einen Knick zu haben. Eine Reihe kleiner Strudel zurücklassend, glitt sein Blatt federnd unter die Wasseroberfläche hin.

Von den kräftigen Stößen getrieben, schoß das Boot vorwärts, sich mal nach rechts, mal nach links wendend, je nachdem, ob der Großvater oder der Enkel stärker zog.

»E-he!« krächzte der Großvater und legte sich ins Zeug. Und das Boot wandte sich mit einem Ruck nach links. »E-he!« ächzte Gawrik noch lauter. Und das Boot richtete sich mit einem Ruck gerade und drehte dann nach rechts.

Darauf stemmte der Großvater den nackten Fuß mit der zusammengekrümmten großen Zehe gegen die untere Bank und zog kräftig durch.

Doch auch der Enkel ließ nicht locker. Er stemmte beide Füße auf und biß sich vor Anstrengung auf die Lippen. »Sie schaffen's nicht, Großvater!« stieß er, schweißgebadet, zwischen den zusammengebissenen Zähnen hervor.

»Ich schaff's doch!« ächzte schwer atmend der Großvater.

»Sie schaffen's nicht. Ehrenwort!«

»Werden mal sehen!«

»Werden's schon!«

Doch so sehr sich der Großvater auch anstrengte, es wollte nicht klappen. Die Jahre! Ja, ja, der Enkel hatte sich rausgemacht! Klein war er zwar, aber schau an, wie verbissen er ruderte! Scheute sich nicht, gegen den eigenen Großvater anzugehen. Der Alte runzelte finster die Stirn, schielte unter den grauen Brauen zu dem neben ihm schnaufenden Bürschchen hinüber, und in seinen alten, wäßrigen Augen glänzte freudiges Staunen.

So, ohne einander unterzukriegen, legten sie mindestens eine Werst zurück. Und da schaukelten schon auf den Wellen die an den Schwimmern ihrer Angelschnüre befestigten ausgeblichenen Fähnchen.

Inzwischen waren ringsum auf dem Meer Fischerboote erschienen, die alle auf Fang hinausfuhren.

Sich aufbäumend und mit dem flachen, aus dem Wasser ragenden Bug auf die Wellen klatschend, schoß das schöne blaue Boot »Nadja und Wera« unter vollen Segeln vorüber. Am Heck saß, lässig hingestreckt, der Fischer Fedja, der Gawrik von der »Kleinen Fontäne« her wohlbekannt war; an seiner Oberlippe klebte ein schwarzer Sonnenblumenkern. Unter dem Wachstuchschirm seiner blauen Mütze mit den ankergeschmückten Knöpfen blickte er träge mit seinen herrlichen schmachtenden Augen umher, über die nasse dunkle Haarsträhnen herabhingen. Den breiten Rücken gegen die Ruderpinne gelehnt, würdigte er Großvaters klägliches Boot mit keinem Blick.

Als aber Fedjas Bruder Wasja, der ein gestreiftes kurzärmliges Sporthemd trug, den Jungen erblickte, hielt er in seiner Beschäftigung inne, beschattete seine Augen mit der Hand und rief ihm zu: »He, Gawrik, Kopf hoch, laß den Mut nicht sinken! Halt dich am

Wasser fest, dann gehst du nicht unter!«

»Nadja und Wera« sauste vorüber, und ein wahrer Sprühregen ergoß sich über Großvater und Enkel.

Natürlich lag nichts Kränkendes in jenen Worten; der übliche freundschaftliche Scherz, nichts weiter. Aber Großvater tat so, als habe er nichts gehört. In der Tiefe seiner Seele blieb jedoch ein Widerhaken zurück.

Er hatte ja auch einmal ein prächtiges Boot mit einem neuen, großen Segel gehabt, und mit diesem Boot hatte er Makrelen gefangen, und was für welche! Manchmal mußte die Großmutter zweihundert bis dreihundert Stück auf den Markt schleppen!

Doch das Leben war dahingegangen ... Und nun besaß der Großvater nur noch die armselige Bude am Ufer und das alte Boot ohne Segel. Das Segel war für Medizin draufgegangen, als die Großmutter krank geworden war. Aber genützt hatte es auch nichts, denn Großmutter war doch gestorben. Jetzt aber ließ sich so ein Segel gar nicht mehr erschwingen.

Und was war das schon für ein Fischen ohne Segel? Da lachten ja die Hühner! Höchstens Kaulköpfe konnte man mit den Angelschnüren fangen. Traurig genug!

Gawrik begriff sehr wohl, woran der Großvater dachte. Aber er ließ sich nichts anmerken, ganz im Gegenteil – um den Alten von seinen trüben Gedanken abzulenken, befaßte er sich geschäftig mit den Angelschnüren und zog sie, beim ersten Fähnchen beginnend, hoch.

Der Großvater kletterte sofort über die Bänke, stellte sich neben den Enkel und half ihm.

Bald kamen die Angelhaken zum Vorschein. Aber es hingen nur wenige Kaulköpfe dran, und die waren klein.

Gawrik ergriff ein zappelndes großköpfiges Fischchen fest bei den Kiemen, zog geschickt den Haken aus dem räuberischen Maul und warf es in den schwimmenden Behälter.

Doch von den zehn Haken trugen kaum drei eine richtige Beute – an den anderen baumelte entweder nichts oder nur mageres Kroppzeug oder kleine Krabben.

»Die beißen auf Garnelen nicht an«, murmelte der Großvater tief bekümmert. »Was sagst du nun? Lauter Kroppzeug. Mit Fleisch müßte man bestecken. Da beißen sie ganz bestimmt an. Bloß, wo soll man das Fleisch hernehmen, wenn das Pfund elf Kopeken kostet? Da lachen ja die Hühner!«

Sie waren so in ihre Arbeit vertieft, daß sie gar nicht merkten, wie sich etwas Riesiges mit brauner Rauchfahne näherte. Schräge Schatten flogen über das laut aufrauschende Wasser, und ein Dampfer mit blinkenden roten Radschaufeln fuhr an dem Boot vorüber, das von den Wellen gehoben, fallen gelassen und wieder hochgehoben wurde. Die Fähnchen der ausgelegten Angelschnüre tanzten dicht neben den großen Rädern; ein wenig weiter, und sie wären zermahlen worden.

»Heda, ihr von der ›Turgenjew‹!« brüllte der Großvater mit ganz veränderter Stimme und breitete die Arme weit aus, als wolle er ein durchgehendes Pferd aufhalten. »Ihr seid wohl verrückt geworden! Seht ihr denn das Garn nicht? Verfluchtes Gesindel!«

Aber der Dampfer war schon vorüber und entfernte sich mit lautem Getöse. Die dreifarbige Flagge über dem Heck, Rettungsringe, Rettungsboote, Fahrgäste, graue Rauchwolken – all das entfernte sich tosend und hinterließ nur ein riesiges schneeweißes Spitzengewebe auf dem reinen, dunkelgrünen Wasser.

Also war es schon sieben Uhr.

Die »Turgenjew« ersetzte den Fischern die Uhr. Jeden Morgen um sieben Uhr fuhr sie von Odessa ab, und abends Punkt acht kehrte sie aus Akkerman zurück.

Man mußte sich jetzt beeilen, damit die Kaulköpfe noch rechtzeitig auf den Markt kamen. Großvater und Enkel aßen rasch ihre Tomaten und das Brot zum Frühstück, tranken einen Schluck von dem warm gewordenen Wasser, das nach Eichenholz schmeckte, und griffen eifrig nach den Angelschnüren.

Das soll ein Pferd sein?

Gegen neun Uhr befand sich Gawrik schon auf dem Weg zur Stadt. Auf seiner Schulter trug er den Fischbehälter mit den Kaulköpfen. Man hätte sie natürlich auch in einen Korb legen können, aber der Fischbehälter machte mehr her – er diente zum Beweis dafür, daß die Fische vor gar nicht langer Zeit ganz frisch und lebendig aus dem Meer geholt worden waren. Großvater blieb zu Hause, um die Angelschnüre auszubessern. Obwohl Gawrik erst neun Jahre alt war, vertraute ihm der Großvater doch ohne weiteres eine so wichtige Angelegenheit wie den Verkauf der Fische an. Der verstand das schon, er war ja nicht mehr so klein. Und auf wen sollte sich der Alte auch verlassen können, wenn nicht auf seinen eigenen Enkel?

Gawrik war sich seines wichtigen und verantwortungsvollen Auftrages voll bewußt und stapfte geschäftig und sogar ein wenig finster dreinschauend den heißen Pfad zwischen dem duftenden Steppengras entlang. Seine kleinen Füße hinterließen im Staub klar umrissene Abdrücke mit allen fünf Zehen. Sein gemessenes, ernsthaftes Gehabe schien zu sagen: Ihr könnt treiben, was ihr wollt – könnt im Meer baden, könnt euch im Sand tummeln, auf Fahrrädern fahren, Selterswasser am Kiosk trinken – das ist mir alles gleichgültig; ich kenne nur die Fischerei, fange mit der Angelschnur Kaulköpfe und verkaufe sie auf dem Markt, alles andere geht mich nichts an.

Als er an der Badeanstalt vorüberging, über deren Kassenfensterchen eine verschmierte Schiefertafel mit der Kreideaufschrift »18°« hing, mußte Gawrik verächtlich grinsen – so widerwärtig war ihm der Anblick eines weißhäutigen dicken Mannes, der ein Taschentuch um die Glatze gebunden hatte, Nase und Ohren mit dem Finger zuhielt und in das lehmige Uferwasser tauchte, ohne sich von dem mit grünem Schlamm bewachsenen Rettungstau wegzutrauen.

Es gab zwei Möglichkeiten, den Abhang zu erklimmen: man konnte den in drei Serpentinen sanft ansteigenden Weg benutzen oder eine steile, fast senkrechte Holztreppe mit morschen Stufen hinaufklettern.

Selbstverständlich wählte Gawrik die Treppe. Mit zusammengepreßten Lippen setzte er rasch seine Beine in Bewegung und erreichte die Höhe, ohne ein einziges Mal innezuhalten.

Die staubige, aber schattige Gasse führte ihn an der Warmbadeanstalt vorbei zur Militärschule. Hier war man schon fast in der Stadt.

Im Schatten der fleckigen Platanen zuckelte eine offene Pferdebahn den Französischen Boulevard entlang bis zur »Arkadia«. Die der Sonne zugewandte Seite war mit einer Persenning verhängt; von der hinteren Plattform ragte ein Bündel Bambusangeln hoch, deren Schwimmer halb rot, halb blau waren. Drei muntere Gäule klapperten mit ihren Hufen über den Schotter. Die Bremse quietschte bei jeder Biegung.

Besondere Aufmerksamkeit aber erregte die Limonadenbude – ein auf zwei Säulen ruhender Kasten mit einem Giebeldach, der außen mit gleißender grüner, innen mit ebenso glänzender weißer Ölfarbe gestrichen war.

Der Limonadenverkäufer selbst bot einen Anblick von so unerreichbarer festlicher Schönheit, daß Gawrik jedesmal, wenn er ihn erblickte, in einer Aufwallung von Entzücken und Neid an der Ecke stehenblieb.

Er hatte noch nie darüber nachgedacht, was er später einmal werden wollte. Die Auswahl war ja nicht besonders groß. Wenn er aber überhaupt wählen durfte, dann wollte er selbstverständlich Limonadenverkäufer werden. Alle Limonadenverkäufer in Odessa waren schmuck und schön wie in einem Bilderbuch. Und dieser war es ganz besonders. Ein Märchenheld, wahrhaftig: eine hohe Mütze von feinstem blauen Tuch, hellbraune Locken und Schaftstiefel. Und das Hemd! Lieber Gott, so ein Hemd sollte man wohl nur am ersten Ostertag tragen: so lang, bis ans Knie! Und die Ärmel bauschig, glänzend und rot mit einer Unmenge blauer Glasknöpfen! Über dem Hemd aber eine schwarze Tuchweste mit einer silbernen Uhrkette, die mit einem ebenfalls silbernen Stäbchen im oberen Knopfloch befestigt war.

Allein schon der Anblick dieses leuchtenden Hemdes rief in einem den Wunsch wach, kühlen Kwaß zu trinken.

Und wie er arbeitete – so flink, gewandt und sauber ...

Ein Kunde tritt heran.

»Schenk mal ein Gläschen ein, mein Lieber.«

»Wie wünschen es der Herr? Säuerlich? Süß? Der Süße kostet eine Kopeke das Glas, vom sauren gibt's zwei für eine Kopeke.«

»Gib mal den sauren.«

»Bitte sehr!«

Und im Nu reißt die eine Hand den runden Deckel des Kastens geschickt hoch und greift in die eiskalte dunkle Tiefe nach einer Flasche, während die andere mit einem Lappen die ohnehin trockene weiße Theke abwischt, den großen, schweren Becher mit dem betrügerisch dicken Boden im Eimer spült, diesen Becher mit einem Schwung umdreht und mit einem Bums vor den Kunden hinstellt. Der kleine Korkenzieher bohrt sich in den Hals der zwischen den Knien eingeklemmten Flasche. Der Korken knallt, und bräunlichroter Schaum quillt aus der Flasche, die der Prachtkerl jetzt in den Becher entleert, indem er ihn zu einem Viertel mit zitronengelbem Kwaß und zu drei Vierteln mit Schaum füllt.

Gierig pustet der Kunde den Schaum weg und trinkt und trinkt und trinkt ... Der Märchenheld aber fährt mit dem Lappen bereits flott über die Theke und fegt die nasse Kopeke mit dem Doppeladler in eine leere Bonbonblechbüchse.

Das ist ein Mann! Das ist ein Leben!

Natürlich hätte Gawrik schrecklich gern Kwaß getrunken, aber er hatte ja kein Geld. Vielleicht auf dem Rückweg – wenn es auch nicht sehr wahrscheinlich war. Obwohl er nämlich über zweihundert Kaulköpfe im Fischbehälter hatte, verhielt es sich doch so, daß Großvater bei der Fischverkäuferin arg verschuldet war. In der vorigen Woche hatte er bei ihr drei Rubel für Schwimmer und Angelhaken geborgt und davon erst einen Rubel fünfundvierzig zurückgezahlt. Es ergab sich also noch eine Restschuld von mehr als anderthalb Rubel, und das war ungeheuer viel Geld.

Wenn es gut geht, fordert die Fischhändlerin heute nicht alles zurück ... Und wenn sie es doch tut? Dann kann man noch von Glück sagen, wenn es für Köderfleisch und für Brot reicht. An Kwaß gar nicht zu denken!

Gawrik spuckte genauso aus, wie es die erwachsenen Fischer taten, wenn sie Sorgen hatten. Er hob den Fischbehälter von einer Schulter auf die andere und setzte, das schmucke Bild des Märchenhelden vor sich und die aromatische Kühle des säuerlichen Kwaß im Geiste kostend, seinen Weg fort.

Nun kam schon die eigentliche Stadt mit ihren hohen Häusern, Läden, Lagern und Toren, betupft vom Schatten des Akazienlaubes, dessen traubengrüne Blätter funkelten.

Ein Lastwagen rumpelte den Fahrdamm entlang, und das Spitzenmuster des Laubschattens spielte auf und ab – an den Pferden mit dem hohen Geschirr, an dem Kutscher und an den weißgestrichenen Wagenwänden mit der Aufschrift »Kunsteisfabrik«.

Mit Körben beladene Köchinnen gingen vorüber. Hunde mit hängender Zunge kamen an die besonders für diesen Zweck an den Bäumen befestigten Blechnäpfe gerannt, schleckten das warme Wasser und waren höchst zufrieden mit der Odessaer Stadtverwaltung, die sie nicht vor Durst toll werden ließ.

Das war alles wohlbekannt und wenig interessant.

Was ihn aber wirklich in Erstaunen versetzte, war ein kleiner Wagen, vor den ein Pony gespannt war. Ein so kleines Pferdchen hatte Gawrik in seinem ganzen Leben noch nicht gesehen – kaum größer als ein Kälbchen und doch ganz und gar wie ein ausgewachsenes Pferd!

Sandfarben, rundlich, mit schokoladenbrauner Mähne und einem kleinen, aber üppigen Schwanz, die Ohren durch die Schlitze eines Strohhutes gesteckt, so stand es sittsam und bescheiden wie ein wohlerzogenes kleines Mädchen an einer Einfahrt im Schatten der Akazienbäume.

Das Pferdchen war von Kindern umringt.

Gawrik trat hinzu und blieb eine ganze Weile schweigend stehen, unschlüssig, wie er sich dem Wunderding gegenüber verhalten sollte. Wirklich, das Pferdchen hatte es ihm angetan. Gleichzeitig fühlte er sich durch seinen Anblick gereizt. Er ging um das Tier herum und betrachtete es von allen Seiten. Ein Pferd, wie es sein mußte – kleine Hufe, eine Mähne, ein Gebiß. Aber wie klein es war! Geradezu widerwärtig klein!

»Das soll ein Pferd sein?« sagte er verächtlich und rümpfte die Nase.

»Das ist kein Pferd, das ist kein Pferd!« schnatterte eifrig ein kleines Mädchen mit zwei Zöpfen. Vor Begeisterung hüpfte es hin und her und klatschte in die Hände. »Das ist kein Pferd, das ist bloß ein Pony.«

»Ist doch ein Pferd!« entgegnete Gawrik und legte sofort seine Stirn in Falten, weil er so unbeherrscht gewesen war, sich mit solch einem bebänderten Zieraffen in ein Gespräch einzulassen.

»Ist doch ein Pony, ist doch ein Pony!«

»Aus'm Zirkus!« stieß Gawrik mit heiserem Baß hervor, ohne sich an jemand direkt zu wenden. »Ein ganz gewöhnliches aus'm Zirkus!«

»Ist nicht aus'm Zirkus, ist nicht aus'm Zirkus! Ist ein Pony! Das fährt Petroleum von Nobel aus, das Pony. Da guck doch, da stehen die Kanister!«

Tatsächlich, auf dem Wägelchen standen blanke Kanister mit Petroleum!

Das war für Gawrik wirklich eine Überraschung. Schließlich wußten alle, daß man in jedem Laden Petroleum kaufen konnte, das Viertel zu einer Kopeke. Daß man es aber ins Haus brachte, auf einem Wägelchen obendrein, vor das ein geputztes Pony gespannt war – das kam ihm ziemlich übertrieben vor!

»Ist ein einfaches Pferd«, gab er bissig zurück und machte sich auf den Weg.

»Ist doch ein Pony! Ist doch ein Pony! Ist doch ein Pony!« schrie das Mädchen wie ein Papagei hinter ihm her, während es hüpfend in die Hände klatschte.

Bist selbst 'n Pony! dachte Gawrik. Leider hatte er keine Zeit, um sich in einen richtigen, ausgiebigen Streit einzulassen.

Er ging um die Bahnhofsanlagen herum, hinter deren gußeisernem Gitter es heiß und trocken nach Myrte und dem Thujabaum duftete, und blieb, den Kopf in den Nacken gelegt, eine ganze Weile dort stehen, in die Betrachtung der Bahnhofsuhr versunken.

Erst vor kurzem hatte er gelernt, die Uhrzeit abzulesen, und konnte jetzt an keiner Uhr mehr vorübergehen, ohne stehenzubleiben und nachzurechnen. Diese seltsamen Stäbchen der römischen Ziffern, die so gar nicht den gewöhnlichen Ziffern aus dem Rechenbuch glichen, mußte er noch an den Fingern zusammenrechnen. Er wußte nur, daß die obersten Stäbchen zwölf bedeuteten und daß von da an gezählt wurde. Gawrik setzte den Fischbehälter ab, bewegte die Lippen und bog einen Finger nach dem anderen um. »Eins, zwei, drei, vier ...«, flüsterte er mit gefurchter Stirn. Der kleine Zeiger stand in der Nähe der Neun, der große auf der Sechs.

»Neunundeinhalb!« rief er mit einem Seufzer der Erleichterung und wischte sich den Schweiß von der Nase. Das konnte wohl stimmen. Immerhin wollte er es lieber überprüfen.

»Onkel, wie spät ist es?«

Der Herr in der bastseidenen Jacke und dem Korkhelm hob einen goldenen Zwicker an seine römische Nase, streckte das graue Spitzbärtchen in die Luft, blickte flüchtig auf das Zifferblatt und sagte: »Halb zehn.«

Gawrik erstarrte vor Verwunderung.

»Aber Onkel, da steht doch zu lesen: neuneinhalb!«

»Also ist es halb zehn«, sagte der Herr streng und stieg, ohne den Jungen anzuschauen, in eine Droschke, klemmte den Stock mit der Elfenbeinkrücke zwischen die Knie und fuhr davon.

Gawrik stand noch ein Weilchen mit halboffenem Mund sinnend da, krampfhaft bemüht, dahinterzukommen, ob sich der Herr nur über ihn lustig gemacht oder ob es mit halb zehn wirklich seine Richtigkeit habe.

Schließlich lud er sich den Fischbehälter wieder auf die Schulter, zog die Hose hoch und ging kopfschüttelnd weiter. Demnach war neuneinhalb dasselbe wie halb zehn! Seltsam. Höchst seltsam! Jedenfalls konnte es nichts schaden, wenn man jemand fragte, der etwas davon verstand.

»Krebse! Krebse! Krebse! Krebse!«
»Flundern! Flundern! Flundern!«
»Lebende Makrelen! Makrelen! Makrelen!«
»Seebarben! Seebarben!«
»Kaulköpfe! Kaulköpfe! Kaulköpfe!«

Unter den Marktfrauen zeichneten sich die Fischhändlerinnen durch ihre schrillen, kreischenden Stimmen besonders aus.

Man mußte die Furchtlosigkeit der Odessaer Hausfrauen und Köchinnen besitzen, um unbeirrt diese Allee aus Tischen, Körben und großen Kisten zu passieren, auf denen sich die Seefische, Krabben und Krebse zu Bergen türmten.

Unter riesigen Sonnenschirmen oder Schutzdächern aus Brettern war, zitternd und glitzernd, der lebende Schatz des Schwarzen Meeres zur Schau gestellt.

Welch eine Vielfalt der Formen, der Farben, der Größen!

Die Natur hatte ihre ganze Kraft darangesetzt, um ihre wundervollen Geschöpfe vor der Vernichtung zu schützen, sie zu retten. Sie hatte sich bemüht, sie dem menschlichen Auge so unsichtbar wie nur möglich zu machen, und ihnen alle Farbtöne des Meeres verliehen.

Da war zum Beispiel die Makrele, ein edler und kostbarer Fisch, die Königin des Schwarzen Meeres. Ihr straffer Körper, so gerade und glatt wie eine Spindel, schillerte in den zartesten Tönen, vom hellsten Silbergrau bis zum tiefsten Blau.

Gawrik wußte, daß das Meer, weit vom Ufer entfernt, eben diese Farbe hatte – silbergrau mit dem blauen Gekräusel der Wellen. Und dort gab es auch die meisten Makrelenzüge.

Und wie schlau die Makrele war! Obwohl Gawrik die Fische täglich sah, sich an sie gewöhnt hatte und schon auf große Entfernung einen Makrelenzug im Meer zu entdecken vermochte, war er doch jedesmal aufs neue von ihrer Schönheit und Schläue entzückt.

Oder die Kaulköpfe! Sie lebten in der Nähe des Ufers zwischen den Felsriffen oder, noch tiefer, im Sand. Darum trugen sie auch die graubraune Farbe der Felsen oder die gelbliche Farbe des Sandes. Schau an!

Die großen, flachen Flundern, die auf dem schlammigen Grund stiller kleiner Buchten blieben, überraschten durch die schwarzgrüne Farbe ihrer dicken Haut, die wie Muscheln mit flachen, beinernen Höckern bedeckt war. Sie hatten beide Augen auf der oberen Seite und erinnerten an die Zeichnungen, die Kinder mit Kohle an Wände und Zäune malen: ein Kopf im Profil, aber mit zwei Augen.

Ihr Bauch ist hell, von einem wächsernen Schweinchenrosa. Aber ihren Bauch zeigt die Flunder ja nie; sie liegt immer, dicht an den Sand gepreßt, unten auf dem Grund.

Der Junge war begeistert über die List der Flundern.

Dann gab es noch die Seebarbe, diesen kleinen buckligen Fisch mit den großen, gleichsam blutigen Schuppen. Auch große rosige Muscheln leben in dem reinen Gewässer der Buchten. Zu Hunderten wimmeln die silbrigen Fischchen an der Oberfläche des Wasses und verschwimmen mit dem silbrigen Geflimmer der Morgensonne.

Die Natur ist listig, ohne Zweifel. Aber Gawrik wußte, daß der Mensch noch listiger ist. Der Mensch braucht nur seine Netze und Angelschnüre aufzustellen, braucht nur die schlanken Angelruten auszuwerfen, braucht nur mit glitzernden Köderfischen und bunten Federchen zu kommen, und all diese Fische, so unauffällig im Meer, glänzen in der Pracht ihrer märchenhaften Farben in den Körben und auf den Ständen des Marktes.

Wenn man nur das Geld für eine gute Ausrüstung hätte!

Auf der Suche nach seiner Fischhändlerin ging der Junge weiter, vorbei an Körben, die mit durchsichtigen hellgrünen Krebsen gefüllt waren. Raschelnd hoben die Krebse ihre krampfhaft auseinandergespreizten Scheren in die Höhe.

Ein Berg kleiner Fische glänzte wie ein Haufen silberner Münzen. Die springenden Garnelen schlugen unter dem nassen Netz mit den Schwänzen und verspritzten das Salz, mit dem sie bestreut waren, nach allen Seiten. Flittrige Schuppen blieben an Gawriks nackten Füßen kleben, und seine Fersen glitschten über Fischeingeweide.

Zerzauste Katzen mit unheimlichen, senkrechtstehenden Pupillen krochen mit angelegten Ohren und räuberisch vorgeschobenen Schulterblättern, nach Beute suchend, über den Boden.

Hausfrauen mit Einkaufsnetzen, aus denen Mohrrüben guckten, ließen die dicken Scheiben auseinandergeschnittener Flundern auf ihren Handflächen tanzen.

Die Sonne brannte, die Fische regten sich nicht mehr.

Gawriks Fischhändlerin saß, von großen Körben umgeben, auf

einem Kinderschemel unter einem Sonnenschirm, der einer Riesin zu gehören schien. Von gewaltigem Wuchs, trotz der Hitze mit einer Winterjacke und einem über Kreuz gebundenen sandfarbenen Tuch bekleidet, eine gewichtige Geldtasche über der Schulter, war sie gerade dabei, mit einer Kundin zu feilschen.

Gawrik blieb respektvoll in einiger Entfernung stehen, um den Handel abzuwarten. Er begriff sehr gut, daß Großvater und er vollständig von dieser Frau abhängig waren, und hätte bestimmt die Mütze abgenommen, wenn er eine gehabt hätte. Er beschränkte sich also darauf, den Fischbehälter leise auf den Boden zu stellen, die Arme fallen zu lassen und in die Betrachtung seiner nackten, unruhig scharrenden Füße zu versinken, die bis an die Knöchel mit einer feinen stumpfen grauen Staubschicht überzogen waren.

Obwohl es sich lediglich um zwei Dutzend Kaulköpfe handelte, dauerte das Feilschen unendlich lange.

Zehnmal ging die Kundin weg, und zehnmal kam sie wieder. Zehnmal ergriff die Händlerin die messingnen Waageschalen, an denen Fischschuppen klebten, und zehnmal warf sie die Fische wieder in den Korb zurück.

Sie gestikulierte heftig mit ihren in fingerlosen schwarzen Stoffhandschuhen steckenden fleischigen Händen, wobei sie es jedoch nicht unterließ, die kleinen Finger elegant zu spreizen, und fuhr sich mit dem Ärmel über das violett glänzende Gesicht mit dem dunklen Schnurrbart und den geringelten grauen Härchen am Kinn. Hastig stach sie sich immer wieder die großen eisernen Haarnadeln in ihre speckigen blauschwarzen Haare und schrie mit heiserer Stimme: »Madam, was gibt es da zu reden? Solche Kaulköpfe werden Sie woanders nie bekommen! Sind denn das Kaulköpfe? Pures Gold ist das!«

»Lauter Kroppzeug!« antwortete die Kundin verächtlich im Weggehen. »Da lohnt sich das Braten nicht.«

»Madame, kehren Sie um! Wenn Sie diesen Fisch ›Lohnt-sich-das-Braten-nicht‹ nennen, dann weiß ich nicht, wo Sie einen größeren auftreiben wollen! Bei den Juden vielleicht? So gehen Sie doch zu den Juden! Sie kennen mich ja gut genug. Nie würde ich mir erlauben, einer Stammkundin Kroppzeug anzudrehen!«

»Diese Kaulköpfe, und das Dutzend zehn Kopeken? Niemals! Allerhöchstens acht!«

»Nehmen Sie zwei Dutzend für neunzehn.«

»Da nehm' ich lieber anderswo sonst was dafür!«

»Madam, mein letztes Angebot – achtzehn! Wenn Sie nicht wollen, kann ich's halt nicht ändern . . . Madam, wo gehen Sie denn hin?«

Schließlich kam der Kauf zustande, die Händlerin gab der Frau den Fisch und schüttete das Geld in ihre Tasche.

Gawrik wartete geduldig darauf, bemerkt zu werden. Doch obwohl die Händlerin den Jungen längst gesehen hatte, tat sie so, als habe sie ihn nicht erkannt.

Das war eben Marktsitte – wer Geld braucht, muß warten. Mag er stehen, er wird schon nicht umfallen!

»Frische Fische gefällig? Frische Kaulköpfe! Flundern! Flundern! Flundern!« rief die Händlerin nach einer kurzen Atempause und setzte plötzlich, ohne Gawrik anzusehen, hinzu: »Na? Zeig mal her!«

Der Junge öffnete die Klappe des Fischbehälters und schob ihn der Händlerin zu.

»Kaulköpfe«, murmelte er ehrerbietig.

Sie griff mit der ganzen Hand in den Behälter hinein, zog geschickt einige Kaulköpfe hervor, sah sie flüchtig an und richtete dann den Blick ihrer runden Augen, die blauschwarz waren wie die Trauben der »Isabella«, auf Gawrik. »Na? Wo sind die Kaulköpfe?«

Gawrik schwieg.

»Ich frage dich: Wo sind die Kaulköpfe?«

Der Junge trat bekümmert von einem Fuß auf den anderen und lächelte bescheiden, in der Hoffnung, dem peinlichen Gespräch dadurch eine scherzhafte Wendung zu geben.

»Da sind doch die Kaulköpfe, Tantchen. Sie halten sie ja in der Hand! Was denn, sehen Sie die etwa nicht?«

»Wo sind die Kaulköpfe?« keifte die Händlerin plötzlich los und nahm vor Zorn die Farbe einer roten Rübe an. »Wo sind die Kaulköpfe? Zeig sie mir! Wo? Ich sehe keine! Dies vielleicht, was ich hier in der Hand halte? Das sind keine Kaulköpfe, das sind Läuse! Kann man denn so etwas braten? Da ist ja überhaupt nichts dran! Warum bringt ihr mir bloß immer so'n mistiges Kroppzeug! Tragt's doch zu den Juden!«

Gawrik schwieg.

Natürlich, man konnte nicht gerade sagen, daß die Kaulköpfe groß waren, aber auf keinen Fall waren sie so ein Kroppzeug, wie die Händlerin brüllend behauptete. Doch man durfte nicht widersprechen.

Als sie mit Schreien fertig war, begann die Händlerin ganz ruhig die Kaulköpfe aus dem Fischbehälter in ihren Korb hinüberzuwerfen, wobei sie flink nach Dutzenden zählte.

Ihre Hände flitzten so rasch hin und her, daß Gawrik beim Zählen nicht mitkam. Es schien ihm, als wolle sie ihn begaunern; aber er konnte es unmöglich nachprüfen. In ihrem Korb lagen ja noch andere Kaulköpfe.

Da sollte nun einer draus schlau werden!

Gawrik wurde von Entsetzen gepackt. Er schwitzte vor Aufregung.

»Rund gerechnet zweihundertfünfzig«, sagte die Händlerin und deckte den Korb mit einer Bastmatte zu. »Nimm den Behälter. Sag dem Großvater, daß er mir noch achtzig Kopeken schuldet. Daß er es nicht vergißt! Und er soll nicht wieder solch Kroppzeug schicken, sonst nehm' ich's nicht mehr ab!«

Der Junge war starr. Er wollte etwas sagen, doch die Kehle war ihm wie zugeschnürt.

Die Händlerin aber rief bereits wieder, ohne ihn im geringsten zu beachten: »Flundern! Flundern! Flundern! Kaulköpfe! Kaulköpfe! Kaulköpfe!«

»Madam Storoshenko«, brachte der Junge endlich mit großer Anstrengung hervor. »Madam Storoshenko . . .«

Sie drehte sich ungeduldig um. »Bist du immer noch da?«

»Madam Storoshenko, was zahlen Sie denn fürs Hundert?«

»Dreißig Kopeken fürs Hundert, also fünfundsiebzig Kopeken fürs Ganze. Schulden tut ihr mir einen Rubel fünfundfünfzig, also bekomme ich von euch noch achtzig. So sollst du's auch dem Großvater bestellen. Auf Wiedersehen!«

Dreißig Kopeken fürs Hundert!

Gawrik hätte schreien mögen vor Wut und Schmerz. Ihr jetzt mit voller Wucht die Faust ins Gesicht schlagen, daß ihr das Blut aus der Nase spritzte! Oder zubeißen . . .

Doch statt dessen lächelte er nur unterwürfig und sagte mit weinerlicher Stimme: »Madam Storoshenko, Sie haben doch immer fünfundvierzig gegeben.«

»Du solltest dankbar sein, daß ich für den Plunder noch dreißig gebe! Geh mit Gott!«

»Madam Storoshenko . . . Sie verkaufen's doch selbst mit achtzig . . .«

»Geh, geh, mach mich nicht verrückt! Ist ja meine Ware. Wie ich's verkaufe, so stimmt es schon. Da hast du mir nichts zu bestimmen. – Flundern! Flundern! Flundern!«

Gawrik betrachtete Madam Storoshenko. Da saß sie auf ihrem Kinderschemel – mächtig, unnahbar, steinern.

Er hätte sagen können, daß Großvater und er überhaupt kein Geld mehr hatten, daß sie unbedingt Brot und Köderfleisch kaufen mußten, daß sie im ganzen vielleicht fünfzehn bis zwanzig Kopeken brauchten – doch sollte man sich derart erniedrigen?

In dem Jungen wurde plötzlich der Fischerstolz wach.

Er wischte mit dem Ärmel die Tränen weg, die sein aufgesprungenes Näschen kitzelten, schneuzte sich mit zwei Fingern, warf den nun ganz leichten Fischbehälter auf die Schulter und ging mit dem wiegenden Schritt des Schwarzmeerfischers davon.

Im Gehen grübelte er darüber nach, wie er wohl Fleisch und Brot auftreiben könnte.

Einfache Soldaten

Wir haben zwar gesehen, daß Gawriks Leben von Mühe und Sorgen erfüllt war, ganz wie das eines Erwachsenen, doch darf man nicht vergessen, daß er erst ein neunjähriger Bub war.

Er hatte Freunde und Kameraden, mit denen er gern spielte, herumtollte, sich prügelte und gemeinsam Spatzen fing, er schoß mit dem Katapult und beschäftigte sich überhaupt mit all dem, womit sich alle Jungen aus unbegüterten Familien in Odessa beschäftigten. Er gehörte zur Kategorie der sogenannten »Straßenjungen« und hatte deshalb einen weitverzweigten Bekanntenkreis. Keiner hinderte ihn daran, einen beliebigen Hof zu betreten und in einer beliebigen Straße zu spielen.

Da ging er nun und grübelte, wie er wohl Fleisch und Brot auftreiben könnte.

Doch auch der freiste Vogel hat so seine Lieblingsstellen. Gawrik war hauptsächlich im Bereich der ans Meer grenzenden Straßen von Otrada und der »Kleinen Fontäne« heimisch. Hier herrschte er uneingeschränkt über die anderen Jungen, die mit ängstlichem Entzücken sein ungebundenes Dasein bewunderten.

Kumpane hatte Gawrik eine ganze Menge, an richtigen Freunden aber nur Petja.

Am einfachsten wäre es jetzt gewesen, zu Petja zu gehen und mit ihm über Brot und Fleisch zu beraten. Natürlich, Geld würde Petja auch nicht haben, und schon gar nicht eine so große Summe wie fünfzehn Kopeken. Daran war nicht zu denken. Doch Petja könnte in der Küche ein Stückchen Fleisch stiebitzen und Brot aus dem Schrank holen.

Gawrik war voriges Jahr zu Weihnachten bei Petja eingeladen gewesen und wußte sehr gut, daß dort ein Küchenschrank existierte, in dem sehr viel Brot lag, auf das keiner so recht achtete und von dem man ohne weiteres etwas wegnehmen konnte.

Das ganze Unglück war nur, daß er nicht wußte, ob Petja schon von dem Gut zurück war. An der Zeit wäre es ja nun langsam gewesen. Im Laufe des Sommers hatte sich Gawrik mehrmals auf Petjas Hof eingefunden, um sich nach dem Stand der Dinge zu erkundigen. Aber von Petja war und war nichts zu sehen gewesen.

Das letztemal hatte die Köchin Dunja gesagt, sie würden nun bald zurückkommen. Das mußte etwa fünf Tage her sein. Vielleicht waren sie jetzt schon da?

Gawrik schlug den Weg zu Petjas Haus ein. Es war ja nicht weit – gerade gegenüber dem Bahnhof, am Kulikow-Feld, Ecke Kanatnajastraße, ein großes, vierstöckiges Haus mit zwei Vordertreppen, gleich neben der Kaserne. Es war ein sehr feines Haus und für alle Spiele großartig geeignet.

Erstens war es für Straßenschlachten unübertrefflich, denn es hatte zwei Tore. Das eine ging auf das Kulikow-Feld – oder einfach auf die »Kulitschki« –, das andere auf ein herrliches Stück Brachland mit Gebüsch, Tarantellöchern und einer freilich nicht sehr großen, dafür aber äußerst reichhaltigen Abfallgrube. Wenn man da gründlich wühlte, konnte man immer eine Menge brauchbarer Gegenstände finden, vom Apothekerfläschchen bis zur toten Ratte. Petja hatte es gut. Nicht jeder Junge verfügte über so eine Abfallgrube neben seinem Haus.

Zweitens lief das Bimmelzüglein der Vorortbahn mit der kleinen Lokomotive direkt am Haus vorbei. Man brauchte also nicht weit zu gehen, um Knallerbsen und Steine unter die Räder zu legen.

Drittens: die Nachbarschaft des Stabsgebäudes.

Dort, hinter der hohen weißen Mauer, die an eine Wiese grenzte, befand sich ein geheimnisvolles Reich, das Tag und Nacht von einem Posten bewacht wurde. Von dort vernahm man den Maschinenlärm der Stabsdruckerei, und der Wind wehte erstaunlich interessante Dinge über die Mauer herüber – Bänder, Streifen und Papierschnipsel.

Auch die Fenster der Schreibstube blickten auf die Wiese. Stieg man auf einen Stein, so konnte man über das Gitter hinweg hineinschauen und sehen, wie die Schreiber wohnten – diese unwahrscheinlich schönen, gewichtigen und forschen jungen Leute mit den langen Offiziershosen, doch den Schulterklappen der Soldaten.

Von den Schreibern wußte man todsicher, daß sie dem ganz gewöhnlichen »niederen Dienstgrad« angehörten, das heißt also, daß sie Soldaten waren. Doch welch ein riesiger Unterschied bestand zwischen ihnen und den einfachen Soldaten! Die Schreiber waren außer den Limonadenverkäufern vielleicht die elegantesten Burschen in der Stadt.

Beim Anblick eines Schreibers erbebten und erblaßten die Dienstmädchen aus den benachbarten Häusern und waren jeden Augenblick bereit, in Ohnmacht zu fallen. Schonungslos verbrannten sie sich Schläfe und Haar mit der Brennschere, puderten sich die Nase mit Zahnpulver und rieben sich die Wangen mit Bonbonpapier rot. Und doch wurden sie von den Schreibern übersehen.

Während ein Dienstmädchen für jeden Soldaten in Odessa ein unerreichbares und höheres Geschöpf bedeutete, war es für einen Schreiber nicht mehr als ein »Bauerntrampel«, den man nicht eines Blickes würdigte.

Einsam und melancholisch saßen die Schreiber in ihren Stuben auf den eisernen Bettstellen. Sie hatten die Uniformröcke ausgezogen und klimperten leise auf der Gitarre. Stets trugen sie lange Hosen mit einem breiten gesteppten Gurt und saubere Hemden mit einem schwarzen Offiziersschlips.

Wenn sich aber ein Schreiber am Sonntagabend auf der Straße zeigte, dann hatte er bestimmt rechts und links eine Modistin mit moderner, hochgekämmter Frisur untergehakt. Die Schreiber waren unermeßlich reich. Gawrik hatte einmal mit eigenen Augen gesehen, wie ein Schreiber in einer Droschke fuhr.

Und trotz allem, so seltsam es auch war, gehörten die Schreiber dem »niederen Dienstgrad« an. Gawrik hatte selbst gesehen und gehört, wie einmal ein silberbetreßter General an der Ecke Pirogowastraße am Kulikow-Feld einen Schreiber ins Gesicht geschlagen und dabei mit drohender Stimme gebrüllt hatte: »Wie stehst du da, Kanaille? Wie stehst du da?«

Und der strammstehende Schreiber hatte den Kopf geschüttelt, seine hellen Bauernaugen aufgerissen und wie ein einfacher Soldat gestottert: »Verzeihung, Euer Gnaden! Es soll nicht wieder vorkommen!«

Diese zwiespältige gesellschaftliche Stellung machte die Schreiber zu so seltsamen, zugleich wunderbaren und doch wieder bemitleidenswerten Wesen, als wären sie gefallene Engel, die zur Strafe ihre Sünden auf der Erde büßen müßten. Sehr interessant war auch das Leben der einfachen Wachsoldaten, die ihr Quartier neben dem der Schreiber hatten. Auch die einfachen Soldaten hatten eine doppelte Existenz. Die erste war: in voller Wachuniform mit Patronentasche zu zweit an der Einfahrt des Stabsgebäudes alle Augenblicke strammzustehen und vor den ein und aus gehenden Offizieren das Gewehr mit dem fettglänzenden Bajonett zur Seite zu spreizen. Die zweite Existenz war einfach, häuslich und bäuerisch. Sie saßen in der Kaserne, nähten Knöpfe an, putzten ihre Stiefel und spielten Dame.

Auf dem Fensterbrett lagen immer Eßnäpfe und Holzlöffel zum Trocknen sowie Reste von schwarzem Soldatenbrot, die sie gewöhnlich an Bettler verteilten.

Mit den Jungen unterhielten sie sich gern, gebrauchten aber solche Worte und stellten derartige Fragen, daß die Jungen knallrote Ohren bekamen und entsetzt davonrannten.

Die beiden asphaltierten Höfe von Petjas Haus eigneten sich vorzüglich zum Himmel-und-Hölle-Spiel. Mit Kohle und Kreide konnte man die quadratischen Felder mühelos auf den Asphalt malen, und die glatten Steinchen aus dem Meer glitten leicht darüber hin. Und wenn der Hausmeister, aufgebracht durch den Lärm, die Spielenden mit dem Besen davonjagte, brauchte man nur auf den anderen Hof hinüberzuwechseln.

Außerdem hatte das Haus einen herrlichen, geheimnisvollen Keller. Sich in den Verschlägen zwischen Holz und allerlei Gerümpel in der trockenen, staubigen Finsternis zu verstecken, während draußen heller Tag war, machte den Kindern unbeschreibliches Vergnügen. Kurzum, das Haus, in dem Petja wohnte, war in jeder Beziehung ausgezeichnet.

Gawrik betrat den Hof und blieb unter den Fenstern von Petjas Wohnung stehen, die im dritten Stock lag.

Der vom mittäglichen Schatten geteilte Hof war völlig leer. Kein einziger Junge. Offenbar waren alle entweder auf dem Land oder an der See.

Die Läden der meisten Fenster waren geschlossen. Glühende, träge Mittagsstille. Kein Laut.

Nur irgendwo aus der Ferne – vielleicht sogar aus der Botanischen Straße – hörte man das Brutzeln einer Bratpfanne. Dem Geruch nach wurden dort Heringe in Sonnenblumenöl gebraten.

»Petja!« rief Gawrik laut, wobei er die Hände als Trichter vor den Mund hielt.

Schweigen.

»Pe-e-etka!«

Die Läden blieben geschlossen.

»Pe-e-e-etka-a-a-a!«

Am Küchenfenster öffnete sich eine kleine Luftklappe, und der mit einem weißen Tuch umschlungene Kopf der Köchin Dunja schaute heraus.

»Sind noch nicht zurück«, rief sie barsch den gewohnten Satz.

»Und wann kommen sie?«

»Wir erwarten sie heute abend.«

Der Junge spuckte aus und wischte mit dem Fuß darüber. Ein Weilchen schwieg er.

»Hören Sie, Tante, wenn er kommt, sagen Sie ihm gleich, daß Gawrik dagewesen ist.«

»Zu Befehl, Euer Gnaden.«

»Sagen Sie ihm, daß ich morgen früh wiederkomme.«

»Du brauchst dich nicht herzubemühen. Unser Petja kommt jetzt aufs Gymnasium. Dann ist es aus mit euerm Jux.«

»Schön«, brummte Gawrik düster, »Hauptsache, Sie sagen's ihm. Werden Sie es sagen?«

»Ja, ja, ich sag's, weine man nicht.«

»Auf Wiedersehen, Tante!«

»Leb wohl, du holdes Kind!«

Wie man sieht, hatte Dunja die sommerliche Nichtstuerei derart über, daß sie sich sogar herabließ, mit einem Straßenbengel zu scherzen.

Gawrik zog die Hose hoch und trottete davon.

Schlimm, schlimm. Was nun?

Natürlich, er hätte zu Terenti, seinem älteren Bruder, in die »Nahen Mühlen« gehen können. Aber erstens waren diese »Nahen Mühlen« wer weiß wie weit – drei Stunden hin und zurück, knapp gerechnet –, und zweitens war es nach den Unruhen ziemlich ungewiß, ob er Terenti zu Hause antreffen würde. Es konnte leicht sein, daß der Bruder sich irgendwo versteckt hielt oder selbst auf dem trockenen saß, das heißt nichts zu essen hatte.

Wozu also unnütz die Sohlen wundlaufen – die waren ja kein Staatseigentum!

Der Junge schlenderte auf die Wiese und schaute im Vorbeigehen in die Fenster der Soldaten.

Die Soldaten hatten eben erst zu Mittag gegessen und spülten am Fenster ihre Löffel. Ein Haufen Brotreste trocknete in der prallen Sonne. Über die schwarzen, schwammähnlichen Stücke mit der kastanienbraunen Rinde, denen der säuerliche Geschmack fast schon anzusehen war, krabbelten Fliegen.

Entzückt vom Anblick solcher Fülle, blieb Gawrik unter dem Fenster stehen.

Eine Weile schwieg er. Und dann plötzlich – er war selbst ganz überrascht – sagte er barsch: »Onkel, gib mir Brot!« Er besann sich aber sofort, ergriff den Fischbehälter und ging weiter, die Soldaten mit seinen Zahnlücken angrinsend. »Nee, nee, das hab' ich nur so gesagt! Ist nicht nötig!«

Doch die Soldaten rotteten sich am Fenster zusammen, pfiffen und riefen dem Jungen zu: »He! Du! Wohin denn? Hopphopp zurück!«

Er blieb unentschlossen stehen.

»Halt das Hemd auf!«

Ihr Schreien und Rufen war von so fröhlicher Gutmütigkeit, daß Gawrik begriff – es war nicht weiter erniedrigend, das Brot von ihnen anzunehmen. Er stellte den Fischbehälter auf die Erde und hielt das Hemd auf. Brotstücke flogen herab.

»So, iß man unser Kommißbrot, koste mal den Barras, gewöhn dich dran, kann gar nichts schaden!«

Außer dem Brot, von dem sie etwa fünf Pfund herabgeworfen hatten, gaben ihm die Soldaten noch eine reichliche Portion gestern gekochter Grütze mit.

Der Junge packte alles ordentlich in den Fischbehälter und ging, von kräftigen Soldatenwitzen begleitet, nach Hause, um dem Großvater beim Ausbessern der Angelschnüre zu helfen. Gegen Abend fuhren sie wieder auf See hinaus.

Draußen auf dem Meer

Als der Matrose merkte, daß der Dampfer seinen Kurs beibehielt und auch kein Rettungsboot herabgelassen wurde, beruhigte er sich ein wenig.

Als erstes versuchte er seine Kleidung abzustreifen, die ihn am Schwimmen hinderte.

Die Jacke konnte er leicht loswerden. Nachdem er sich ein paarmal um sich selbst gedreht und das bittersalzige Wasser ausgespien hatte, gelang es ihm, die vollgesogene bleischwere Jacke mit drei Handgriffen vom Leibe zu ziehen. Mit ausgebreiteten Ärmeln schwamm sie noch eine Weile vor ihm her, als sei sie lebendig, wolle sich nicht von ihrem Herrn trennen und sich um seine Beine schlingen.

Der Matrose stieß sie einige Male weg, bis sie schließlich zurückblieb und schaukelnd in die Tiefe sank.

Die meiste Mühe hatte er mit den Stiefeln. Die klebten an den Füßen, als seien sie mit Kleister gefüllt. Erbittert ein Bein gegen das andere reibend, versuchte er diese derben Marinestiefel mit ihren rotbraunen Schäften, die ihn so schmählich verraten hatten, von den Füßen zu streifen. Mit den Armen rudernd, tanzte er im Wasser, versank ab und zu und tauchte dann wieder bis zur Schulter auf. Die Stiefel wollten jedoch nicht nachgeben. Da füllte er, tief atmend, seine Lungen mit Luft und packte den einen Schuh mit beiden Händen. Obwohl er dabei mit dem Kopf unter Wasser geriet, zerrte er an dem glitschigen Absatz, schimpfte fürchterlich und verfluchte alles auf der Welt.

Schließlich gelang es ihm, den verflixten Stiefel loszuwerden. Mit dem zweiten hatte er es dann leichter.

Als er sich dann auch noch der Hose entledigt hatte, empfand Rodion zugleich mit der Erleichterung eine unbeschreiblich starke Erschöpfung. Das Meerwasser, das er trotz all seiner Bemühungen reichlich geschluckt hatte, brannte ihm in der Kehle; auch war er beim Hinabspringen vom Dampfer hart auf das Wasser geschlagen. Fast zwei Tage hintereinander hatte er nicht geschlafen und einen Marsch von etwa vierzig bis fünfzig Werst und ein gerüttelt Maß an Aufregung hinter sich. Vor seinen Augen begann es dunkel zu werden, was auch damit zusammenhängen konnte, daß der Abend jetzt rasch herabfiel. Das Wasser verlor seine Tagesfarbe und wurde drohend, fast schwarz; nur auf der Oberfläche lag noch ein violetter Glanz. Das Ufer konnte man vom Meer aus kaum noch erkennen. Der Horizont war zu einem schmalen Streifen zusammengeschrumpft. Nur am Rande des wolkenlosen Himmels leuchteten die zarten Farben des Sonnenuntergangs, blinkte das schwache Grün eines kaum sichtbaren Sternchens. In dieser Richtung befand sich die Küste, dorthin galt es zu schwimmen.

Der Matrose hatte jetzt nur noch das Hemd und die Unterhose an, die ihn kaum störten. Aber nun wurde er von einem starken Schwindelgefühl ergriffen; die Arm- und Beingelenke taten ihm weh, und das Schwimmen wurde immer beschwerlicher. Zuweilen schien es ihm, als werde er bewußtlos. Dann wieder wurde er von Übelkeit befallen. Oder es überkam ihn Angst, und er erschrak vor der Einsamkeit und der Tiefe.

Früher hatte er so etwas nie gekannt. Es sah fast so aus, als werde er schlappmachen. Die nassen Haare kamen ihm trocken, heiß und derart stachlig vor, daß er ihre Stiche auf der Kopfhaut zu spüren glaubte.

Weit und breit keine Menschenseele. Oben, am abendlich leeren Himmel, flog ein möwenähnlicher Vogel mit dicken Flügeln und selbst so dick wie eine Katze. In seinem langen, an der Spitze gebogenen Schnabel hielt er ein kleines Fischchen.

Wieder wurde der Matrose von einer jähen Angst befallen. Jeden Augenblick konnte sein Herz aussetzen, und dann würde er untergehen. Er wollte schreien, bekam aber die Zähne nicht auseinander.

Plötzlich hörte er einen sanften Ruderschlag und gewahrte gleich darauf die schwarze Silhouette eines Bootes.

Er nahm all seine Kräfte zusammen, ruderte verzweifelt mit Armen und Beinen, und es gelang ihm, das Boot einzuholen und sich am Heck festzuhalten.

Mit einer Hand vor die andere greifend, arbeitete er sich bis an die Stelle vor, wo der Rand am niedrigsten war, biß die Zähne zusammen, zog sich hoch und blickte ins Boot.

»Na, na, laß das!« schrie Gawrik mit tiefer Stimme, als er den nassen Kopf über dem wippenden Rand erblickte.

Das Auftauchen dieses Kopfes setzte den Jungen nicht im geringsten in Erstaunen: Odessa war berühmt wegen seiner Schwimmer. Es kam vor, daß manche morgens etwa drei bis vier Werst ins Meer hinausschwammen und erst spät am Abend zurückkehrten. Wahrscheinlich war dieser Mann auch so ein Schwimmer.

Doch wenn einer schon ein Held sein will, soll er auch nicht nach fremden Booten grapschen und sich groß ausruhen, sondern gefälligst allein weiterschwimmen! Die Leute im Boot sind ohnehin müde genug, kommen erst jetzt von der Arbeit zurück!

»Los, los, mach keine Faxen, schwimm weiter! Sonst geb ich dir eins mit dem Riemen!«

Und um seine Drohung zu unterstreichen, tat der Junge sogar so, als wolle er den Riemen von der Dolle nehmen – genau wie Großvater es in solchen Fällen zu tun pflegte.

»Ich ... bin krank ...«, keuchte der Mann und streckte seinen zitternden Arm, an dem der nasse Ärmel des bestickten Hemdes klebte, über den Bootsrand.

Jetzt begriff Gawrik, daß es sich nicht um einen Schwimmer handelte; die pflegten nicht mit bestickten Hemden ins Meer zu gehen.

»Bist du ins Wasser gefallen?«

Der Matrose antwortete nicht. Kopf und Arme lagen leblos auf dem Bootsrand, während die Beine noch im Wasser schwammen. Er war ohnmächtig geworden.

Gawrik und der Großvater ließen den Riemen los und zogen den schlaffen, aber entsetzlich schweren Körper ins Boot.

»Donnerwetter, ist der heiß!« murmelte der Großvater.

Und wirklich – der Matrose glühte wie im Fieber.

»Onkel, wollen Sie trinken?« fragte Gawrik.

Der Matrose gab keine Antwort. Ausdruckslos wanderte sein verschleierter Blick umher; seine ausgetrockneten Lippen zitterten. Der Junge reichte ihm das Fäßchen mit Trinkwasser, doch der Matrose wies es mit schwacher Hand zurück, schluckte voll Ekel seinen Speichel und mußte sich sofort übergeben.

Der Kopf fiel herab und stieß gegen die Bank. Dann streckte der Erschöpfte seinen Arm aus, tastete wie ein Blinder nach dem Fäßchen und trank, mit den Zähnen wie im Krampf gegen das Holz schlagend, mühsam und ungeschickt ein paar Schlucke.

Der Großvater schüttelte den Kopf.

»Das ist mir 'ne Geschichte!«

»Onkel, wo kommen Sie her?« fragte der Junge.

Der Matrose schluckte wieder seinen Speichel hinunter, wollte etwas sagen, zeigte aber nur in die Ferne und ließ die Hand sogleich wieder kraftlos fallen.

»Eh, der Teufel soll ihn holen!« murmelte er rasch und undeutlich. »Niemand darf mich sehen ... Matrose bin ich ... Versteckt mich irgendwo ... Sonst hängen die mich ... Ehrenwort ... Ist wirklich wahr ... Bei Gott ...«

Er wollte sich offenbar bekreuzigen, konnte aber nicht einmal die Hand heben, und bei dem schwachen Versuch, zu lächeln, wurden seine Augen trübe, und er verlor wieder die Besinnung.

Großvater und Enkel wechselten einen Blick, sprachen aber kein Wort miteinander. Die Zeiten waren so, daß es besser schien, über alles, was man wußte, den Mund zu halten.

Vorsichtig legten sie den Matrosen auf den hölzernen Bodenbelag, unter dessen Gitterwerk das eingesickerte Wasser platschte, schoben ihm das Fäßchen unter den Kopf und griffen nach den Riemen.

Sie ruderten nun langsam, ohne sich zu beeilen, mit der Absicht, das Ufer erst zu erreichen, wenn es dunkel war. Je dunkler, desto besser. Darum kreuzten sie, ehe sie landeten, noch ein paarmal zwischen den vertrauten Felsenriffen hin und her.

Zum Glück befand sich niemand am Ufer. Die warme, tiefe Dunkelheit war von Sternen und Grillengezirp erfüllt. Großvater und Enkel zogen das Boot an Land. Geheimnisvoll knirschte der Kies. Während der Alte zurückblieb, um den Kranken zu bewachen, lief Gawrik voraus, um zu sehen, ob niemand in der Nähe sei. Bald kehrte er fast lautlos wieder zurück. An seinen Schritten erkannte der Großvater, daß alles in Ordnung war.

Mit großer Mühe, aber ganz vorsichtig, hoben sie den Matrosen aus dem Boot, stellten ihn auf die Beine und stützten ihn von beiden Seiten.

Der Kranke umschlang Gawriks Nacken und drückte ihn an seinen fieberheißen Körper. Er stützte sich mit seiner ganzen Schwere auf den Jungen, wohl ohne etwas zu begreifen.

Gawrik setzte seine Füße fest auf den Boden und flüsterte: »Können Sie gehen?«

Der Matrose gab keine Antwort, tat aber wie ein Mondsüchtiger ein paar schwankende Schritte.

»Ist nicht weit, Onkel ... nur ein Stückchen ...«

Schließlich erklommen sie die Anhöhe. Keiner hatte sie gesehen. Und selbst wenn sie jemand gesehen hätte, so wäre ihm wohl die von einem Greis und einem Jungen geführte schwankende Gestalt kaum aufgefallen. Ein gewohnter Anblick: Verwandte bringen einen betrunkenen Fischer nach Hause! Daß der Fischer nicht fluchte und keine Lieder grölte, lag eben nur daran, daß er des Guten zuviel getan hatte.

Kaum waren sie mit dem Matrosen in der behaglichen Wärme der Hütte, als er auch schon auf die Holzpritsche niedersank. Der Großvater schob ein Kistenbrett vor das kleine Fenster und schloß die Tür. Erst danach zündete er ein Petroleumlämpchen an, wobei er den Docht soweit wie möglich herunterdrehte.

Das Lämpchen stand in der Ecke auf einem Regal, das mit Zeitungspapier ausgelegt war.

Dort lag auch das Kommißbrot, in ein feuchtes Tuch eingewickelt, damit es nicht austrocknete. Außerdem gab es einen aus einer Konservenbüchse hergestellten Trinkbecher, einen Blechnapf mit Kommißgrütze, zwei Holzlöffel, etwas grobkörniges graues Salz in einer blauen Muschel – kurz, ein ganz bettelarmer, aber erstaunlich ordentlicher Haushalt.

Das alte, rußgeschwärzte Heiligenbild des wundertätigen Nikolai, des Schutzheiligen der Fischer, das in der Ecke über dem Regal angenagelt war, blickte mit dem länglichen kaffeebraunen Fleck des altertümlichen Gesichts und mit den unheimlichen Augen der Kiewer Malschule auf die seltsame Gruppe herab. Das leichte Blaken und der Schein des Lämpchens stiegen zu diesem Gesicht empor, und es schien, als lebe, als atme es.

Schon lange glaubte der Großvater weder an Gott noch an den Teufel. Von beiden war ihm im Leben weder Gutes noch Böses widerfahren. An den wundertätigen Nikolai jedoch glaubte er.

Wie sollte man auch nicht an den Heiligen glauben, der dem Menschen bei seinem schweren und gefährlichen Handwerk half? Hatte es doch nichts in Großvaters Leben gegeben, das wichtiger gewesen wäre als das Fischerhandwerk!

Doch um die Wahrheit zu gestehen, in der allerletzten Zeit begann der Wundertätige ein wenig nachzulassen.

Als der Großvater noch jünger gewesen war, als er noch über gutes Handwerkszeug verfügt hatte, über ein Segel und über genügend Kraft, da hatte der Wundertätige geholfen, gewiß. Da war er im Haushalt von Nutzen gewesen. Doch je älter der Großvater wurde, desto weniger Nutzen hatte man auch von dem Heiligen.

Freilich, wenn ein Fischer kein Segel hat, wenn im Alter die Kraft von Tag zu Tag schwindet, wenn das Geld noch nicht einmal für Köderfleisch reicht, da kann einer der Allerallerwundertätigste sein – die Fische, die man fängt, bleiben doch klein und sind zu nichts nutze . . .

Offenbar fiel es auch dem Wundertätigen schwer, gegen Armut und Alter anzukämpfen, und der Alte blickte zuweilen mit Bitterkeit und Verdruß auf den strengen, aber nutzlosen Heiligen. Gewiß, der hing bescheiden in der Ecke und fraß kein Brot. Na ja, sollte er da man hängenbleiben, einmal würde er vielleicht doch etwas tun. Und mit der Zeit hatte sich bei dem Großvater ein etwas wohlwollendes, fast sogar ein wenig spöttisches Verhältnis zu dem Wundertätigen herausgebildet. Kehrte er nach dem Fang in die Hütte zurück – und der Fang war jetzt meistens jämmerlich schlecht –, dann schielte der Großvater zu dem verlegen dreinschauenden Heiligen hinauf und brabbelte: »Na, du alter Trottel, da sitzen wir beide wieder in der Tinte! Haben so ein Kroppzeug mitgebracht, daß man sich schämen muß, es auf dem Markt anzubieten. Sind ja Läuse und keine Kaulköpfe!« Und dann fügte er gutmütig, wohl um den Heiligen nicht restlos zu beschämen, hinzu: »Ist ja auch wahr! Wie sollte denn ein richtiger großer Kaulkopf auf eine Garnele anbeißen! Der spuckt auf eine Garnele. Fleisch braucht so ein richtiger, satter Kaulkopf. Und wo sollen wir beide, du und ich, das Fleisch hernehmen? Mit einem Wunder kann man es nicht kaufen, das Fleisch. Ja, siehst du, so ist es!«

Im Augenblick freilich hatte der Alte für den Heiligen keinen Sinn. Der Matrose beunruhigte ihn. Und zwar nicht sosehr dessen Fieber und Bewußtlosigkeit, als vielmehr die Vorahnung einer tödlichen Gefahr, die ihm von unbekannter Seite drohte.

Selbstverständlich stellte der Großvater seine Kombinationen an und reimte sich so manches zusammen. Doch um dem Mann zu helfen, hätte man ein wenig mehr wissen müssen.

Aber es war wie verhext – der Matrose lag, vom Fieber geschüttelt, besinnungslos auf der Flickendecke und starrte mit weitgeöffneten, aber blicklosen Augen vor sich hin. Ein Arm hing von der Pritsche herab, der andere lag auf der Brust, und auf der Hand erspähte der Großvater einen kleinen blauen Anker.

Von Zeit zu Zeit versuchte der Matrose aufzuspringen. Dumpfe Laute ausstoßend, in heißen Schweiß gebadet, biß er sich in die Hand, als wolle er den Anker herausbeißen, als glaube er, wenn der nicht wäre, würde alles leichter sein.

Der Großvater drückte ihn dann jedesmal mühsam auf das Lager zurück, wischte ihm den Schweiß von der Stirn und murmelte: »Hinlegen, hinlegen . . . Leg dich hin, sag ich dir . . . Und schlaf nur! Hab' keine Angst . . . schlaf . . .!«

Draußen im Gemüsegarten kochte Gawrik in einem Kesselchen Wasser, um dem Kranken Tee zu bereiten. Eigentlich war es gar kein Tee, sondern nur so ein aromatisches Kraut, das der Großvater im Mai auf den benachbarten Hügeln gesammelt und getrocknet hatte und das er nun als Tee bezeichnete.

»Turmgeschütz, Feuer!«

Die Nacht verging sehr unruhig.

Der Matrose rang nach Luft und riß sich das Hemd von der Brust.

Der Großvater löschte das Öllämpchen und öffnete die Tür, um frische Luft hereinzulassen.

Der Matrose erblickte den bestirnten Himmel und begriff nicht, was das war. Der Nachtwind wehte in die kleine Hütte und kühlte seine Stirn.

Gawrik streckte sich neben der Tür im Steppengras aus und horchte auf jedes Geräusch. Bis zum Morgen schloß er kein Auge. Der Ellbogen, auf den er sich stützte, war ihm völlig eingeschlafen.

Der Großvater hatte sich auf dem lehmigen Boden des Hüttchens ausgestreckt, konnte aber ebensowenig schlafen und horchte auf das Zirpen der Grillen, auf den Wellenschlag und das Stöhnen des Kranken, der zuweilen erregt aufsprang und mit schwacher Stimme ausrief: »Turmgeschütz, Feuer! Koschuba! Hau los, Turmgeschütz . . .« und allerhand anderen Blödsinn.

Dann packte ihn der Großvater fest an den Schultern, rüttelte ihn vorsichtig hin und her und flüsterte ihm ins Ohr: »Leg dich hin, schrei nicht! Um Himmels willen, gib nicht so an! Leg dich hin, sei still! Ist schon 'n Kreuz mit dir!«

Der Matrose knirschte mit den Zähnen, wurde aber nach und nach ruhiger.

Wer war nun eigentlich dieser seltsame Kranke,

Unter den siebenhundert Matrosen, die an der rumänischen Küste den Panzerkreuzer »Potjomkin« verlassen hatten, befand sich auch Rodion Schukow.

Er unterschied sich durch nichts von den übrigen Matrosen des aufständischen Schiffes. Von der ersten Minute des Aufstandes an, da sich der entsetzte und verzweifelte Kommandant des Panzerkreuzers vor der Besatzung auf die Knie warf, da die ersten Gewehrsalven krachten und die Leichen mehrerer Offiziere über Bord flogen, von dem Augenblick an, da der Matrose Matjuschenko die Tür der Admiralskajüte aufriß, der gleichen Tür, an der man bisher nur mit Schrecken vorüberzugehen gewagt, von diesem Augenblick an lebte, dachte und handelte Rodion Shukow genau wie die Mehrzahl der anderen Matrosen, leicht umnebelt, begeistert, fiebrig – bis man sich den Rumänen ergeben und in Kostanza an Land gehen mußte.

Noch niemals vorher hatte Rodions Fuß fremdes Land betreten. Fremdes Land aber war wie nutzlose Freiheit – weit und bitter.

Die »Potjomkin« lag ganz nahe am Hafen. Mit seinen drei Schornsteinen wirkte der graue Koloß inmitten der Feluken* und Lastschiffe, der Jollen, Jachten und Kutter und neben einem kümmerlichen rumänischen Kreuzer unsinnig groß.

Hoch über den Geschütztürmen, über den Rettungsbooten und den Segelstangen hing immer noch die weiße Andreasflagge mit dem schräg daraufliegenden hellblauen Kreuz. Sie sah wie ein durchgestrichener Briefumschlag aus.

Doch dann zuckte die Flagge plötzlich, sackte zusammen und begann ruckweise zu sinken.

Da nahm Rodion mit beiden Händen seine Matrosenmütze ab und verneigte sich so tief, daß sich die Enden der neuen St.-Georgs-Bänder, schwarz und orange wie Studentenblumen, sanft auf den Staub niederließen.

Eine Schande . . . Eine wahre Schande! Zwölfzöllige Geschütze, Munition noch und noch, ein Schütze so ausgezeichnet wie der andere . . . Auf Koschuba hätte man hören müssen! Dorofej Koschuba hat wahr gesprochen: Die Kerle aus der Ingenieurschule – über Bord! Die »Georgi-Pobedonossez« – versenken! Kurs halten auf Odessa, dort die Besatzung an Land gehen lassen. Wir hätten die ganze Garnison auf die Beine gebracht, alle Arbeiter, das ganze Schwarze Meer! Ach, Koschuba, Koschuba, hätte man auf dich gehört . . . Und nun ist so ein Quatsch draus geworden!

Zum letztenmal verneigte sich Rodion vor seinem heimatlichen Schiff. »Schön«, stieß er zwischen den Zähnen hervor, »schön! An uns soll es nicht liegen. Wir bringen ohnedies ganz Rußland auf die Beine!«

---

* Kleines, schnellsegelndes Ruderschiff mit zwei Masten.

Nachdem er sich für sein letztes Geld Zivilkleidung gekauft hatte, setzte er einige Tage später des Nachts bei Wilkowo über die Donaumündung zur russischen Seite über.

Sein Plan war, durch die Steppe bis Akkerman und von dort mit irgendeiner Barkasse oder einem Schiff nach Odessa zu gelangen. Von Odessa war es nur noch ein Katzensprung bis zu seinem Heimatdorf Nerubaisk. Und dort würde man weitersehen ...

Aber eins wußte Rodion ganz genau: daß ihm zu seinem früheren Leben alle Wege versperrt waren, daß sein ganzes früheres Dasein – das knechtische Matrosenleben auf dem zaristischen Panzerkreuzer und das schwere heimatliche Bauernleben zu Hause in der hellblauen Lehmhütte mit den knallblauen Fensterläden inmitten von rosa und gelben Malven – für immer vorbei war.

Jetzt gab es nur noch zweierlei: entweder den Galgen – oder sich versteckt halten, Gutshäuser niederbrennen, den Aufstand schüren, in die Stadt gehen und dort das Komitee suchen.

Schon unterwegs fühlte er sich nicht wohl. Aber stehenbleiben konnte er nicht mehr. Krank, wie er war, ging er weiter ...

Und nun ... Was geht mit ihm vor? Wo liegt er? Warum schwanken die Sterne in der Tür? Sind es denn überhaupt Sterne?

Dem Schwarzen Meer gleich umlagert ihn die Nacht.

Das Gefunkel verdichtet sich, flammt auf und legt sich wie Quarantänelichter vor seine Augen. Stadtgeräusche brausen, das Bollwerk im Hafen beginnt zu brennen, Menschen laufen und verfangen sich im lodernden Feuer. Gewehrsalven krachen.

Die Nacht auf dem Schiffsdeck gerät ins Schwanken. Der Lichtstrahl eines Scheinwerfers läuft das gewellte Ufer entlang, taucht Häuserecken in blendendes Weiß, entzündet sich in dem Glas der Fensterscheiben, entreißt der Dunkelheit rennende Soldaten, Fetzen von roten Flaggen, Munitionskisten, Lafetten, quer über der Straße liegen Pferdeomnibusse ...

Und jetzt sieht er sich auf dem Geschützturm. Der Richtkanonier preßt sein Auge an den Entfernungsmesser. Der Turm dreht sich und richtet seinen Geschützlauf auf die Stadt. Stop! Haargenau steht er jetzt der blauen Kuppel des Theaters gegenüber, in dem der wohlbeleibte General Kriegsrat gegen die Aufständischen hält.

Im Turm ertönt das dünne, eilige Klingeln des Telefons. Vielleicht sind es Grillen, die in der Steppe zirpen?

Nein, es ist das Telefon. Mit langsamem Klirren trägt der elektrische Aufzug aus der Munitionskammer ein Geschoß hoch – es schwankt an den Ketten – und legt es Rodion direkt in die Arme. Vielleicht aber ist es kein Geschoß, sondern eine kühle Melone? Oh, wie schön wäre es, jetzt zu trinken! Doch nein, nein, das ist ein Geschoß.

»Turmgeschütz, Feuer!«

Und im gleichen Augenblick klirrt es in den Ohren, als schlage eine Riesenfaust von außen gegen die Panzerung des Turms. Feuer flammt auf und wirft ihm den Geruch von verbranntem Hartgummi ins Gesicht.

Das Meer erbebt in seiner ganzen Breite, die Boote geraten ins Schwanken, und wie ein eiserner Streifen fliegen die Geschosse vom Panzerkreuzer in die Stadt. Zu weit!

Rodions Hände brennen und glühen. Doch jetzt schlängeln sich wieder die Grillen wie ein kristallenes Bächlein durch die dichten Sterne und durch das Steppengras.

Aber vielleicht zirpt nur das Telefon?

Und das zweite Geschoß zwängt sich von selbst aus dem Aufzug in die Hände des Matrosen. Warte nur, den General kriegen wir schon klein!

»Turmgeschütz, Feuer! Turmgeschütz, Feuer!«

»Leg dich hin, schrei nicht! Soll ich dir was zu trinken geben? Sei still . . .«

. . . Und ein zweiter Streifen zieht quer über die Bucht. Wieder zu weit! Macht nichts, das drittemal werden wir's schon schaffen. Die Geschosse werden wohl langen, die Kammern sind ja voll. Federleicht und zugleich schwerer als ein Haus legt sich das dritte Geschoß in die entkräfteten Hände.

Wenn man es nur schnell abschießen könnte! Wenn nur recht bald aus der blauen Kuppel Rauch hochstiege! Dann geht es los! Immer toller, immer toller!

Doch das Telefon – es zirpt ja nicht mehr! Die Grillen haben aufgehört zu läuten . . . Was ist denn, sind denn alle da oben tot . . .? Oder ist es der Morgen, der anbricht, so still und so rosig?

Der Turm bewegte sich wie von selbst wieder zurück. Rückzugssignal! Und das den sinkenden Händen entgleitende Geschoß taucht wieder hinab in die Kammer. Die Ketten des Aufzugs klirren . . . Nein, nein, das war der Blechbecher, der seinen Händen entglitt! Leise gurgelt das Wasser von der Pritsche herab auf den Boden. Und Stille, Stille . . .

Ja, was ist denn das? Ach, die Freiheit, die Freiheit haben sie verkauft, das verfluchte Geschmeiß! Haben Angst gekriegt! Wenn schon schlagen, dann ganz! Daß kein Stein auf dem andern bleibt!

»Los, Turmgeschütz, los . . .!«

»Ach, du lieber Gott, lieber Gott, heiliger Wundertäter Nikolai! – So leg dich doch hin, trink Wasser! Nein, so ein Unglück!« Der sanfte rosige Morgen berührte beschwichtigend und zärtlich Rodions glühende Wangen. Fern über dem goldenen Abhang krähten die Hähne.

Der Schießbudenbesitzer

Großvater und Enkel hielten Rat und beschlossen, niemand etwas von der Anwesenheit des Kranken zu sagen und ihn schon gar nicht ins Städtische Krankenhaus zu bringen, wo man unbedingt nach den Personalpapieren fragen würde.

Großvater war der Meinung, daß der Matrose von einem ganz gewöhnlichen, nicht einmal besonders starken Fieber befallen war, das sich bald geben würde. Und dann sollte er selbst über sich entscheiden.

Inzwischen war es hell geworden, und man mußte auf See hinaus. Der Kranke lag regungslos auf dem Rücken und blickte mit klaren Augen auf das Bild des heiligen Wundertäters, das mit einem Strauß frischer Kornblumen geschmückt war.

»Hörst du mich?« fragte der Großvater.

Der Kranke bewegte kraftlos die Lippen, als wolle er sagen: Ja, ich höre!

»Geht's dir besser?«

Der Kranke schloß bejahend die Augen.

»Vielleicht willst du was essen?« Der Großvater schielte zu dem Regal mit dem Brot und der Grütze hinüber.

Der Matrose schüttelte kaum merklich den Kopf.

»Na, wie du willst . . . Wir müssen jetzt aufs Meer nach Kaulköpfchen, verstehst du? Wir lassen dich hier allein und sperren die Tür zu. Kannst uns ruhig vertrauen. Wir sind genau solche Leute wie du – vom Schwarzen Meer. Verstehst du? Bleib du man liegen und ruh dich aus. Und klopft einer, so bist du einfach still und weiter nichts. Gawrik und ich haben's bald geschafft und sind dann gleich wieder hier. Ich stell dir hier einen Becher mit Wasser hin. Trink nur, wenn du magst. Und mach dir keine Gedanken. Kannst uns schon vertrauen. Hast du verstanden?«

Der Alte sprach mit dem Matrosen wie mit einem unmündigen Kind; nach jedem zweiten Wort fragte er: »Verstehst du?«

Mit großer Anstrengung sah ihn der Matrose an und schloß ab und zu lächelnd die Augen, wie um zu sagen: Keine Sorge, ich versteh schon, danke!

So verschlossen sie die Tür und gingen ihrer Beschäftigung nach. Nach etwa vier Stunden kehrten die Fischer zurück und fanden zu Hause alles in bester Ordnung. Der Kranke schlief.

Diesmal hatten sie Glück gehabt und etwa dreihundertfünfzig große, schöne Kaulköpfe von den Angelschnüren genommen. Der Großvater schaute nun wohlwollend zu dem Heiligen hinauf, kaute an den runzligen Lippen und sagte: »Es geht. Heute geht's. Wenn auch bloß auf Garnelen. Aber trotzdem alles schöne, große Fische. Gott segne dich!«

Der wundertätige Heilige jedoch blickte den Großvater im Vollbewußtsein seiner Macht streng und sogar ein wenig hochmütig an, als wollte er sagen: Und da hast du noch an mir gezweifelt, hast mich einen alten Trottel geschimpft? Bist selbst ein alter Trottel!

Der Großvater wollte diesmal selbst mit den Kaulköpfen auf den Markt gehen. Das Verhältnis zu Madam Storoshenko mußte endlich geklärt werden. Was ist das auch für ein Zustand – man kann noch soviel Waren bringen, immer bleibt eine Schuld übrig, und richtiges Geld kriegt man gar nicht zu sehen! Da lohnt sich ja das ganze Fischen nicht mehr!

Heute bot sich die beste Gelegenheit dazu. Man brauchte sich nicht zu schämen: die Kaulköpfe waren einer so schön wie der andere.

Gawrik wäre heute natürlich auch gern auf den Markt gegangen, um auf dem Rückweg bei Petja vorbeizugucken und endlich mal an der Ecke Kwaß zu trinken. Aber es wäre gefährlich gewesen, den Matrosen allein zu lassen, da heute Sonntag war; sicherlich würde viel Volk aus der Stadt zum Strand kommen.

Großvater schwang sich den noch nassen Fischbehälter auf die Schulter und tappte davon. Gawrik aber schüttelte das abgestandene Wasser aus dem Becher, füllte ihn neu, deckte dem Matrosen die Beine zu, damit die Fliegen ihn nicht so stachen, hängte das Vorhängeschloß vor die Tür und ging ein wenig spazieren.

Am Strand, ganz in der Nähe, befanden sich verschiedene Vergnügungsstätten: ein kleines Gasthaus mit Garten und Kegelbahn, eine Schießbude, ein Karussell, Kioske mit Selterswasser und allerhand orientalischen Leckerbissen, einige Automaten, an denen man seine Muskelkraft messen konnte – kurzum, ein richtiger kleiner Jahrmarkt. Da hindurchzuschlendern und zu gucken machte dem Jungen Heidenspaß.

Die Messe war noch nicht zu Ende. Oben, über dem Uferhang, schwebte der Glockenklang der am Meer liegenden Kirchen.

Der unten gar nicht so spürbare Wind trug zuweilen eine schneeweiße Wolke über den Himmel, die genauso rund und strahlend war wie dieser Glockenklang.

Der Jahrmarkt war noch nicht richtig im Betrieb, aber einige festlich geputzte Städter schlenderten bereits um das Karussell herum in Erwartung des Augenblicks, da man endlich die Segeltuchplane abnehmen würde.

Von der Kegelbahn tönte das langsame harte, eiserne Gepolter der schweren Kugel herüber, die ihre schmale Bahn entlanglief. Die Kugel rollte entsetzlich lange, das Gepolter wurde immer leiser und leiser, bis dann plötzlich, nach einer kurzen Stille, hinter dem mit gelben Akazien überhangenen Zaun das leichte, wohltönende Geräusch der auseinanderfallenden Kegel zu hören war.

An der Schießbude knallte es von Zeit zu Zeit. Hin und wieder klirrte nach dem schwachen, abgerissenen Schuß eine getroffene Flasche. Oder es rasselte der Mechanismus der beweglichen Zielscheibe.

Die Schießbude besaß eine unwiderstehliche Anziehungskraft. Gawrik trat heran und blieb in der Tür stehen. Gierig sog er den mit nichts vergleichbaren Geruch des Schießpulvers ein, ja, er schmeckte sogar das eigenartig säuerliche und stickige Gemisch des Pulverqualms auf der Zunge.

O diese Gewehre, die so verlockend auf einem Extrabrettchen aufgebaut waren! Die kleinen, wie gegossenen Kolben, sauber gearbeitet aus eisenschwerem Holz, hatten an den Griffstellen gitterartig eingeritzte Rillen, damit die Hand beim Zupacken nicht abglitt. Ein langer polierter Lauf aus dunkelblauem Stahl mit einer Mündung, so klein wie eine Erbse. Ein stählernes blaues Korn. Und ein Schloß, das sich leicht und einfach öffnen ließ.

Sogar die allerreichsten Jungen träumten von solch einem Gewehr. Die Fabrikmarke »Monte Christo« wurde mit Herzklopfen ausgesprochen. Dieses Wort wurde zum Inbegriff von märchenhaftem Reichtum, von Glück, Ruhm und Männlichkeit. Der Besitz eines »Monte Christo« überwog sogar den Wert eines eigenen Fahrrads. Die Jungen, die ein »Monte Christo« besaßen, waren weit über die Grenzen ihres Stadtbezirks hinaus bekannt. Wenn man von ihnen sprach, so sagte man: Der Wolodka aus der Richeljowskajastraße, der mit dem »Monte Christo«!

Natürlich konnte Gawrik nicht von einem »Monte Christo« träumen. Er konnte nicht einmal daran denken, daraus zu schießen, denn jeder Schuß war unverschämt teuer – er kostete fünf Kopeken. Nur ein sehr wohlhabender Mann konnte sich leisten, ein Schütze zu sein. Gawrik konnte nur davon träumen, mit dem wunderbaren Gewehr zu zielen. Der Schießbudenbesitzer gestattete ihm zuweilen dieses Vergnügen.

Doch jetzt befand sich ein Besucher in der Schießbude, so daß im Augenblick gar nicht daran zu denken war. Gawrik konnte vielleicht, wenn der Schütze wegging, den Besitzer bitten, und dann . . .

Doch der Besucher beeilte sich nicht mit dem Weggehen. Er stand breitbeinig da und schoß weniger, als daß er sich mit dem Besitzer unterhielt.

Gawrik paßte einen Augenblick ab, da der Schießbudenbesitzer sich umwandte, und grüßte höflich: »Guten Tag, Onkel! Einen recht schönen Sonntag!«

Der Besitzer erwiderte den Gruß überaus würdig mit einem langsamen Kopfnicken, wie es sich für den Inhaber eines so außerordentlichen Vergnügungsetablissements geziemt. Das war ein gutes Zeichen. Er war also guter Laune, und es schien durchaus nicht undenkbar, daß er ihn das »Monte Christo« ein Weilchen in die Hand nehmen ließ.

Der Junge hielt es für geraten, näher zu treten, und blieb an der Schwelle der Schießbude stehen.

Mit gierigem Entzücken betrachtete er die über die Brüstung hängenden Pistolen, die verästelte Gewehrstütze, für das Schießen stehend aufgelegt, sowie die aufziehbaren beweglichen Zielscheiben, von denen eine dem Jungen ganz besonders gut gefiel. Es war ein japanischer Panzerkreuzer mit Kanonen und Flaggen inmitten der grellgrünen Wellen eines blechernen Meeres. Aus dem Meer ragte an einem Stäbchen eine weiße Scheibe hervor. Sobald man sie traf, spaltete sich der Panzerkreuzer krachend in der Mitte und versank. An seine Stelle sprang dann der blecherne Fächer der Explosion.

Unter dem trommelnden Hasen, der Tänzerin, dem Angler mit einem Stiefel am Angelhaken und den Flaschen, die eine nach der anderen auf einem Fließband vorüberzogen, nahm der japanische Panzerkreuzer dank der glänzenden Idee seiner Konstruktion und der künstlerischen Ausführung den ersten Platz ein.

Es war allgemein bekannt, daß die Japaner vor kurzem die ganze russische Flotte bei Tsushima versenkt hatten, und unter den Schützen befanden sich bestimmt genügend Patrioten, die es den Japsen heimzahlen wollten.

Außerdem war da noch ein richtiger kleiner Springbrunnen, der nur auf besondere Bestellung in Gang gebracht wurde. Der Besitzer legte auf den Wasserstrahl einen leichten Zelluloidball, der dann auf dem Wasser hüpfte und tanzte, einmal hochflog und sich wieder senkte – ein wahres Wunder, ein Rätsel der Natur. Ihn zu treffen war unerhört schwer. Die besonders in Rage geratenen Amateurschützen setzten zehn bis fünfzehn Schüsse dran und mußten doch meistens erfolglos wieder abziehen.

Wenn aber einer das Zelluloidbällchen traf, so hatte er einen Schuß frei . . .

»Es hat sich also gestern abend nichts Besonderes bei Ihnen ereignet?« setzte der Besucher das Gespräch fort, wobei er mit dem eleganten Gewehr spielte, das sich in seinen riesigen Pfoten ganz zierlich ausnahm.

»Nein, ich glaube nicht.«

»So, so.«

Der Schütze suchte mit den Augen, worauf er wohl schießen könnte, nahm den blauen Zwicker von der fleischigen Nase, auf der daraufhin zwei korallenrote Vertiefungen sichtbar wurden, und zielte auf den Hasen mit der Trommel. Doch dann besann er sich anders und ließ das Gewehr sinken.

»Und die hiesigen Fischer haben auch nichts Besonderes erzählt?«

»Nein.«

»Hm . . .«

Der Besucher hob das »Monte Christo« wieder hoch und ließ es abermals sinken.

»Und mir ist erzählt worden, daß gestern abend hier an diesem Ufer ein Mann von der ›Turgenjew‹ ins Wasser gefallen sei. Haben Sie nichts davon gehört?«

»Nein, gar nichts.«

Gawrik stockte einen Augenblick der Atem, als hätte man ihm einen Kübel eiskaltes Wasser über den Kopf gegossen. Sein Herz krampfte sich derart zusammen, daß er es nicht mehr schlagen hörte. Die Beine wurden ihm schwach, doch er wagte nicht, sich zu bewegen.

»Und ich habe gehört, daß vom Dampfer aus ein Mann ins Wasser gesprungen ist, der von der Polizei gesucht wird. Hier, unmittelbar an diesem Ufer. Wissen Sie nichts davon?«

»Sie sind der erste, der mir das erzählt.«

Offenbar hatte der Schießbudenbesitzer diesen schnurrbärtigen Schwätzer schon längst satt. Mit höflicher Gelassenheit drehte er das grüne Patronenkästchen zwischen den Fingern und war nahe daran, zu gähnen. Er war der ganz berechtigten Meinung, wenn einer zum Schießen hergekommen sei, so möge er auch schießen. Wolle sich aber einer unterhalten – nun, warum nicht? Zwischen zwei Schüssen könne man gewiß auch mal ein paar Worte wechseln, aber natürlich nur über ein unterhaltsames Thema, zum Beispiel über das Radrennen auf dem Zyklodrom oder über den Russisch-Japanischen Krieg. Auf seinem Gesicht, dem abgelebten, von geheimen Leidenschaften verzehrten Gesicht eines Pechvogels, spiegelte sich tödliche Langeweile.

Er tat Gawrik von ganzem Herzen leid. Genau wie alle anderen Kinder hatte der Junge aus einem unerfindlichen Grund diesen Mann mit dem schräggestutzten Backenbart, den dackelkrummen Beinen und der behaarten Brust, deren üppige Tätowierung durch das Netzhemd schimmerte, sehr gern.

Gawrik wußte, daß er trotz durchaus anständiger Einnahmen nie einen Pfennig besaß. Immer hatte er irgendwo Schulden, immer schwebte er in äußersten Sorgen. Es ging von ihm das Gerücht, daß er irgendwann einmal ein berühmter Zirkusreiter gewesen sei, eines Tages aber den Zirkusbesitzer für irgendeine Gemeinheit mit der Peitsche ins Gesicht geschlagen habe. Man hatte ihn davongejagt. Seiner Verdienstquelle beraubt und mit Personalpapieren behaftet, in denen die Schandtat vermerkt war, hatte er bei Rennen zu wetten begonnen. Und das Wetten wurde sein Ruin. Jetzt beteiligte er sich an jedem Glücksspiel, ja er verschmähte es nicht einmal, sich mit einer Kopeke Einsatz an Jungenspielen zu beteiligen. Und diese furchtbare Spielleidenschaft zehrte und fraß an seiner Seele.

Man wußte, daß er manchmal sogar seine Kleidungsstücke ver-
spielte. Die Stiefeletten zum Beispiel, die er trug, gehörten ihm
nicht mehr. Er hatte sie schon zu Anfang des Sommers bei »Sieb-
zehn und vier« verspielt, und wenn er sein Etablissement über
Nacht schloß, zog er sie aus und ging barfuß nach Hause, den Ka-
sten mit den Gewehren und den Pistolen sorgsam unter den Arm
geklemmt. Diesen Kasten gab er dann – aus Angst, den Inhalt zu
verspielen – nachtsüber einem befreundeten Hauswart aus der Ma-
laja-Arnautskaja-Straße zur Aufbewahrung.

Einmal hatte Gawrik selbst mit angesehen, wie der Schießbu-
denbesitzer mit einem am Strand spazierengehenden Herrn um
fünfzig Kopeken gewettet hatte, daß er mit einem »Monte Chri-
sto« einen Spatz im Fluge treffen würde. Selbstverständlich hatte
er vorbeigeschossen.

Gawrik kamen die Tränen, als er sah, mit welch geheuchelter
verächtlicher Verwunderung der Schießbudenbesitzer lange Zeit
das Gewehr betrachtete, mit den Schultern zuckte und in den Ta-
schen seiner geflickten Jacke zu wühlen begann. Schließlich zog der
Unglückliche das Fünfzigkopekenstück hervor und reichte es, blaß
und verstört, dem Herrn. Dieser wies lachend mit der Behauptung
zurück, es sei doch nur ein Spaß gewesen. Doch der Schießbuden-
besitzer blickte ihn plötzlich mit so entgeisterten, kläglichen und
zugleich zornsprühenden Augen an, daß der Herr eilig das Geld-
stück ergriff und es verlegen in die Tasche seines rohseidenen An-
zugs steckte.

An diesem Tage hatte der Schießbudenbesitzer sein Etablisse-
ment über Mittag nicht geschlossen ...

»Mein Herr, ich würde Ihnen empfehlen, die Tänzerin aufs
Korn zu nehmen. Sie werden staunen, wie pikant sie die Beinchen
wirft«, sagte er mit polnischem Akzent, um das langweilige Ge-
spräch zu beenden und das Interesse des Besuchers auf das Schie-
ßen zu lenken.

»Es ist aber doch sonderbar, daß keiner etwas weiß«, entgegnete
der Besucher und erblickte plötzlich Gawrik.

Flüchtig betrachtete er ihn von oben bis unten.

»Bist du von hier, Junge?«

»Ja-a«, erwiderte Gawrik mit unerwartet hoher Stimme.

»Fischersohn?«

»Ja-a.«

»Warum bist du denn so schüchtern? Komm doch näher, hab'
keine Angst!«

Gawrik blickte auf den harten, steifgezwirbelten pechschwarzen
Schnurrbart sowie auf das längliche Pflaster, das quer über der
Wange klebte, und ging, mechanisch einen Fuß vor den andern
setzend, auf den Herrn zu.

Fragen und Antworten

»Hast du Vater und Mutter?«
»Nee.«
»Bei wem lebst du denn?«
»Bei Großvater.«
»Und was ist der Großvater?«
»n' alter Mann.«
»Das ist klar, daß er kein junger Mann ist. Aber was macht er
denn?«
»Fische fangen.«
»Dann ist er also ein Fischer?«
»Na ja.«
»Und was bist du?«
»'n Junge.«
»Klar, daß du ein Junge bist und kein Mädchen! Ich frage dich,
was du machst?«
»Ach nichts . . . Dem Großvater helfen.«
»Ihr fischt also zusammen?«
»Mhm.«
»So, so. Das ist klar. Wie fischt ihr denn so?«
»Ganz einfach. Legen zur Nacht die Angelschnüre aus und ho-
len morgens die Kaulköpfe rein.«
»Also müßt ihr mit dem Boot aufs Meer?«
»Mhm.«
»Jeden Tag?«
»Wie meinen Sie, Onkel? Ich versteh nicht.«
»Bist du aber dumm! Ich frage dich: Fahrt ihr jeden Tag mit
dem Boot aufs Meer hinaus?«
»Na, wie denn sonst!«
»Morgens und abends?«
»Nee.«

»Was denn, nee?«

»Nur morgens.«

»Und abends?«

»Abends auch.«

»Warum sagst du dann nur morgens, wenn ihr abends auch fahrt?«

»Abends legen wir doch nur die Angelschnüre aus. Und die Kaulköpfe, die holen wir morgens rein.«

»Schön. Also fahrt ihr abends auch raus?«

»Nee. Abends legen wir nur aus.«

»Herrgott im Himmel! Aber um die Angelschnüre auszulegen, müßt ihr doch erst aufs Meer hinaus?«

»Wie denn sonst!«

»Also zieht ihr abends auch hinaus?«

»Nee. Rausziehen tun wir nur morgens.«

»Und abends legt ihr die Angelschnüre aus?«

»Was denn sonst!«

»Also fahrt ihr auch abends?«

»Hm.«

»Na, siehst du, wie blöd du bist. Um mit dir zu reden, muß man ja erst einen Schlag Erbsen gegessen haben! Warum bist du denn so dumm?«

»Ich bin noch klein.«

Der schnurrbärtige Herr betrachtete Gawrik mit unverhohlenem Spott von oben bis unten, dann versetzte er ihm eine Kopfnuß.

»Du bist mir schon ein Fischer.«

Der Junge aber war keineswegs so dumm. Er witterte in dem »Schnauzbart« sofort einen listigen und gefährlichen Feind: Der schlendert so am Ufer entlang und fragt die Leute über den Matrosen aus. Der tut bloß so, als sei er zum Schießen hergekommen. In Wirklichkeit aber ... Weiß der Kuckuck, was der im Sinn hat! Ist sicher einer von den Spitzeln. Womöglich kriegt der's noch irgendwie spitz, daß sich der Flüchtling ausgerechnet in unsrer Hütte versteckt hält! Ja, vielleicht hat er's sogar schon ausspioniert! Das möge Gott verhüten! Gawrik beschloß also, einen Dämlack zu markieren – von einem Dämlack konnte man nicht viel erfahren.

Er schnitt sofort ein blödes Gesicht, wie es seiner Meinung nach ein Dämlack haben mußte, riß die Augen weit auf und trat mit übertriebener Verlegenheit von einem Fuß auf den anderen, wobei er mit einem Finger im Mundwinkel herumbohrte.

Der »Schnauzbart« glaubte, es mit einem Simpel zu tun zu haben, und beschloß, sich erst seine Freundschaft zu erwerben und ihn dann nach allem auszufragen.

Er war nicht ohne Grund der Meinung, daß Kinder ein sehr neugieriges und gut beobachtendes Völkchen sind, das besser als die Erwachsenen weiß, was um sie herum vorgeht.

Und so fragte er: »Wie heißt du denn, Junge?«

»Gawrik.«

»So, so. Gawrjucha also?«

»Ja, Gawrjucha.«

»So, also Gawrjucha. Willst du mal schießen?«

Die Ohren des Jungen wurden glühend rot. Er bezwang sich jedoch sofort und piepste, immer noch den Dämlack spielend, mit einem ganz, ganz dünnen Stimmchen: »Ja, Onkel, ich hab' aber keinen Sechser.«

»Das ist mir klar, daß du keine Kapitalien besitzt. Das macht nichts. Einmal kannst du schießen, ich bezahl es schon.«

»Onkel, hauen Sie mich auch nicht übers Ohr?«

»Traust du mir nicht? Na schön . . . hier!«

Mit diesen Worten warf der »Schnauzbart« einen funkelnagelneuen Sechser auf den Tisch. »Los!«

Atemlos vor Glück blickte Gawrik unsicher zu dem Schießbudenbesitzer hinüber. Doch dessen Gesicht zeigte jetzt einen streng offiziellen Ausdruck, der sogar jede Möglichkeit eines freundschaftlichen Zuzwinkerns ausschloß.

Er sah den Jungen wie einen Unbekannten an, beugte sich höflich vor und fragte: »Womit, junger Mann, würden Sie vorziehen zu schießen: mit einer Pistole oder mit einem Gewehr?«

Jetzt fühlte sich Gawrik tatsächlich als Dämlack – so verwirrt war er von dem ihm so plötzlich zufallenden Glück.

Er lächelte einfältig und lispelte fast stotternd: »Aus einem ›Monte Christo‹.«

Der Besitzer lud mit eleganter Bewegung ein Gewehr und reichte es dem Jungen.

Laut schnaufend lehnte sich Gawrik mit dem Oberkörper dicht an die Brüstung und zielte auf eine Flasche. Natürlich hätte er noch lieber den japanischen Panzerkreuzer aufs Korn genommen, doch fürchtete er vorbeizuschießen; die Flasche war viel größer.

Der Junge versuchte den Genuß des Zielens möglichst in die Länge zu ziehen.

Nachdem er das Gewehr eine Weile auf die Flasche gerichtet hatte, begann er auf den Hasen zu zielen; dann ging er wieder zu der Flasche über. Er ließ das Korn von einer Zielscheibe zur anderen wandern, schluckte erregt und dachte voller Entsetzen daran, daß er nun gleich abdrücken – und daß die ganze Seligkeit dann ein Ende nehmen würde.

Er atmete tief auf, legte das Gewehr aus der Hand, sandte rasch einen schuldbewußten Blick zu dem Schießbudenbesitzer hinüber und sagte zu dem »Schnauzbart«: »Wissen Sie was, Onkel: Ich will lieber nicht schießen, ich hab' ja sowieso schon gezielt. Laden Sie mich lieber drüben am Kiosk zu Selterswasser mit Sirup ein. Ist sogar billiger für Sie.«

Der »Schnauzbart« hatte nichts dagegen, und so gingen sie zum Kiosk hinüber, wobei Gawrik sich bemühte, an dem Schießbudenbesitzer vorbeizublicken, um dessen verächtliches und zugleich spöttisch-gleichgültiges Gesicht nicht zu sehen.

Am Kiosk offenbarte der seltsame Herr eine solche Großzügigkeit, daß es Gawrik die Sprache verschlug. Statt einer Selters mit Sirup, die zwei Kopeken kostete, verlangte der »Schnauzbart« nicht mehr und nicht weniger als eine große Flasche »Veilchenwasser« für acht Kopeken.

Der Junge traute seinen Augen kaum, als der Verkäufer die weiße Flasche mit dem violetten Etikett hervorholte und den dünnen Draht aufzwirbelte, mit dem der Kork die Flasche verschlossen hielt.

Die Flasche knallte, aber nicht so ordinär wie Kwaß, sondern ganz fein, nachdrücklich und diskret. Und sofort begann das durchsichtige Wasser zu brodeln. Dem Flaschenhals entstieg ein leichter Dunst, der wirklich an den zarten Duft richtiger Veilchen erinnerte. Wie eine Kostbarkeit erfaßte Gawrik mit beiden Händen das kühle, schäumende Glas, kniff die Augen vor Entzücken zusammen und begann zu trinken, wobei ihm die Kohlensäure in die Nase stieg. Der Junge schluckte das Zaubergetränk der Reichen, und es schien ihm, als blicke die ganze Welt diesem seinem Triumph zu: die Sonne, die Wolken, das Meer, die Menschen, die Hunde, die Fahrräder, die Holzpferdchen des Karussells und die Kassiererin der städtischen Badeanstalt. Alle, alle riefen: Schaut nur, schaut, dieser Junge trinkt das schöne Veilchenwasser!

Sogar die kleine türkisblaue Eidechse, die aus dem Steppengras geschlüpft war, um sich ihren perlenbesetzten Rücken von der

Sonne wärmen zu lassen, schien den Jungen aus halb zusammen-gekniffenen Augen anzusehen, als wolle auch sie sagen: Seht nur diesen glücklichen Jungen, er trinkt das schöne Veilchenwasser!

Gawrik trank genießerisch und überlegte sich zugleich, wie er sich herausschwindeln könnte, wenn der »Schnauzbart« wieder mit seiner Fragerei anfinge. In dieser Beziehung hatte sich der Junge einen ganzen Plan zurechtgelegt.

»Na, Gawrik, hat dir das Veilchenwasser geschmeckt?«

»Schönen Dank, Onkel, mein Lebtag hab' ich so was nicht ge-trunken.«

»Das kann ich mir denken. Sag mir jetzt: Seid ihr gestern abend aufs Meer gefahren?«

»Ja.«

»Habt ihr den Dampfer ›Turgenjew‹ gesehen?«

»Und ob! Der hat uns bald die ganzen Angelschnüre mit seinen Rädern kaputtgerissen.«

»Ist da nicht einer vom Dampfer gesprungen?«

Der »Schnauzbart« wandte den Blick seiner schwarzen, stechen-den Augen nicht von dem Jungen ab. Gawrik grinste mit großer Mühe und sprudelte übertrieben lebhaft los: »Wahrhaftigen Got-tes, es ist einer heruntergesprungen! Daß ich verrecke! Und wie-ie der gesprungen ist! Nach allen Seiten hat's gespritzt! Und dann ist der vielleicht losgeschwommen!«

»Halt! Lügst du auch nicht? Wohin ist er denn geschwommen?«

»Wahrhaftigen Gotts, ich lüge nicht, es ist wirklich wahr, beim heiligen Kreuz!« Obwohl Gawrik wußte, daß dies eine Sünde war, bekreuzigte er sich rasch viermal hintereinander. »Und wie der ge-schwommen ist, wie der geschwommen ist . . .!« Und mit den Ar-men fuchtelnd, zeigte der Junge, wie der Matrose geschwommen war.

»Wohin denn?«

»Dahin!« Der Junge machte eine Handbewegung aufs Meer hinaus.

»Wo ist er denn nachher geblieben?«

»Nachher hat ihn ein Boot aufgenommen.«

»Ein Boot? Welches denn?«

»Ja, wissen Sie, so ein ganz großes mit Segeln.«

»Eins von hier?«

»Nee.«

»Von wo denn?«

»Von der ›Großen Fontäne‹ ... Vielleicht auch aus Lustdorf. So ein riesiges ganz, ganz blaues und zur Hälfte rotes Boot. Wie es ihn aufgenommen hat, ist es sofort in der Richtung losgefahren, ganz genau nach Lustdorf. Beim heiligen Kreuz ...«

»Hast du dir den Namen des Bootes gemerkt?«

»Klar, hab ich: ›Sonja‹.«

»›Sonja‹? Sehr gut. Lügst du auch nicht?«

»Beim heiligen Kreuz, daß ich im Leben nie mehr Freude hab’ ... Entweder ›Sonja‹ ... oder ›Vera‹.«

»›Sonja‹ oder ›Vera‹?«

»›Sonja‹ oder ›Vera‹ ... oder ›Nadja‹.«

»Wehe, wenn du lügst!«

Statt nun zu bezahlen, flüsterte der »Schnauzbart« dem Kioskbesitzer etwas ins Ohr, was dessen Gesicht mit einem Schlag säuerlich machte. Dann nickte er dem Jungen zu und lief den Hang hinauf, der Stadt zu – zur Vorortbahn, wie der Junge kombinierte.

Das war es, worauf Gawrik nur gewartet hatte.

Anderthalb Pfund Roggenbrot

Der Matrose mußte rasch gewarnt werden.

Doch Gawrik war ein gewitzter und vorsichtiger Bursche. Bevor er sich auf den Heimweg machte, ging er erst einmal hinter dem »Schnauzbart« her und beobachtete ihn von weitem, bis er sich mit eigenen Augen davon überzeugt hatte, daß der Spitzel wirklich hinaufgegangen und in einer Quergasse verschwunden war. Erst dann lief der Junge zur Hütte zurück. Der Matrose schlief. Doch kaum knackte das Schloß, da sprang er auf und setzte sich auf die Pritsche, das Gesicht mit glänzenden, erschrockenen Augen der Tür zugewandt.

»Keine Angst, Onkel, ich bin es. Legen Sie sich nur hin!«

Während sich der Kranke beruhigt wieder ausstreckte, kramte der Junge lange in der Ecke herum und tat, als kontrollierte er die Haken der Angelschnur, die in einem runden Weidenkorb lag. Er wußte nicht, wie er die Sache anpacken sollte, ohne den Kranken allzusehr aufzuregen.

Schließlich trat er an die Pritsche und fragte, nachdem er noch ein Weilchen herumgedruckst hatte: »Ist Ihnen jetzt besser, Onkel?«

»Ja.«

»Verstehen Sie alles?«

»Ja.«

»Soll ich Ihnen etwas zu essen geben?«

Der Kranke, von dem kurzen Gespräch schon erschöpft, schüttelte verneinend den Kopf und schloß die Augen.

Der Junge gönnte ihm eine kleine Pause.

»Onkel«, sagte er dann nach einer Weile leise und mit einer gewissen Zärtlichkeit. »Onkel, sind Sie der Mann, der gestern von der ›Turgenjew‹ gesprungen ist?«

Der Kranke öffnete die Augen und blickte den Jungen angestrengt und aufmerksam an, sagte aber nichts.

»Onkel, hören Sie mal zu, was ich Ihnen sage«, begann Gawrik wieder und setzte sich zu ihm auf die Pritsche. »Aber zappeln Sie nicht, liegen Sie still!«

Und der Junge erzählte ihm so behutsam wie nur möglich von seiner Bekanntschaft mit dem »Schnauzbart«.

Der Kranke sprang wieder hoch, setzte sich auf die Pritsche und klammerte sich mit beiden Händen an die Bretter. Seine unbewegten, weit aufgerissenen Augen starrten den Jungen ununterbrochen an. Seine Stirn bedeckte sich mit Schweiß. Doch schwieg er die ganze Zeit über. Nur ein einziges Mal unterbrach er sein Schweigen; das war, als Gawrik ihm erzählte, der »Schnauzbart« habe ein Pflaster auf der Wange gehabt. Da blitzte es in den Augen des Kranken fröhlich-verschlagen auf, und heiser stieß er zwischen den Zähnen hervor: »Den hat wohl 'ne Katze gekratzt?«

Dann wurde er plötzlich unruhig; er erhob sich und stand nun auf seinen zitternden Beinen an der Wand.

»Los!« murmelte er, verstört nach allen Seiten blickend. »Los, irgendwohin ... Um Gottes willen!«

»Onkel, legen Sie sich wieder ins Bett, Sie sind doch krank!«

»Los ... los ...! Gib mir meine Sachen ... Wo sind die Sachen?«

Er hatte offenbar vergessen, daß er die Oberkleider im Meer gelassen hatte, und tastete jetzt hilflos mit der abgemagerten Hand auf der Pritsche umher. Er war unrasiert und glich in seinem weißen Hemd und den Unterhosen einem Verrückten. Sein Anblick war so jammervoll und zugleich so drohend, daß Gawrik vor Angst am liebsten wer weiß wohin gelaufen wäre.

Aber er bemühte sich, seine Angst zu bezwingen, umfaßte mit

aller Kraft den Körper des Kranken und versuchte ihn wieder auf die Pritsche zu betten. Der Junge weinte fast.

»Onkel, haben Sie doch Mitleid mit sich selbst; legen Sie sich hin!«

»Laß mich! Ich muß weg.«

»Wo wollen Sie denn in Unterhosen hin?«

»Gib die Sachen her . . .«

»Aber Onkel, was reden Sie denn? Welche Sachen? Legen Sie sich wieder hin. Sie hatten doch nichts an.«

»Laß mich! Ich muß gehen.«

»Was ist das mit Ihnen für ein Kreuz! Wenn Sie's nur wüßten, Onkel! Wie ein ganz kleiner Junge! Legen Sie sich hin, sag ich Ihnen!« rief der Junge plötzlich erbost und verlor die Geduld. »Was muß ich mich mit Ihnen herumärgern wie mit einem kleinen Kind!«

Der Kranke legte sich betroffen nieder, und Gawrik sah, wie sich seine Augen wieder mit einem Fieberschleier überzogen. Plötzlich verzog der Matrose das Gesicht und brummte leise vor sich hin: »Um des Herrn Christi willen . . . Man muß mich verstecken . . . Laßt mich ins Komitee . . . Wissen Sie nicht, wo das Odessaer Komitee ist . . .? So schießt doch nicht! Zum Teufel, ihr schießt ja die ganzen Weintrauben kaputt!« Und wieder fing er an zu phantasieren.

Die Sache steht schlecht! dachte Gawrik.

In diesem Augenblick wurden draußen Schritte laut. Irgend jemand kam über des Steppengras geradewegs auf das Hüttchen zu.

Der Junge kroch ganz in sich zusammen und wagte nicht zu atmen. Eine Unmenge der schrecklichsten Gedanken rasten durch sein Gehirn.

Doch plötzlich hörte er ein vertrautes Husten. Es war der Großvater. Und an der Art, wie der Alte den leeren Fischbehälter an der Tür abwarf, wie er sich schneuzte, wie er sich lange und giftig vor dem Wundertäter bekreuzigte, erkannte Gawrik sofort, daß der Großvater getrunken hatte.

Das passierte dem Alten außerordentlich selten und bestimmt nur nach einem gänzlich aus der Reihe tanzenden Ereignis, sei es nun erfreulich oder betrüblich. Aber danach, wie Großvater den heiligen Nikolai behandelte, konnte es sich diesmal wohl nur um ein betrübliches Ereignis handeln.

»Na, Großvater, haben Sie Köderfleisch gekauft?«

»Köderfleisch?«

Der Alte sah Gawrik mit leicht verschleiertem Blick an und streckte ihm plötzlich die Zunge heraus.

»Da hast du das Fleisch! Köder mal damit! Und sag unserem wundertätigen Trottel hier danke schön! Bet mal ordentlich zu ihm, dem alten Dussel! Platzen soll er! Schöne große Kaulköpfe angeln, das kann er. Geht's aber um gute Preise auf dem Markt, dann geht er Wasser saufen. Was sagen Sie, meine Herrschaften? Für solche Kaulköpfe – dreißig Kopeken fürs Hundert! Ist das schon jemals dagewesen?«

»Dreißig Kopeken?« entfuhr es dem Jungen.

»Dreißig Kopeken, so wahr ich hier stehe! Ich sag zu ihr: ›Für solche Ware dreißig Kopeken? Um Gottes willen, Sie sollten sich schämen, Madam Storoshenko!‹ Und sie sagt zu mir: ›Gott hat bei uns mit den Marktpreisen nichts zu tun. Wir haben unsere Preise, Gott mag seine haben. Und wenn Sie nicht einverstanden sind, gehen Sie doch zu den Juden, vielleicht geben sie Ihnen eine Kopeke mehr. Erst aber geben Sie mal die achtzig Kopeken zurück, die Sie mir schuldig sind.‹ Habt ihr so was schon gesehen? Na, sollte man ihr da nicht in die dreckigen Augen spucken? Und stellen Sie sich vor, meine Herrschaften, ich habe gespuckt! Jawohl, es war mir ganz egal, vor dem ganzen Markt hab ich ihr in die Augen gespuckt! Wahrhaftigen Gotts! Hab' ihr die ganzen Augen vollgespuckt!«

Dabei begann sich der Großvater eilig zu bekreuzigen.

Er schwindelte. Natürlich hat er niemand in die Augen gespuckt. Es hat ihn nur geschüttelt vor Zorn; ganz blaß ist er geworden, ganz kribbelig! Wütend hat er die Fische aus dem Behälter in den Korb der Madam Storoshenko hinübergeschmissen und dabei gemurmelt: »Da, nimm sie und erstick daran! Daß dir diese Kaulköpfe aus dem Hals herauskommen!« Madame Storoshenko aber zählte die Fische unerschüttert nach und reichte dem Großvater zwanzig Kopeken in klebrigen Münzen, wobei sie kurz bemerkte: »Wir sind quitt.«

Der Großvater nahm das Geld und ging sofort, fast überschnappend in ohnmächtiger Wut, zum Monopolladen hinüber, wo er sich für sechs Kopeken ein blaues Fläschchen mit rotem Verschluß kaufte. Mit einer extra für diesen Zweck an eine Akazie genagelten Reibe stieß er den Siegellack vom Flaschenkopf und riß mit zitternder Hand den in dünnes Papier gewickelten Korken heraus.

In einem Zuge goß er sich den Schnaps durch die Kehle und knallte das dünne Glas »als Nachtisch« auf das Straßenpflaster, obwohl er dafür noch eine Kopeke Pfand hätte zurückbekommen können.

Dann begab er sich nach Hause, nachdem er für den Enkel noch schnell einen auf dünnem Holzstäbchen hockenden roten Bonbonhahn gekauft hatte. In seiner Vorstellung war Gawrik immer noch ein kleiner Bub. Für den kranken Matrosen aber kaufte er zwei sehr weiße und sehr säuerliche Klosterbrezeln. Das restliche Geld gab er für anderthalb Pfund Roggenbrot aus.

Unterwegs wurde er immer wieder von einer solchen Wut geschüttelt, daß er etwa zehnmal stehenblieb und wild in die Gegend spie, in der unerschütterlichen Überzeugung, daß er in die dreckigen Augen der Madam Storoshenko spucke.

»Wahrhaftigen Gotts!« wiederholte er jetzt, wobei Gawrik der süßliche Schnapsgeruch ins Gesicht wehte. »Kannst auf dem Markt fragen, wen immer du willst – alle haben es gesehen, wie ich ihr in die dreckigen Augen gespuckt hab'! So, mein Kindchen, nun iß den Hahn, der ist so gut wie ein Lebkuchen.« Und er drückte seinem Enkel den Zuckerhahn in die Hand.

Dann fiel ihm der Kranke ein, und er hielt ihm die Brezeln hin.

»Lassen Sie ihn nur, Großvater. Der ist eben erst eingeschlafen!«

Der Alte legte die Brezeln vorsichtig auf das Kissen neben den Kopf des Matrosen und flüsterte: »Tsss ... Tss ... Schön, soll er schlafen. Ißt er sie eben, wenn er aufwacht. Roggenbrot bekommt ihm jetzt nicht; die Brezeln aber, die darf er essen, das macht nichts.«

Ein Weilchen ergötzte er sich am Anblick des Gebäcks, dann warf er wieder einen Blick auf den Kranken, schüttelte den Kopf und sagte zärtlich: »Da schläft er nun und weiß von nichts. Ach, Matrose, es ist nicht gut um dich bestellt!«

Darauf breitete er in einer Ecke seine Jacke aus und legte sich zum Ausruhen nieder.

Gawrik verließ die Hütte, blickte sich nach allen Seiten um und zog sorgsam die Tür hinter sich zu. Er war entschlossen, nach den »Nahen Mühlen« zu gehen, um dort seinen älteren Brüder Terenti aufzusuchen.

Das hatte er sich nämlich schon fest vorgenommen, als der Kranke in seinem Fieberwahn das Wort »Komitee« ausgesprochen hatte. Gawrik wußte zwar nicht, was es bedeutete, aber er hatte dieses Wort schon einmal bei Terenti gehört.

Der Morgen

Petja wachte auf und war ganz überrascht, sich in einem städtischen Zimmer zwischen den Möbeln und Tapeten zu finden, die er im Laufe des Sommers ganz vergessen hatte. Warme Sonnenstrahlen drangen durch einen Spalt im Fensterladen und teilten das Zimmer in zwei Hälften. Die staubige Luft wurde gleichsam von oben bis unten durchgesägt. Die grell beleuchteten Staubkörnchen in der Luft – all diese Splitterchen, Fädchen und Härchen, die sich in ununterbrochener Bewegung befanden – bildeten eine halbdurchsichtige Wand.

Die dicke Herbstfliege, die durch den Sonnenstreifen flog, leuchtete plötzlich auf und war sofort wieder erloschen.

Man hörte weder Entengeschnatter noch das hysterische Gackern eines Huhns, das hinter dem Haus ein Ei gelegt hatte, weder das alberne Gekoller der Truthähne noch das muntere Schilpen eines Spatzen, der sich auf einem dünnen Maulbeerbaumzweig fast ins Fenster hereinwippte.

Ganz andere, städtische Laute herrschten draußen und in der Wohnung.

Da war das gedämpfte Scharren der Wiener Stühle im Eßzimmer sowie das anmutige Klingen der silbernen Schale am Samowar, in der jemand ein sanft klirrendes Teeglas spülte. Er hörte die Stimme des Vaters, die in der Vorstellung des Jungen immer so »bärtig« klang und jetzt männlicher und städtisch-fremd wirkte. Die elektrische Klingel auf dem Flur schellte. Türen schlugen zu, die Eingangstür und die Küchentür, und Petja konnte auf einmal wieder am Ton erkennen, welche von den Türen man eben zugeschlagen hatte.

Von draußen, durch irgendein Zimmer mit offenen Fenstern zum Hof hin – ach ja, es war das Zimmer der Tante –, drang unentwegt der Singsang der Straßenverkäufer. Sie lösten einander ab, diese gastspielgebenden Hofsänger, und jeder von ihnen brachte eine kurze Arie vor.

»Ko-o-ohlen! Ko-o-hlen!« erklang von weit her ein russischer Tenor, als beweine er seine entschwundene Verwegenheit, sein entglittenes Glück.

»Ko-o-ohlen!«

Ihn löste die tiefe, komische Baßstimme eines Scherenschleifers ab: »Sche-e-erenschleifen! Sche-e-erenschleifen! Messerschleifen, Rasi-iermesser! E-e-e-ren ... Ei-ei-eifen! Ess-ss-sser, Rasier-ier-mess-ss-ser ...!«

Nach dem Scherenschleifer erschien der Kesselflicker und füllte den Hof mit den männlich schmetternden Tönen eines samtweichen Baritons.

»Kess-sselflicken, Ei-merflicken, Töpfe! Kess-sselflicken, Ei-merflicken, Töpfe!«

Eine heisere Händlerin stürzte herbei, und die heiße Luft dieses Stadtmorgens erdröhnte unter ihren gutturalen Anspreisungen: »Bir-r-rnen, Bir-r-rnen! Äpfel, Tomaten! Bir-r-rnen, Bir-r-nen! Fr-r-ische Äpfel, Tomaten!«

Ein Trödler brachte Couplets:

»Kaufe Lumpen, kaufe Lumpen! Alte Kleider, altes Zeug! Kauflumpen ... kauflumpen ...!«

Und schließlich trat, dieses ganze Konzert mit einem entzückenden neapolitanischen Liedchen krönend, eine Drehorgel auf. Dazu ertönte die kreischende Stimme einer Hofsängerin:

> »Ein Lüftchen rührt die Blätter kaum,
> die Nachtigall singt wie im Traum.
> Gestern hatt'st du kaum ein Kleid,
> heut stolzierst in Samt und Seid.'
> Sing, Vöglein, süß!
> Trö-ö-öst mein Gemü-ü-üt ...«

»Kohlen, Ko-o-ohlen!« setzte gleich wieder der russische Tenor ein, nachdem sich die Drehorgel entfernt hatte.

Und das Konzert begann von neuem.

Zugleich hörte man von der Straße her das Rattern der Wagen, das Geräusch des Vorortzuges und Militärmusik.

Und plötzlich erhob sich inmitten dieses Lärms ein schrecklich bekanntes Zischen, etwas knackte, surrte, und nun schlugen, wie abzählend, glasklare, federnde Töne an Petjas Ohr. Was ist denn das? Aber erlauben Sie, das ist doch die Uhr! Jene berühmte Standuhr im Speisezimmer, die Papa, der Familienchronik zufolge, in einer Lotterie gewonnen hat, als er noch der Bräutigam der Mama war.

Wie konnte Petja sie vergessen! Nun ja, natürlich, das war sie!

Sie zählte die Zeit. Sie »schlug«! Doch der Junge kam mit dem Zählen nicht nach. Jedenfalls waren es reichlich viel Schläge – zehn, wenn nicht gar elf.

Lieber Gott! Auf dem Gut war Petja immer um sieben aufgestanden ...

Er sprang auf, zog sich rasch an, wusch sich im Baderaum und ging ins Eßzimmer, wo ihn das grell auf den Parkettfußboden fallende Sonnenlicht schier blendete.

»Ach, ist das aber eine Schande!« rief ihm die Tante kopfschüttelnd entgegen und lächelte fröhlich beim Anblick des hochgeschossenen, braungebrannten Neffen. »Elf Uhr! Wir haben dich absichtlich nicht geweckt. Wollten mal sehen, wie lange du es im Bett aushältst, du Faulpelz vom Lande! Na, das macht nichts! Nach der Reise darf man's schon mal. Setz dich fix hin! Willst du mit Milch oder ohne? Aus dem Teeglas oder aus deiner Tasse?«

Ach, richtig! Wie konnte er das vergessen? Er hatte ja seine eigene Tasse, eine Porzellantasse mit Vergißmeinnicht und der goldenen Aufschrift »Zum Namenstag«, ein Geschenk von Dunja.

Ach, großer Gott, das ist ja unser Samowar! Also auch den hatte er vergessen. Und an seinen Griffen hängen noch immer die Brezeln zum Aufwärmen. Und die Zuckerdose aus Weißmetall, in Form einer Birne, und die Zuckerzange mit dem Storchengriff.

Ja, und der Knopf der Klingelschnur unter der Hängelampe ... Und die Lampe selbst, diese verzierte Kugel unter einem weißen Schirm! Oho, was hat denn Vater da in den Händen? Ah, eine Zeitung! Das hatte er, ehrlich gesagt, überhaupt vergessen, daß noch so etwas wie Zeitungen existierte! Das »Odessaer Blatt« mit einer kleinen rauchenden Lokomotive über dem Eisenbahnfahrplan und einem kleinen rauchenden Dampfer über dem Schiffsfahrplan! Und die Dame mit dem Korsett im Anzeigenteil! Ach ja ... die Zeitschriften »Niwa« und »Innige Worte«! Oh, und wie viele Kreuzbandstreifen hatten sich während des Sommers angesammelt! Kurzum, Petja war plötzlich von einer solchen Menge uralter Neuigkeiten umgeben, daß er nicht wußte, wohin er zuerst blicken sollte.

Pawlik indessen war am frühen Morgen aus dem Bett gehüpft und schon wieder vollkommen mit der alten neuen Umgebung vertraut. Er hatte längst seine Milch getrunken und war jetzt damit beschäftigt, Kudlatka vor eine aus Stühlen bestehende Postkutsche zu spannen. Von Zeit zu Zeit rannte er besorgt durch alle

Zimmer, tutete in sein Horn und rief die in seiner Einbildung vorhandenen Fahrgäste zusammen.

Hierbei entsann sich Petja der gestrigen Vorkommnisse und sprang vom Stuhl hoch.

»Och, Tantchen! Ich bin gestern ja gar nicht dazu gekommen, Ihnen alles zu berichten! Ach, was uns passiert ist! Sie können sich das gar nicht vorstellen! Ich will es Ihnen gleich erzählen, aber Pawlik, bitte, unterbrich mich nicht . . .«

»Ich weiß schon, ich weiß schon.«

Petja wurde ein wenig blaß. »Auch von der Postkutsche?«

»Auch das, auch das.«

»Auch vom Dampfer?«

»Ja, auch vom Dampfer.«

»Und wie er direkt ins Meer gesprungen ist?«

»Ich weiß alles.«

»Wer hat Ihnen denn das erzählt?«

»Wassili Petrowitsch.«

»Aber Papa!« schrie Petja verzweifelt und stampfte mit dem Fuß auf. »Wer hat dich denn gebeten, das zu erzählen – wo ich doch viel besser erzählen kann als du! Siehst du, jetzt hast du mir alles verdorben!«

Petja war nahe daran, zu weinen. Er vergaß sogar, daß er schon erwachsen war und morgen aufs Gymnasium kommen sollte, und quengelte: »Tantchen, ich will es Ihnen lieber noch mal erzählen; bei mir wird es viel interessanter.«

Aber die Tante bekam plötzlich eine rote Nase, ihre Augen füllten sich mit Tränen; sie preßte ihre Finger an die Schläfen und sagte mit gequälter Stimme: »Um Gottes willen, um Gottes willen, hör auf! Ich kann das nicht noch einmal mit anhören. Wie können Menschen, die sich Christen nennen, es fertigbringen, einander so zu quälen!« Sie wandte sich ab und putzte sich mit einem kleinen Spitzentuch die Nase.

Erschrocken sah Petja zum Vater hinüber, der ernst und unbewegt zum Fenster hinausblickte. Dem Jungen war, als habe auch er Tränen in den Augen.

Petja begriff nichts, außer dem einen, daß es wohl kaum möglich sein würde, die gestrige Geschichte hier noch loszuwerden. So trank er schnell seinen Tee aus und begab sich auf den Hof, um andere Zuhörer zu suchen.

Aber der Hauswart hörte sich die Erzählung höchst gleichgültig an und bemerkte nur: »Nun ja, ist ja nicht so aufregend. Gibt noch ganz andere Sachen.«

Und weiter war buchstäblich niemand da. Njusja Kogan, der Sohn des Ladenbesitzers aus dem gleichen Haus, weilte ausgerechnet jetzt bei einem Onkel am Kujalnitzki-Liman zu Besuch. Wolodja Dybski war irgendwohin umgezogen. Die übrigen waren noch nicht aus der Sommerfrische zurück.

Gawrik hatte durch Dunja bestellen lassen, daß er heute vorbeikommen werde, war aber noch immer nicht da. Dem müßte man's erzählen! Ob er einfach zu Gawrik ans Ufer gehen sollte?

Petja durfte nicht allein ans Meer gehen, doch die Versuchung war gar zu groß.

So steckte er die Hände in die Hosentaschen, trieb sich ein Weilchen gelangweilt unter den Fenstern herum, trat dann, ebenso gelangweilt, um ja keinen Verdacht zu erregen, auf die Straße, schlenderte zum Schein vor dem Haus hin und her, bog um die Ecke und stürzte im Trab dem Meer zu.

In der Mitte der Gasse, vor den »Warmen Meeresbädern«, stieß er auf einen barfüßigen Jungen. Ja, wer war denn das? Aber natürlich, das war doch Gawrik!

Ganz großes Ehrenwort

»O Gawrik!«

»Petja!«

Mit diesen beiden Ausrufen des Staunens und der Freude war eigentlich schon der erste Augenblick des Wiedersehens zwischen den Busenfreunden beendet.

Die Jungen hatten sich weder umarmt noch unaufhörlich die Hände geschüttelt, noch blickten sie sich innig in die Augen, wie es ohne Zweifel Mädchen an ihrer Stelle getan hätten. Sie fragten einander nicht nach ihrem Wohlbefinden, verkündeten auch nicht ihr Entzücken und regten sich überhaupt in keiner Weise auf.

Sie benahmen sich, wie es sich für Männer, für Kerle vom Schwarzen Meer, ziemte. Sie hatten ihre Gefühle durch kurze, beherrschte Ausrufe kundgetan und gingen nun sofort zur Sache über, als hätten sie sich erst gestern getrennt.

»Wo gehst du hin?«

»Zum Meer. Und du?«

»Nach den ›Nahen Mühlen‹, zu meinem Bruder.«

»Wozu?«

»Muß hin. Kommst du mit?«

»Nach den ›Nahen Mühlen‹?«

»Na und?«

Petja war noch nie in den »Nahen Mühlen« gewesen. Er wußte nur, daß es dorthin ein schrecklich weiter Weg war, daß sich dort »Fuchs und Hase gute Nacht sagten«.

In seiner Vorstellung waren die »Nahen Mühlen« ein trauriges Land der Witwen und Waisen, das immer nur im Gefolge irgendeines Unglücks genannt wurde. Am häufigsten begleitete der Begriff »Nahe Mühlen« irgendeinen unerwarteten Todesfall ... Man sagte etwa: »Haben Sie gehört? Welch ein Unglück! Der Mann von Angelika Iwanowna ist unerwartet verschieden und hat sie völlig mittellos zurückgelassen. Sie ist aus der Moraslijewskajastraße nach den ›Nahen Mühlen‹ umgezogen ...«

Von dort gab es keine Wiederkehr. Und wenn doch mal einer von dort erschien, so nur in Form eines Schattens, und auch das nicht für lange – für eine Stunde, nicht mehr.

Man sagte: »Gestern war Angelika Iwanowna aus den ›Nahen Mühlen‹, deren Mann so unerwartet gestorben ist, bei uns zu Besuch und ist etwa eine Stunde dageblieben, länger nicht. Sie ist kaum wiederzuerkennen – ein Schatten ihrer selbst ...« Einmal war Petja mit seinem Vater zur Beerdigung eines unerwartet gestorbenen Lehrers mitgegangen. Er hatte die wundervollen, aber unheimlichen Worte des Priesters am offenen Grabe gehört, Worte von irgendwelchen »Gefilden der Seligen«, wo irgendwelche Leute ihre Ruhe finden würden, oder etwas der Art.

Es konnte nicht der geringste Zweifel bestehen, daß die »Gefilde der Seligen« nichts anderes waren als eben die »Nahen Mühlen«, wo irgendwann einmal die Verwandten des Verstorbenen »ihre Ruhe finden« würden.

Petja hatte eine lebhafte Vorstellung von diesen traurigen Gefilden mit ihren vielen Windmühlen, in denen die Schatten der Witwen in schwarzen Tüchern und die der Waisen in geflickten Kleidchen »ihre Ruhe finden«.

Ohne Erlaubnis nach den »Nahen Mühlen« zu gehen bedeutete natürlich ein schreckliches Vergehen. Das war zweifellos viel schlimmer als Marmelade aus dem Büfett zu naschen oder sogar eine tote Ratte in der Hosentasche mit nach Hause zu bringen.

Das war ein regelrechtes Verbrechen. Und obwohl sich Petja schrecklich gern mit Gawrik in das Zauberland der traurigen Mühlen begeben und die Schatten der Witwen mit eigenen Augen gesehen hätte, konnte er sich nicht sofort entschließen.

Sein Gewissen plagte ihn etwa zehn Minuten lang. Er zögerte. Im übrigen hinderte es ihn aber nicht, schon einige Zeit an Gawriks Seite durch die Stadt zu marschieren und seine Reiseabenteuer hervorzusprudeln.

Und als Petja bei dem furchtbaren Kampf mit seinem Gewissen schließlich den Sieg davongetragen und das Gewissen endgültig ausgeschaltet hatte, waren die Jungen bereits eine ziemliche Strecke weit gegangen.

Die Regeln des guten Tons schrieben den Schwarzmeerjungen vor, sich gegen alle Dinge der Welt möglichst gleichgültig zu verhalten. Wider alles Erwarten machte jedoch Petjas Erzählung auf Gawrik tiefen Eindruck. Kein einziges Mal spuckte er verächtlich über die Schulter und sagte kein einziges Mal »Mensch, du spinnst ja«. Petja gewann sogar den Eindruck, als sei Gawrik erschrocken; doch schob er das sofort auf seine meisterliche Erzählkunst.

Er war puterrot geworden und gab die grauenhafte Szene äußerst anschaulich wieder, wobei er über die ganze Straße hinweg brüllte: »Und da haut er ihm doch eine Latte mit einem Nagel in die Fresse! Wahrhaftig, ganz großes Ehrenwort! Und da brüllt der andere über die ganze ›Turgenjew‹: ›Ha-a-alt! Ha-a-alt!‹ – Kannst mir in die Augen spucken, wenn ich lüge! Und da springt der Verfolgte auf die Reling und von da mit einem Satz runter ins Meer. Klatsch! Die Spritzer sind nur so geflogen.«

In seiner Erregung vollführte Petja so wilde Armbewegungen und Sprünge, daß er vor einem Laden einen Korb mit Hörnchen umstieß und die Jungen rennen mußten, bis ihnen die Zunge heraushing, um dem Besitzer zu entkommen.

»Und was war das für einer?« fragt Gawrik. »Mit einem Anker auf der Hand, ja?«

»Na ja! Klar!« brüllte Petja erregt und rang nach Atem.

»Hier an dieser Stelle?«

»Klar. Aber woher weißt du denn das?«

»Denkst wohl, ich hab' noch keinen Matrosen gesehen, was?« brummte Gawrik und spuckte aus, genau wie ein Erwachsener.

Petja blickte neidvoll auf den Freund und spuckte ebenfalls. Aber seine Spucke flog nicht so schwungvoll und exakt. Statt einen weiten Bogen zu beschreiben, tropfte sie träge auf Petjas Knie, und er mußte sie mit dem Ärmel wegwischen.

Da nahm sich Petja fest vor, unbedingt das Spucken zu lernen, und übte den ganzen Weg lang so fleißig, daß er am nächsten Tag ganz aufgesprungene Lippen hatte.

»Und der andere«, fragte Gawrik, »hatte der Sandalen und eine Brille?«

»Einen Kneifer.«

»Kann auch sein.«

»Woher weißt du denn das?«

»Denkst du, ich hab' noch nie einen Spitzel gesehen?«

Als Petja mit seiner Geschichte fertig war, leckte er sich die Lippen und begann im gleichen Atemzug die Geschichte noch einmal von vorn zu erzählen.

Die Qualen, die Gawrik dabei litt, kann man sich kaum vorstellen. Verglichen mit dem, was er wußte, waren Petjas Abenteuer keinen Pfifferling wert. Gawrik hätte bloß anzudeuten brauchen, daß der geheimnisvolle Matrose sich in diesem Augenblick bei ihnen in der Hütte befand, und Petja wäre sofort geschlagen gewesen! Doch er mußte schweigen und sich Petjas Geschwätz zum zweitenmal anhören – und das war unerträglich.

Vielleicht sollte man doch eine entfernte Andeutung machen? Nur so ein einziges Wörtchen? Nein, nein, um nichts in der Welt! Petja würde unbedingt schwatzen. – Und wenn man ihm nun ein ganz großes Ehrenwort abnähme? Nein, nein, der schwatzte doch! – Und wenn er sich nun im Angesicht der Kirche bekreuzigen müßte? Im Angesicht der Kirche – da würde er vielleicht doch nicht schwatzen!

Kurzum, Gawrik wurde von Zweifeln gefoltert. Die Zunge juckte ihn dermaßen, daß er, um nicht loszuplatzen, die Lippen gewaltsam mit den Fingern zusammenpressen mußte.

Aber das half alles nichts. Immer stärker wurde der Wunsch, endlich das Geheimnis zu lüften. Und Petja fuhr inzwischen eifrig in seiner Erzählung fort und stellte gerade dar, wie die Postkutsche gefahren, wie der schreckliche Matrose aus dem Weinberg hervorgesprungen, wie er den Kutscher überfallen, wie Petja ihn angebrüllt und er sich darauf unter die Bank verkrochen hatte ... Das war entschieden zuviel! Gawrik hielt es nicht länger aus.

»Gib mir dein ganz großes Ehrenwort, daß du es keinem sagst!«

»Ganz großes Ehrenwort!« versprach Petja rasch, ohne mit der

Wimper zu zucken.

»Schwöre bei Gott!«

»Bei Gott, beim heiligen Kreuz! Was ist denn?«

»Ich werde dir was sagen.«

»Nun?«

»Aber wirst du's auch keinem weitererzählen?«

»Daß ich auf der Stelle versinke!«

»Schwöre bei deinem Glück!«

»Daß ich im Leben kein bißchen Glück mehr habe!« brachte Petja mit größter Bereitwilligkeit hervor und fügte sogar zur noch größeren Sicherheit hinzu: »Daß mir die Augen platzen! Nun?«

Gawrik ging eine Weile schnaufend und vor sich hin spuckend weiter, ohne einen Ton zu sagen. Immer noch kämpfte er gegen die Versuchung an. Doch die Versuchung gewann langsam die Oberhand. »Petja«, murmelte er heiser, »bekreuzige dich angesichts der Kirche.«

Glühend vor Ungeduld, das Geheimnis endlich zu erfahren, suchte Petja mit den Augen nach einer Kirche.

Die Jungen gingen gerade am Alten Christlichen Friedhof vorbei. Über die Kalkmauer, an der die Kranz- und Grabsteinhändler ihre Verkaufsstände hatten, blickten die Wipfel alter Akazien und die Marmorflügel trauernder Engel.

Die »Nahen Mühlen« mußten also tatsächlich eng mit dem Tod benachbart sein, wenn der Weg dorthin an einem Friedhof vorbeiführte. Hinter den Akazien und den Engeln hing in der fliederfarben-dunstigen Luft die blaue Kuppel der Friedhofskirche.

Angesichts des goldenen Kreuzes mit den schweren Ketten bekreuzigte sich Petja andächtig und sprach mit tiefster Überzeugung: »Beim heiligen Kreuz, ich sag es keinem! Nun?«

»Hör mal, Petja . . .«

Gawrik biß sich auf die Lippen und knabberte an seinen Fingernägeln. In einen Augen standen Tränen.

»Hör mal, Petja . . . Iß Sand, daß du nichts sagst!«

Petja blickte aufmerksam nach allen Seiten und entdeckte an der Mauer eine Stelle mit geeignetem, ziemlich sauberem Sand.

Er nahm eine Prise davon zwischen zwei Finger, steckte die Zunge raus, die frisch und rosig war wie eine Scheibe Teewurst, und streute etwas Sand darauf. Dann wandte er das Gesicht mit weitaufgerissenen Augen wieder seinem Freund zu.

»Iß!« sagte Gawrik düster.

Petja kniff die Augen zusammen und begann den Sand gründlich zu zerkauen.

Doch in diesem Augenblick hörte man auf der Straße ein seltsames zartes Geklingel.

Zwei Soldaten mit schwarzen Schulterklappen und blanken Säbeln führten in ihrer Mitte einen gefesselten Mann. Ein dritter Soldat mit einem Revolver und einem dicken Registrierbuch unter dem Arm schritt hinter ihnen her. Der Gefangene trug ein Käppchen aus Soldatenstoff und einen ebensolchen Kittel, unter dem graue Unterhosen hervorguckten. Er ging mit gesenktem Kopf.

Die Fußfessel war nicht zu sehen, sie klirrte nur dumpf in den Unterhosen; aber die Kette der Handfessel hing tief herunter und schlug mit leisem Geklimper gegen die Knie.

Alle Augenblicke raffte der Gefangene sie hoch, mit der gleichen Bewegung, mit der ein Priester seine Soutane hochrafft, wenn er durch eine Pfütze schreitet. Der Mann war glattrasiert und hatte eine graue Gesichtsfarbe. Es schien ein Soldat oder ein Matrose zu sein.

Es war ihm sichtlich peinlich, am hellichten Tag in diesem Aufzug mitten auf dem Fahrdamm zu gehen; denn er gab sich Mühe, weder nach rechts oder nach links zu blicken.

Auch den Soldaten war es offenbar unangenehm, aber sie sahen nicht zu Boden, sondern schauten im Gegenteil mißmutig in die Luft, um auf diese Weise den Blicken der Vorübergehenden nicht zu begegnen.

Die Jungen blieben stehen und betrachteten mit offenem Mund die schirmlosen, schräg aufgesetzten Mützen der Soldaten, die blauen Schnüre und die blendendweißen Klingen der im Takt der Arme schwingenden Säbel, deren Spitzen in der Sonne grell aufblitzten.

»Weitergehen, nicht stehenbleiben!« rief mürrisch und ohne die Jungen anzusehen der Soldat mit dem Buch. »Zuschauen ist verboten!«

Als der Zug vorbei war, wischte sich Petja die Zunge mit dem Ärmel ab und sagte: »Nun?«

»Was denn?«

»Na, sag's doch jetzt!«

Gawrik blickte den Freund plötzlich wütend an, beugte erbittert seinen Arm und hielt Petja den geflickten Ellenbogen direkt unter die Nase: »Da! Lutsch dran!«

Petja traute seinen Augen nicht. Um seine Lippen zuckte es. »Ich hab doch Erde gegessen!« rief er weinerlich.

Gawriks Augen blickten in wilder Verschlagenheit auf; er hockte sich nieder, drehte sich wie ein Rasender um sich selbst und schrie mit aufreizender Stimme:

>>Angeschmiert, angeschmiert!
An der Nase rumgeführt!
Über alle viere
sitzt er in der Schmiere!«

Petja begriff, daß er reingefallen war. Natürlich hatte Gawrik gar kein Geheimnis, sondern wollte ihn nur Erde fressen lassen und ihn dann auslachen! Das war freilich kränkend, doch nicht allzu schlimm. Ein andermal würde er sich rächen und Gawrik einen Streich spielen, daß er nichts zu lachen hätte. Wart nur, Freundchen!

»Du sollst noch an mich denken, du gemeiner Schuft!« versprach Petja deshalb mit großem Anstand, und die Freunde setzten ihren Weg fort. Nur von Zeit zu Zeit schlug Gawrik ohne jeden Anlaß mit den nackten Fersen den Takt und sang dazu:

>>Angeschmiert, angeschmiert!
An der Nase rumgeführt!
Über alle viere
sitzt er in der Schmiere!«

Die »Nahen Mühlen«

Die Wanderung war lustig und sehr interessant.

Petja hätte nie gedacht, daß die Stadt so groß sei. Die unbekannten Straßen wurden immer ärmlicher. Zuweilen trafen sie auf Händler, die ihre Ware unmittelbar auf dem Gehsteig aufgebaut hatten. Unter den Akazien standen billige Eisenbetten, lagen gestreifte Matratzen, Sprungfedern, ein Berg großer roter Kissen, Reisig- und Bastbesen, Küchenschemel und dergleichen mehr. Von allem gab es etwas; alles war neu und offensichtlich billig.

Hinter den Friedhöfen zogen sich die Holzlager hin, die den angenehmen, ein wenig säuerlichen Geruch von Eichenholz verbreiteten. Dann kamen Futterspeicher – Hafer, Heu, Kleie – mit unverhältnismäßig großen, an Ketten hängenden Waagen, mit Gewichten so riesig wie im Zirkus, und schließlich Holzplätze mit frisch geschlagenen, trockenen Stämmen. Auch hier überwog der Geruch zersägten Holzes. Da hier aber vor allem Fichten lagerten, roch es nicht säuerlich, sondern trocken, aromatisch und ein bißchen nach Terpentin.

Es war auffallend, daß die Welt immer plumper und häßlicher wurde, je näher man den »Nahen Mühlen« kam.

Wo waren die schmucken »Büfetts für künstliche Mineralwasser« geblieben, die mit ihren vernickelten Behältern und den verschiedenfarbigen Fruchtsäften blinkten? Hier wurden sie abgelöst von Kolonialwarenläden mit blauem Aushängeschild – einem auf eine Gabel gespießten Hering – und von Kneipen, durch deren offene Türen man Regale mit eiförmigen weißen Teekannen erblickte, die mit derben, eher an Obst als an Blüten erinnernden Blumen bemalt waren.

Anstelle der eleganten Droschken ratterten Lastwagen über den schlecht gepflasterten, mit Heu und Kleie bestreuten Fahrdamm. Dafür aber konnte man hier bedeutend häufiger etwas Interessantes finden als in den Stadtteilen, die Petja kannte. Alle Augenblicke blitzte im Straßenstaub ein Hufeisen oder eine Schraubenmutter auf, und überall lagen Zigarettenschachteln.

Sobald sie etwas erblickten, stürzten sich die Jungen, einander überholend und puffend, darauf und brüllten: »Ungeteilt!« oder »Geteilt!«

Nach unerschütterlichen, heiligen Gesetzen zählte es entweder als persönlicher oder gemeinsamer Fund, je nachdem, was eher gerufen wurde.

Aber es gab so viel, daß die Jungen schließlich nichts mehr aufhoben, mit Ausnahme der Zigarettenschachteln, die für das »Pappspiel« gebraucht wurden. Ihr Wert hing von dem Bildchen ab. Eine menschliche Figur zählte fünf, ein Tier einen, ein Haus fünfzig Punkte.

Jeder Junge in Odessa hatte in seiner Tasche einen ganzen Packen solcher Zigarettenschachteldeckel.

Man spielte auch mit Bonboneinwickelpapier, doch das taten in der Hauptsache Mädchen und ganz kleine Jungen unter fünf Jahren.

Was Gawrik und Petja betraf, so verachteten sie natürlich das Bonbonpapier aufs tiefste und spielten nur noch mit Zigarettenschachteldeckeln.

In den Außenbezirken rauchte man aus unerklärlichen Gründen

offenbar nur »Zigeunerin« oder »Schwalbe«. Was die dortigen Raucher an diesen Sorten so verlockend fanden, war ein tiefes Rätsel. Es waren einfach widerliche Zigaretten! Auf der einen Schachtel prangte das lackierte Bild einer schwarzäugigen Zigeunerin, die in ihrem Korallenmündchen eine brennende Zigarette und im blauschwarzen Haar eine Rose hatte. Die »Zigeunerin« rechnete auch nur fünf, und das nur gerade so, da sie ja bloß bis zur Taille zu sehen war. Die andere Schachtel zierten drei jämmerliche Schwalben. Die zählten noch weniger: lumpige drei.

Einige Sonderlinge rauchten sogar »Zephir«, die überhaupt kein Bildchen trug, sondern nur eine Aufschrift, also zum Spielen gar nicht genommen wurde. Und gerade diese Zigaretten waren im Verkauf merkwürdigerweise die teuersten. Man mußte schon ein völliger Idiot sein, um so einen Mist zu kaufen. Die Jungen spuckten sogar aus, wenn sie eine »Zephir«-Schachtel fanden.

Petja und Gawrik brannten darauf, so schnell wie möglich erwachsen zu sein, um rauchen zu können. Sie würden bestimmt nicht so einen Quatsch machen, sondern ausschließlich »Kertsch« rauchen – wunderbare Zigaretten, auf deren Schachtel ein ganzes Panorama zu sehen war: eine Hafenstadt mit einer Unmenge Schiffe.

Auch die besten Pappspielspezialisten konnten nicht mit Sicherheit sagen, wieviel eine »Kertsch« zählte, da sie sich über den Wert der verschiedenen Schiffe nicht einig wurden. An der Straßenbörse handelte man die »Kertsch« jedenfalls mit fünfhundert.

Die Jungen entwickelten ungewöhnliches Glück. Man hätte glauben können, daß sich die Raucher in der Friedhofsgegend vorgenommen hatten, Petja und Gawrik reich zu machen. Sie rauchten fast ausschließlich »Kertsch«.

Die Jungen hatten ununterbrochen zu tun, um die wertvollen Schachteln aufzuheben. Erst trauten sie ihren Augen nicht. Das war genau wie in einem Traum, wenn man einen Weg entlanggeht und alle drei Schritte einen Taler findet.

Bald waren ihre Taschen bis an den Rand gefüllt. Der Reichtum erwies sich als so groß, daß er nicht einmal mehr beglückte. Sie waren bereits übersättigt.

An der hohen, schmalen Mauer irgendeiner Fabrik, über deren rußgeschwärzte Ziegelsteine so riesige Druckbuchstaben gemalt waren, daß man sie aus der Nähe unmöglich lesen konnte, spielten die Jungen einige Partien, wobei sie die Deckel hochwarfen und darauf achteten, auf welche Seite sie fielen.

Aber sie spielten ohne Leidenschaft. Sie hatten zu viele Deckel, so daß der Verlust gar nicht mehr weh tat. Und was ist das denn schon für ein Spiel?

Die Stadt aber zog sich immer noch endlos hin und änderte jeden Augenblick ihr Aussehen und ihren Charakter.

Zuerst überwog die Atmosphäre des Friedhofs sowie des Gefängnisses, dann kam eine Anhäufung von Großhandlungen und Wirtshäusern, denen sich wieder Fabriken anschlossen. Dann wurde die Landschaft ausschließlich von der Eisenbahn beherrscht. Lagerschuppen, Blockstellen, Eisenbahnsignale. Schließlich wurde der Weg von einer sich gerade vor ihrer Nase senkenden gestreiften Schranke versperrt.

Aus dem Bahnwärterhaus kam ein Mann mit einem grünen Fähnchen. Ein Pfiff ertönte. Hinter den Bäumen stieg ein Wölkchen schneeweißen Dampfes auf, und an den wie verzaubert dastehenden Buben fuhr eine richtige große Lokomotive vorüber, die einen Tender vor sich her schob.

Welch ein Anblick! Er allein war es schon wert, ohne Erlaubnis von zu Hause weggegangen zu sein.

Wie geschäftig und rasch bewegten sich die Pleuelstangen, wie sangen die Gleise, welch unwiderstehlich zauberhafte Anziehungskraft besaßen die sich mit erregender Geschwindigkeit drehenden, in dichten und dennoch durchsichtigen Dampf eingehüllten Räder!

Die Seele ist betört von diesem Schwung, sie wird von der übermenschlichen, unaufhaltsamen Bewegung der Maschine angesogen, während sich der Körper verzweifelt gegen die Versuchung stemmt, da ihn die Seele für einen kurzen Augenblick verlassen und sich unter die Räder geworfen hat.

Mit geballten Fäusten und gespreizten Beinen standen die Jungen da, blaß, klein, mit glänzenden Augen und einem Kälteschauer, den sie bis in die Haarwurzeln empfanden.

Uh, wie schaurig war das und dabei auch wieder lustig!

Gawrik kannte freilich dies Gefühl schon, aber Petja erlebte es zum erstenmal. Zuerst fiel ihm gar nicht so auf, daß aus dem ovalen Fensterchen der Lokomotive statt eines Lokomotivführers ein Soldat mit einer rotumränderten Mütze herausblickte und daß ein anderer Soldat mit umgehängter Patronentasche und einem Gewehr auf dem Tender stand.

Kaum war die Lokomotive hinter einer Biegung verschwunden,

als die Jungen den Bahndamm hinaufstürzten und ihre Ohren an die heißen, weißpolierten Schienen preßten, die wie ein ganzes Orchester braustten.

Lohnte es sich denn nicht, war es denn nicht jede beliebige Strafe wert – dieses Glück, sein Ohr an die Schienen pressen zu dürfen, über die eben erst, in dieser Minute, eine echte Lokomotive gefahren war?

»Warum war da statt eines Lokomotivführers ein Soldat drauf?« fragte Petja jetzt, als sie lange genug dem Rauschen der Schienen zugehört hatten und, mit aufgelesenen Schottersteinchen versehen, ihren Weg fortsetzten.

»Die Eisenbahner werden wohl wieder streiken«, antwortete Gawrik widerstrebend.

»Was ist das: streiken?«

»Streiken heißt eben streiken«, sagte Gawrik unwillig. »Sie gehen halt nicht zur Arbeit. Da kommt's eben vor, daß Soldaten auf der Lokomotive fahren.«

»Und die Soldaten streiken nicht?«

»Nein. Die haben kein Recht dazu. Wenn die streiken – ho ...! Die kommen ja ins Strafbataillon dafür. Ganz einfach!«

»Und sonst würden sie auch streiken?«

»Da fragst du noch?«

»Und dein Bruder Terenti streikt auch?«

»Wie's gerade kommt ...«

»Warum streikt er denn?«

»Warum? Darum! Frag nicht so dußlig! Guck mal lieber: ›Odessa – Güterbahnhof‹. Und da sind schon die ›Nahen Mühlen‹.«

Vergebens reckte Petja den Hals und spähte in die Ferne. Weit und breit war überhaupt keine Mühle, weder Wind- noch Wassermühle, zu sehen. Da gab es nur eine Wasserpumpe, den gelben Bretterzaun des Odessaer Güterbahnhofs, rote Eisenbahnwagen, einen Sanitätszug mit einem Rotkreuzfähnchen, mit Segeltuch bedeckte Stapel verschiedenster Waren und Wachtposten ...

»Wo sind denn die Mühlen? Wo?«

»Aber da sind sie doch, gleich hinter den Eisenbahnwerkstätten, du komischer Kauz!«

Petja schwieg, um nicht wieder als Dummkopf zu gelten. Er drehte den Kopf so fleißig nach allen Seiten, daß er sich beinahe den Hals am Kragen wundscheuerte; aber trotz seiner Bemühungen konnte er nirgends eine Mühle entdecken.

Seltsam!

Und noch seltsamer, daß Gawrik überhaupt nicht erstaunt war. Er marschierte flott den schmalen Pfad an einer verrußten Mauer entlang, vorbei an riesigen vergitterten Fenstern, deren kleine Scheiben zum größten Teil eingeschlagen waren. Der inzwischen schon recht müde gewordene Petja humpelte durch das von Staub und Ruß schwärzliche Gras hinter ihm her. Ab und zu stolperten die Jungen über eine wahrscheinlich aus den Fenstern geworfene Sprungfeder.

Gawrik stellte sich auf die Zehenspitzen und lugte durch eines der Fenster.

»Guck mal, Petja, die Eisenbahnwerkstätten. Hier arbeitet Terenti. Hast du so was schon gesehen? Komm her.«

Petja stellte sich neben dem Freund auf die Zehenspitzen und warf ebenfalls einen Blick durch das zerschlagene Fenster.

In dem trüben Dämmerlicht erkannte er die winzigen matten Vierecke der gegenüberliegenden Fenster. In der Halle selbst hingen breite Riemen, und überall standen irgendwelche großen langweilige Eisengestelle mit Rädern. Alles war mit Metallspänen übersät, und Staub flimmerte in den schrägen Strahlen des eindringenden Sonnenlichts über dem ganzen, unermeßlich großen Fußboden.

Aber in diesem riesigen, seltsamen Raum war weit und breit kein Mensch zu entdecken. Es war so unheimlich still, daß Petja von Grauen gepackt wurde und kaum hörbar flüsterte: »Keiner drin . . .«

Und von seinem Geflüster angesteckt, sagte Gawrik noch leiser, nur tonlos die Lippen bewegend: »Die streiken wohl wieder.«

»Na, nu aber schleunigst weg vom Fenster!« erscholl plötzlich eine derbe Stimme hinter den Jungen. Sie zuckten zusammen und drehten sich um. Vor ihnen stand ein Soldat, den zusammengerollten Mantel über der Schulter und mit einem Gewehr bewaffnet. Petja hatte sogleich den scheußlichen Geruch von Kommißsuppe und Stiefelwichse ganz deutlich in der Nase.

Die hellgelbe Ledertasche – sicher bis obenhin mit Gewehrpatronen gefüllt – ragte ganz nah und drohend vor den Jungen auf, und der Soldat selbst erschien so riesig, daß die beiden Reihen der Messingknöpfe geradewegs in den Himmel zu steigen schienen.

Aus! schoß es Petja entsetzt durch den Kopf, und er fühlte, daß ihm jetzt gleich das schrecklich Peinliche passieren würde, was sonst nur sehr kleinen Kindern zuzustoßen pflegt. »Abhauen!« schrie Gawrik mit dünner Stimme, flitzte an dem Soldaten vorbei und stürzte davon.

Halb besinnungslos raste Petja dem Freund nach.

Ihm schien, als stampften Soldatenschritte hinter ihm her. Er steigerte sein Tempo, soweit es seine Kräfte zuließen. Aber das Geräusch der Stiefel hörte nicht auf. Die Augen sahen nichts außer Gawriks davonflitzende braune Fersen.

Petjas Herz klopfte laut und schnell. Der Soldat blieb nicht zurück. Der Wind pfiff in den Ohren.

Erst nachdem er mindestens eine Werst gelaufen war, begriff Petja schließlich, daß nicht Soldatenstiefel hinter ihm dreinpolterten, sondern daß der herabgewehte Strohhut gegen seinen Rücken klopfte.

Schwer atmend blieben die Jungen stehen. Der Schweiß floß in Strömen über ihre heißen Gesichter, und am Kinn hingen dicke Tropfen. Als sie sich davon überzeugt hatten, daß kein Soldat in der Nähe war, machten sie ganz gleichgültige Mienen, steckten die Hände nachlässig in die Taschen und gingen, ohne sich zu beeilen, weiter.

Beide taten voreinander so, als sei gar nichts geschehen oder doch nur so Belangloses, daß es nicht der Rede wert war.

Sie gingen schon lange eine breite, ungepflasterte Straße entlang. Obwohl die Hoftore und Häuser städtische Nummern trugen, obwohl man Schilder von Lebensmittelgeschäften und Handwerkern sah, obwohl sich an der einen Ecke sogar eine Apotheke mit verschiedenfarbigen Karaffen und einem goldenen Adler befand, glich die Straße doch weniger einer städtischen als einer Dorfstraße.

»Wo sind denn deine ›Nahen Mühlen‹?« fragte Petja verstimmt.

»Na hier! Willst du vielleicht behaupten, das sind nicht die ›Mühlen‹?«

»Wo?«

»Was heißt – wo? Hier!«

»Wo denn hier?«

»Wo wir jetzt entlanggehen.«

»Aber ich seh keine Mühlen!«

»Du bist aber ulkig!« sagte Gawrik herablassend. »Hast du denn an den ›Fontänen‹ einen Springbrunnen gesehen? Bist wie ein

Kleiner: fragst und weißt selbst nicht, was!«

Petja erwiderte nichts. Gawrik hatte ja völlig recht. Wahrhaftig, »Kleine Fontäne«, »Große Fontäne«, »Mittlere Fontäne«, so hießen die Stadtteile, obwohl es dort gar keine Springbrunnen gab. Es hieß eben nur so.

Es hieß »Mühlen«, in Wirklichkeit aber waren gar keine Mühlen da! War ja wohl auch nicht so wichtig. Wo aber waren die Schatten der Witwen und die kleinen blassen Waisen in geflickten Kleidern? Wo waren der graue, gespenstische Himmel und die hängenden Trauerweiden? Wo war das märchenhaft traurige Land, von wo es keine Rückkehr mehr gab?

Gawrik brauchte man gar nicht erst danach zu fragen!

Zu seiner großen Enttäuschung erblickte Petja weder die Witwen noch die Trauerweiden, noch den grauen Himmel. Im Gegenteil. Der Himmel war glühend heiß und von einem hellen Waschblau.

Auf den Höfen standen Maulbeerbäume und Akazien. In den Gemüsegärten leuchteten verspätete Kürbisblüten. Über das krause Gras watschelten Gänse, die dummen Köpfe einmal nach rechts und einmal nach links drehend, wie die Soldaten auf dem Kulikow-Feld.

In der Schmiede klangen die Hämmer, und man hörte das Geräusch der Blasebälge.

Natürlich war das alles auf seine Weise auch sehr spannend. Doch war es schwer, sich von der Vorstellung der gespenstischen Welt loszusagen, in der die Angehörigen der unerwartet verstorbenen Leute »ihre Ruhe fanden«.

In Petjas Seele kämpfte das unbestimmte Bild der Mühlen, wie er es sich erdacht hatte, noch lange mit dem lebendigen bunten Bild der Eisenbahnersiedlung »Nahe Mühlen«, in der Gawriks Bruder Terenti lebte.

Onkel Gawrik

»Hier!«

Gawrik stieß mit dem Fuß gegen eine Gartenpforte, und die Freunde zwängten sich in einen dürftigen Vorgarten, der mit lila Schwertlilien umsäumt war. Sofort stürzte sich ein großer Hund auf die Jungen.

»Kusch, Rudko!« rief Gawrik. »Kennst du mich nicht mehr?«

Der Hund schnupperte und schien beruhigt. Den Schwanz hochgestellt, mit heraushängender Zunge laut hechelnd, lief er davon, wobei er die an einem Draht entlanglaufende rasselnde Kette hinter sich herzog.

Aus dem hölzernen Vorbau des aus Lehm errichteten Vorstadthäuschens schaute erschrocken eine Frau heraus. Als sie jedoch die Jungen erblickte, wischte sie sich mit der Kattunschürze die Hände ab und sagte, indem sie sich zurückwandte: »Es ist nichts. Dein Bruder ist gekommen.«

Hinter der Frau tauchte jetzt ein großer, kräftiger Mann auf. Er trug ein gestreiftes Matrosenhemd, dessen Ärmel knapp an den Schultern abgeschnitten waren, und hatte Muskeln wie ein Ringkämpfer.

Der verlegene Ausdruck seines Gesichts, das mit winzigen Schweißperlen bedeckt war, paßte gar nicht zu seiner athletischen Figur. So kraftvoll und so bedrohlich seine Gestalt anmutete, so gutmütig, fast mädchenhaft erschien sein Gesicht.

Der Mann zog den Gürtel seiner Hose fester und trat auf die Jungen zu.

»Das ist Petja aus der Kanatnajastraße, Ecke Kulikow-Feld«, sagte Gawrik mit einer nachlässigen Kopfbewegung zu dem Freund hin. »Lehrersohn. Geht an.«

Terenti sah flüchtig zu Petja hin und ließ dann den Blick seiner kleinen Augen auf Gawrik ruhen.

»He, wo sind denn die Schuhe, die ich dir zu Ostern gekauft habe? Was läufst du denn herum wie ein Lumpenheld?«

Gawrik stieß einen langen, traurigen Pfiff aus.

»Ja, wo sind wohl jetzt die Schuhe . . .«

»Ach, du Barfüßler!«

Betrübt schüttelte Terenti den Kopf und ging hinter das Haus. Die Jungen folgten ihm.

Zu Petjas unbeschreiblichem Entzücken war hier unter dem Maulbeerbaum auf einem alten Küchentisch eine ganze Schlosserwerkstatt aufgebaut. Sogar eine zischende Lötlampe fehlte nicht. Aus ihrer Mündung schoß eine kurze blaue Flamme hervor.

Nach der Kinderzinkbadewanne, die mit dem Boden nach oben gegen den Baum gelehnt stand, und dem Lötkolben in Terentis Hand zu urteilen, war dieser gerade bei der Arbeit.

»Flickst du wieder was zusammen?« fragte Gawrik und spuckte

ganz wie ein Großer aus.

»Mhm.«

»Und die Werkstätten stehen still?«

Als hätte er die Frage nicht gehört, hielt Terenti den Lötkolben in die Flamme und beobachtete aufmerksam, wie er langsam zu glühen begann.

Dabei murmelte er vor sich hin: »Wenn schon, um uns braucht ihr euch nicht zu sorgen. Wir schustern schon ein Stück Brot raus.«

Gawrik setzte sich auf einen Schemel und kreuzte die nicht ganz bis zum Boden reichenden Beine. Er stützte seine Arme auf die Knie, wiegte sich gemächlich hin und her und ließ sich in ein bedächtiges häusliches Gespräch mit dem Bruder ein.

Er rümpfte das sommersprossige Näschen, zog die vom Salzwasser farblos gewordenen Brauen zusammen und bestellte einen Gruß vom Großvater. Dann berichtete er über die Preise der Kaulköpfe, empörte sich zornig über Madam Storoshenko, die »so'n Aas« sei, einen an der Kehle packe und nicht zu Atem kommen lasse, und erzählte noch einiges mehr dieser Art.

Terenti nickte dazu mit dem Kopf und fuhr dabei vorsichtig mit der Spitze des glühenden Kolbens über eine Zinnstange, die bei dieser Berührung wie Butter schmolz.

Auf den ersten Blick war nichts Erstaunliches oder gar Besonderes daran, daß der eine Bruder gekommen war, um den anderen zu besuchen, und daß er sich mit ihm über häusliche Dinge unterhielt. Wenn man jedoch Gawriks besorgtes Aussehen und die Entfernung bedachte, die er hatte zurücklegen müssen, um mit dem Bruder zu sprechen, so kam man leicht dahinter, daß Gawrik doch etwas Besonderes auf dem Herzen haben mußte.

Ein paarmal blickte Terenti fragend zu dem Bruder hinüber, doch dieser zwinkerte unmerklich in Petjas Richtung und fuhr unbeirrt in seinem Geplauder fort.

Petja aber hatte alles auf der Welt vergessen. Hingerissen verfolgte er den zauberischen Vorgang des Lötens. Gespannt starrte er auf die Bewegung der riesigen Schere, welche die dicke Zinkplatte wie Papier durchschnitt.

Es gehörte mit zu den fesselndsten Beschäftigungen eines Odessaer Jungen, auf dem Hof neben einem Kesselflicker zu stehen und dessen zauberhaftes Handwerk zu verfolgen.

Doch das war ja stets nur ein unbekannter Mann, ein vorüberziehender Gast, ein Zauberer auf einer Bühne, ein Mann, der flink und geschickt sein Werk vollbrachte – etwa einen Kessel flickte – und dann die Rolle mit den Blechresten über die Schulter warf, sein Kohlenbecken hochnahm und mit dem lauten Ruf: »Lö-ö-öten, Kesselflickerei!« vom Hof ging.

Hier aber war es ein Bekannter, der Bruder des Freundes, ein Künstler, der seine Kunst zu Hause, im engen Kreis der Auserwählten, vorführte. Jeden Augenblick hätte man ihn fragen können: »Sagen Sie, bitte, was haben Sie hier in dem kleinen Blechgefäß? Das ist wohl Säure, nicht wahr?«, ohne die grobe Antwort hören zu müssen: »Hau ab, Junge, stör mich nicht!« Das war etwas ganz anderes.

Petja streckte vor Entzücken sogar die Zunge vor, was sich für einen so großen Jungen keineswegs mehr schickte. Wahrscheinlich wäre er nie mehr von dem Tisch weggegangen, wenn sein Blick nicht plötzlich auf ein Mädchen gefallen wäre, das sich jetzt mit einem Kind auf dem Arm dem Maulbeerbaum näherte.

Das Mädchen hielt Gawrik mit einiger Anstrengung das pummlige, etwa einjährige Kind entgegen, in dessen Korallenmündchen zwei blendendweiße Zähnchen steckten. »Ei, guck mal, wer da gekommen ist! Ei, Gawrik ist gekommen! Sag mal zu Onkel Gawrik: ›Guten Tag, Onkel Gawrik!‹«

Gawrik griff mit größtem Ernst in die Hosentasche und holte zu Petjas grenzenlosem Erstaunen einen auf einem dünnen Stäbchen hockenden roten Zuckerhahn hervor.

Eine solche Herrlichkeit drei Stunden lang mit sich herumzuschleppen und nicht nur nicht davon zu kosten, sondern sie nicht einmal zu zeigen – das konnte nur ein Mensch mit unvorstellbarer Willenskraft!

Jetzt reichte Gawrik diesen Lutscher dem Kind. »Da!«

»Nimm, Shenja, nimm!« sagte das Mädchen eifrig und hielt das Kind dicht an den Hahn heran. »Nimm es ins Händchen! Sieh mal, was dir der Onkel Gawrik Feines mitgebracht hat. Nimm das Hähnchen ins Händchen! So-o, so-o. Und jetzt sag: ›Danke schön, lieber Onkel!‹ Na, sag mal: ›Danke, lieber Onkel!‹«

Das Kind hielt das Stäbchen mit dem bunten Zuckerzeug fest in dem dicken, schmutzigen Händchen, sabberte ein bißchen und starrte den Onkel aus hellblauen Äuglein verständnislos an.

»Seht ihr, jetzt sagt es: ›Danke, lieber Onkel!‹«, ereiferte sich das Mädchen, die Leckerei mit neidischen Blicken betrachtend. »Was denn, was denn, gleich in den Mund? Wart noch, spiel ein bißchen damit! Erst muß man das Breichen essen, und dann kann auch das Hähnchen drankommen...«, fuhr sie verständig fort, wobei sie alle Augenblicke zu dem unbekannten hübschen Jungen in den neuen Knöpfschuhen und dem Strohhut hinüberschielte.

»Das ist Petja aus der Kanatnajastraße, Ecke Kulikow-Feld«, sagte Gawrik. »Geh, Motja, spiel mit ihm!«

Das Mädchen wurde vor Aufregung ganz blaß. Sie preßte das Kind an sich und machte ein paar Schritte rückwärts, bis sie gegen des Vaters Bein stieß.

Terenti strich der Tochter sanft über die Schulter, zupfte das mit Rüschen geschmückte weiße Mützchen auf ihrem kurzgeschorenen Kopf zurecht und sagte: »Geh, Motja, spiel mit dem Jungen. Zeig ihm die russisch-japanischen Bildchen, die ich dir gekauft habe, als du krank warst. Geh, Kindchen, und trag Shenja zur Mama.«

Motja hob das Gesicht, das jetzt vor Verlegenheit ganz rot war; ihre Augen waren voll Tränen, und ihre winzigen türkisfarbenen Ohrringe zitterten.

Petja hatte solche Ohrringe bisher fast nur bei Milchfrauen gesehen.

»Aber Kindchen, brauchst keine Angst zu haben, der Junge tut dir doch nichts!«

Gehorsam brachte Motja das Kind ins Haus und kehrte stocksteif, mit roten Wangen und tiefernstem Gesicht wieder zurück. Etwa vier Schritt vor Petja blieb sie stehen, holte tief Luft und sagte leicht stotternd, mit unnatürlicher Stimme: »Junge, wollen Sie, daß ich Ihnen die russisch-japanischen Bildchen zeige?«

»Zeig mal!« antwortete Petja mit jener heiser-uninteressierten Stimme, die man, dem guten Ton zufolge, im Gespräch mit Mädchen anzunehmen hatte. Dabei spuckte er gelassen und recht geschickt über die Schulter.

»Kommen Sie, Junge.«

Nicht ohne eine gewisse Koketterie drehte das Mädchen Petja den Rücken zu und ging in eine Ecke des Hofes, wo sie hinter dem Keller ihre Puppenwirtschaft hatte.

Petja folgte ihr mit wiegenden Schritten. Bei der Betrachtung ihres schlanken Hälschens mit der feinen Vertiefung und dem spitzen Dreieck der Haare empfand der Junge eine solche Erregung, daß ihm ganz weich in den Knien wurde.

Freilich, man hätte nicht behaupten können, daß es Leidenschaft war, was er empfand; daß es jedoch mit einer ernsthaften Liebesgeschichte enden würde, unterlag keinem Zweifel.

Es muß gesagt werden, daß Petja in seinem Leben bereits viele Mädchen geliebt hatte.

Da war erstens jene schwarzhaarige Kleine – sie hieß wohl Verotschka –, die er voriges Jahr zu Weihnachten bei einem Kollegen von Papa kennengelernt hatte. Er liebte sie den ganzen Abend lang, saß bei Tisch neben ihr und kroch dann mit ihr auf allen vieren im Dunkeln unter dem erloschenen Tannenbaum herum, wo es von den herabgefallenen Nadeln ganz glatt war.

Er liebte sie auf den ersten Blick und war völlig verzweifelt, als das Mädchen um halb neun nach Hause gebracht wurde. Er fing sogar an zu quengeln und zu flennen, als er sah, wie alle ihre Zöpfchen und Schleifen unter der Kapuze und dem Pelzmäntelchen verschwanden. Innerlich schwor er auf der Stelle, sie bis ans Grab zu lieben, und schenkte ihr zum Abschied die Pappmandoline, die er bei der Weihnachtsfeier bekommen hatte, sowie vier Nüsse, drei goldene und eine silberne.

Aber nach zwei Tagen war von dieser Liebe nichts weiter zurückgeblieben als ein bitteres Bedauern über die so leichtfertig eingebüßte Mandoline.

Dann hatte er natürlich auf dem Gut jene rosabestrumpfte Soja geliebt, die er an dem Wasserbottich unter dem Aprikosenbaum sogar geküßt hatte.

Doch diese Liebe erwies sich als irrig, da Soja am nächsten Tag beim Krocketspiel so unverschämt mogelte, daß er ihr mit dem Krockethammer tüchtig eins auf die Beine versetzen mußte, woraufhin natürlich an einen Liebesroman nicht mehr zu denken war.

Dann folgte die flüchtige Leidenschaft zu jener unnahbaren Schönen auf dem Schiff, die erster Klasse fuhr und sich während der ganzen Fahrt mit ihrem Vater, »Lord Glanarvan«, herumstritt.

Aber all das zählte natürlich nicht. Wer hätte nicht schon so unsinnige Schwärmereien erlebt!

Bei Motja war das eine ganz andere Sache. Abgesehen davon, daß sie ein Mädchen war, abgesehen davon, daß türkisfarbene Ohrringe an ihren Ohren schaukelten, abgesehen davon, daß sie so toll errötete und erblaßte und so entzückend die schmalen Schultern bewegte – abgesehen von all dem, war sie noch die Schwester seines Freundes! Eigentlich nicht die Schwester, sondern die Nichte, doch bei Gawriks Alter eigentlich mehr eine Schwester. Die

Schwester des Freundes! Kann denn irgend etwas reizvoller und rührender sein an einem Mädchen, als daß es die Schwester eines Freundes ist? Liegt nicht allein schon darin der Kern einer unvermeidlichen Liebe beschlossen?

Petja fühlte sich gleich besiegt. Als sie den Keller erreicht hatten, war er bereits gründlich verliebt. Damit Motja jedoch nicht dahinterkäme, hüllte sich der Junge sofort in unerträglichen Hochmut und abstoßende Gleichgültigkeit.

Kaum hatte Motja begonnen, ihm sehr höflich ihre ordentlich im Bettchen liegenden Puppen zu zeigen sowie den kleinen Herd mit den niedlichen, aber ganz echten Kochtöpfen vorzuführen, die ihr der Vater aus Zinnresten gemacht hatte und die, um die Wahrheit zu gestehen, Petja gewaltig gefielen – da spuckte der Junge verächtlich durch die Zähne und fragte mit beleidigendem Kichern: »Motja, warum bist'n so geschoren?«

»Ich hab' Typhus gehabt«, antwortete das Mädchen mit gekränktem, ganz dünnem Stimmchen und seufzte so tief, daß etwas in ihrer Kehle piepste wie bei einem Vögelchen. »Wollen Sie die Bildchen sehen?« Petja willigte herablassend ein.

Sie setzten sich nebeneinander auf die Erde und vertieften sich in die Betrachtung der primitiven Buntdrucke patriotischen Inhalts, auf denen größtenteils Seeschlachten dargestellt waren.

Die schmalen Strahlen eines Scheinwerfers durchkreuzten in allen Richtungen den dunkelblauen Himmel. Geknickte Masten mit japanischen Flaggen stürzten um, aus den spitzen Wellen stiegen die weißen Fontänen der Einschläge hoch, und in der Luft zerplatzten die Geschosse zu einer Kaskade von Sternen. Mit dem spitzen Bug nach oben versank ein japanischer Kreuzer, umloht von den gelbroten Flammen der Feuersbrunst. Kleine gelbe Menschlein kugelten in das siedende Wasser hinein.

»Japanchens!« flüsterte das Mädchen entzückt, wobei es auf den Knien um das Bild herumrutschte.

»Nicht Japanchens, sondern Japse!« verbesserte Petja streng, denn er verstand etwas von Politik.

Auf einem anderen Bild hatte ein flotter Kosak dem hinter einer Anhöhe hervorlugenden Japaner gerade die Nase abgehauen. Aus dem Japaner schoß in hohem Bogen ein dicker Blutstrahl hervor. Die orangegelbe Stupsnase mit den beiden schwarzen Nasenlöchern lag ganz für sich auf der Anhöhe, und das rief bei den Kindern helles Gelächter hervor.

»Steck deine Nase nicht überall rein!« rief Petja laut lachend und klatschte mit den Händen auf die warme, trockene Erde.

»Steck die Nase nicht rein!« wiederholte Motja eifrig, blickte über die Schulter nach dem hübschen Jungen und zog das spitze Näschen kraus, das ebenso sommersprossig war wie Gawriks.

Das dritte Bild stellte denselben Kosaken und dieselbe Anhöhe dar. Jetzt sah man die hinter ihr verschwindenden Gamaschen eines fliehenden Japaners. Die Unterschrift lautete:

> »Nogi, General der Japse,
> spürt am Hintern noch die Klapse
> und sucht schleunigst nun das Weite,
> ach, herrje, welch eine Pleite!«

»Steck die Nase nicht rein!« Motja lachte hell und schmiegte sich vertraulich an Petja. »Nicht wahr, der soll seine Nase nicht überall reinstecken?«

Mit gefurchter Stirn und puterrot saß Petja da und schwieg, krampfhaft bemüht, den dünnen nackten Arm des Mädchens nicht anzusehen – diesen Arm mit den beiden zart schimmernden Impfnarben unterhalb der Schulter, die wie zwei Oblaten aussahen.

Doch es war zu spät, er war bereits bis über beide Ohren verliebt. Und als sich dann noch herausstellte, daß Motja außer den russisch-japanischen Bildern auch hübsche Steinchen sowie Nüsse für das »König-und-Prinz-Spiel«, Bonboneinwickelpapier und sogar Zigarettenschachteldeckel besaß, erreichte Petjas Liebe ihren Gipfelpunkt.

Ach, was war das für ein glücklicher, besonderer, nie wiederkehrender Tag! Nie im Leben würde ihn Petja vergessen.

Während er Motja betrachtete, interessierten ihn wieder die Ohrringe, und er wollte wissen, auf welche Weise sie an den Ohren befestigt waren. Das Mädchen zeigte ihre vor kurzem erst gestochenen Löchlein, und Petja wagte sogar, Motjas Ohrläppchen zu berühren, das noch ein wenig geschwollen, aber so zart wie eine Apfelsinenscheibe war.

Dann spielten sie eine Partie Deckelchen, bei der das Mädchen alles verspielte. Motja machte ein so unglückliches Gesicht, daß sie Petja leid tat und er ihr nicht nur alle gewonnenen Deckelchen zurückgab, sondern ihr auch großherzig die eigenen dazu schenkte. Sie sollte ihn nur richtig kennenlernen!

Später schleppten sie verdorrtes Steppengras sowie allerlei Holzstückchen heran und machten im Puppenherd Feuer. Das heißt,

Feuer gab es nicht, sondern viel Rauch. So ließen sie es bleiben und spielten Haschen und Verstecken.

Sie verbargen sich voreinander und krochen in so entlegene, verlassene Winkel, daß es sogar ein wenig gruselig war, dort allein zu sitzen. Wie aufregend aber war es, das vorsichtige Nahen zaghafter Schritte zu hören, während man im Versteck saß und mit beiden Händen Mund und Nase zuhielt, um ja nicht herauszuplatzen! Wie wild pochte das Herz, wie ungestüm sauste es in den Ohren! Plötzlich schiebt sich hinter der Ecke langsam, ganz langsam die eine Hälfte des vor Aufregung ganz blassen schmalen Gesichtchens mit den fest aufeinandergepreßten Lippen hervor. Das scheckige Näschen, das runde Auge, das spitze Kinn, das Rüschenhäubchen. Die Augen begegnen sich. Beide Kinder sind so erschrocken, daß sie nahe daran sind, die Besinnung zu verlieren. Aber sofort ertönt wild und rasend der siegessichere, triumphale Aufschrei: »Petja! Hasch mich!«

Und beide jagen aus Leibeskräften – wer wohl eher da ist? – zum Anschlagplatz zurück.

»Anschlag!«

»Frei!«

Einmal hatte sich das Mädchen so gut versteckt, daß der Junge sie eine gute halbe Stunde suchen mußte, ehe er auf die Idee kam, über den hinteren Zaun zu klettern und auf die Weide zu laufen.

In einer mit Steppengras bewachsenen Grube hockte Motja. Das magere Kinn auf die zerkratzten Knie gelegt, schaute sie unter der gerunzelten Stirn zum Himmel empor, über den eine frühabendliche Wolke dahinzog. Um sie herum zirpten die Grillen, weideten die Kühe. Es war unbeschreiblich gruslig.

Petja spähte in die Grube hinab, und die Kinder blickten einander lange in die Augen, erfüllt von einer unerklärlichen brennenden Verwirrung, die nichts mit dem Spiel zu tun hatte. »Hasch mich, Motja!« wollte der Junge rufen, aber er brachte kein Wort heraus. Oh, das war sicher kein Spiel mehr, das war etwas ganz, ganz anderes!

Motja kletterte vorsichtig aus der Grube, und als wäre nichts geschehen, gingen sie verlegen auf den Hof zu, einander mit der Schulter anstoßend, doch gleichzeitig bemüht, sich nicht an den Händen zu fassen. Kaum waren sie übrigens über den Zaun geklettert, da besann Petja sich plötzlich.

»Hasch mich!« rief der schlaue Bengel und stürzte nach dem

Anschlagplatz, um das verdatterte Mädchen »anzuschlagen«.

Alles war so ungewöhnlich, so spannend, daß Petja den plötzlich auftauchenden Gawrik gar nicht beachtete.

»Petja, wie heißt dieser Matrose?« fragte Gawrik ernst.

»Welcher Matrose?«

»Der von der ›Turgenjew‹ gesprungen ist.«

»Weiß nicht .. «.

»Du hast doch erzählt, daß dieser schnauzbärtige Teufel, der Spitzel, ihn irgendwie angeredet hat.«

»Ach ja . . . ja . . . Shukow, Rodion Shukow. Aber stör uns nicht, wir spielen!«

Gawrik entfernte sich mit sorgenvollem Gesicht, und Petja vergaß sogleich wieder alles, ganz von seiner neuen Liebe erfüllt. Bald darauf rief Motjas Mutter zum Abendessen.

»Motja, nun lade deinen Kavalier ein. Der junge Herr ist gewiß schon sehr hungrig.«

Das Mädchen wurde erst rot, dann blaß, richtete sich wieder stocksteif auf und brachte mit gepreßter Stimme hervor: »Junge, wollen Sie mit uns essen?«

Erst in diesem Augenblick spürte Petja Hunger. Er hatte ja heute überhaupt nicht zu Mittag gegessen!

Ach, in seinem ganzen Leben hatte er noch keine so schönen, dicken Löffelerbsen mit so kleinen, festen, wunderbar gedämpften Kartoffeln und Speckstückchen darin gegessen!

Nach diesem herrlichen, in frischer Luft unter dem Maulbeerbaum genossenen Abendbrot machten sich die Jungen auf den Heimweg. Auch Terenti kam mit in die Stadt. Vorher ging er für einen Augenblick ins Haus und kehrte dann in einer kurzen Jacke und einer Mütze mit einem Knöpfchen daran zurück, in der Hand den dünnen eisernen Stab eines Regenschirms, wie ihn die Odessaer Handwerker feiertags als Spazierstock zu tragen pflegten.

»Terenti, komm aber nicht so spät zurück!« bat die Frau flehentlich, als sie ihren Mann bis an die Gartenpforte begleitete. Sie blickte ihn mit solcher Sorge an, daß Petja aus einem unerklärlichen Grunde nich recht wohl dabei war.

»Bleib lieber zu Haus! Wer weiß . . .«

»Hab' was zu erledigen.«

»Wie du willst«, antwortete sie ergeben.

Terenti zwinkerte mit den Augen. »Wird schon klappen!«

»Geh nicht am Güterbahnhof vorbei.«

»Was du nicht sagst!«

»Viel Glück!«

»Gleichfalls.«

Terenti marschierte mit den Jungen in die Stadt zurück. Das war aber nicht derselbe Weg, auf dem sie hergekommen waren. Terenti führte sie über Brachland, durch kleine Gassen und Gemüsegärten, und dieser Weg erwies sich als wesentlich kürzer und außerdem völlig menschenleer.

Ganz unerwartet kamen sie auf dem Sennajaplatz heraus, den Petja gut kannte.

Hier sagte Terenti zu Gawrik: »Ich komme heute noch auf einen Sprung zu euch«, nickte mit dem Kopf und verschwand in der Menge.

Die Sonne war schon untergegangen, hier und da wurden in den Läden die Lampen angezündet.

Petja erschrak. Was würde es nun zu Hause geben? Das Glück war zu Ende. Jetzt mußte der Preis dafür gezahlt werden! Er bemühte sich, vorläufig nicht daran zu denken, doch das erwies sich als unmöglich. Lieber Gott, wie sahen denn die neuen Stiefel aus! Und die Strümpfe! Woher kamen denn diese großen runden Löcher an den Knien? Am Morgen hatte er sie noch nicht gehabt. Und erst die Hände! Sie sahen aus wie die eines Schusters, und auf den Wangen klebten Spuren von Teer. Mein Gott, mein Gott! Wahrhaftig, zu Hause würde es etwas Fürchterliches geben! Wenn sie ihn wenigstens noch verprügelten! Aber das war ja eben das Schreckliche, daß man ihn bestimmt nicht schlagen würde. Man würde jammern und stöhnen und herzzerreißende, aber leider völlig berechtigte Dinge sagen. Und der Papa würde ihn womöglich noch an der Schulter packen, mit aller Kraft hin und her schütteln und schreien: »Du Lümmel, wo hast du dich herumgetrieben? Willst du mich denn ins Grab bringen?« Und das war bekanntlich zehnmal schlimmer als die allertollsten Prügel.

Bittere Gedanken stürzten den Jungen in tiefste Trübsal, die noch gesteigert wurde durch den Verlust der Deckel, die er in einem unverständlichen Anfall von Zuneigung dem Mädchen geschenkt hatte.

»Man hat mich geraubt!«

Es sah tatsächlich so aus, als könne keine Macht der Erde Petja vor einem unerhörten Skandal retten. Doch nicht umsonst hatte er zwei Haarwirbel auf dem Kopf – die meisten Jungen hatten nur einen aufzuweisen –, was bekanntlich das sicherste Merkmal für einen Glückspilz ist. Und das Schicksal sandte Petja tatsächlich eine unerwartete Rettung. Man hätte alles mögliche erwarten können, nur nicht das, was geschah. Nicht weit vom Sennajaplatz kam Pawlik stolpernd die Straße entlanggerannt. Er war ganz allein. Über sein verschmiertes Gesichtchen strömten die Tränen wie aus einem ausgewrungenen Scheuertuch. In dem weit aufgerissenen Mündchen zitterte die winzige Zunge. Er heulte dauernd den Buchstaben »a«; da er aber dabei weiterlief, entstand statt eines ununterbrochenen ein gestottertes, hüpfendes »a! a! a! a!«

»Pawlik!«

Der Kleine hatte den älteren Bruder erblickt, stürzte ihm atemlos entgegen und klammerte sich an dessen Matrosenbluse. »Petja, Petja!« schrie er zitternd und sich verschluckend. »Petjachen!«

»Was treibst du hier, du ungezogener Bengel?« fragte Petja streng und drohend.

Statt zu antworten, bekam Pawlik einen Schlucken und konnte kein Wort mehr herausbringen.

»Ich frage dich, was du hier treibst? Na? Du Lümmel, wo hast du dich rumgetrieben? Du willst mich wohl ins Grab bringen! Warte nur! Dir hau ich die Hucke voll, dann wirst du's schon wissen!« Petja packte den Bruder bei den Schultern und schüttelte ihn so lange hin und her, bis der trotz seines Schluckens heulend hervorbrachte: »Man ... hick ... hat mich ... gera-a-aubt!«

Und wieder brach er in Tränen aus.

Was war passiert?

Es stellte sich heraus, daß Petja nicht als einziger auf die Idee gekommen war, gleich am ersten Tag nach der Ankunft einen Spaziergang zu unternehmen. Auch Pawlik hatte längst davon geträumt.

Natürlich wäre es ihm nie in den Sinn gekommen, so weit fortzugehen, wie Petja es getan hatte. Er wollte eigentlich nur der Abfallgrube einen Besuch abstatten und höchstens bis an die Ecke gehen, um die Soldaten an der Stabseinfahrt das Gewehr präsentieren zu sehen.

Unglücklicherweise aber kam gerade zu dieser Zeit ein »Petruschka«, also ein Kasperletheater, auf den Hof.

Gemeinsam mit den anderen Kindern sah sich Pawlik alle Szenen an, die ihm aber viel zu kurz erschienen. Da man sich erzählte, daß auf dem Nachbarhof mehr gezeigt würde, zogen die Kinder hinter Petruschka her auf den anderen Hof. Aber dort war die Vorstellung noch kürzer. Sie schloß damit, daß Petruschka – eine langnasige Puppe mit Zipfelmütze, die einer roten Pfefferschote glich – den Schutzmann mit einem Knüppel erschlug, während es doch wirklich allgemein bekannt war, daß hinterher noch unbedingt ein fürchterliches Ungeheuer, ein Mittelding zwischen einer gelben behaarten Ente und einem Krokodil, zu erscheinen, Petruschka mit den Zähnen am Schopf zu fassen und ihn in die Hölle hinabzuzerren hatte. Aber gerade das wurde nicht gezeigt. Vielleicht, weil zuwenig Kupfermünzen aus den Fenstern geflogen kamen.

Zweifellos würde die Sache auf dem nächsten Hof besser vonstatten gehen.

Den geflochtenen Korb mit den geheimnisvoll darin versteckten Puppen gierig mit den Augen verschlingend, gingen die Kinder wie verzaubert hinter den Marionettenspielern her. Von einem Hof zum andern folgten sie der bunt angezogenen Frau mit dem Leierkasten auf dem Rücken und dem Mann ohne Mütze, der die Kulissen unter dem Arm trug.

Von unüberwindlicher Neugier getrieben, stapfte Pawlik auf seinen kräftigen Beinchen hinterdrein. Die Zungenspitze vorgestreckt, die schokoladenfarbenen Augen mit den großen Pupillen weit aufgerissen, vergaß der Junge alles auf der Welt – Papa, die Tante und sogar Kudlatka, obwohl er das Pferdchen doch gar nicht in den Stall geführt und auch noch nicht mit Hafer und Heu versorgt hatte.

Pawlik hatte jedes Zeitmaß verloren und kam erst zu sich, als er mit Erstaunen feststellte, daß es bereits Abend war und er in einer völlig unbekannten Straße hinter dem Leierkasten herlief. Die anderen Kinder waren längst zurückgeblieben oder nach Hause gegangen. Er war ganz allein.

Die bunte Frau und der Mann gingen jetzt rasch, offenbar drauf bedacht, schnell heimzukommen. Pawlik hatte Mühe, ihnen zu folgen. Die Stadt wurde immer unbekannter und verdächtiger. Pawlik schien es, als flüsterten der Mann und die Frau unheildrohend miteinander.

Als sie um eine Ecke bogen, wandten plötzlich beide die Köpfe zurück, und tief beunruhigt gewahrte Pawlik eine Zigarette im Mund der Frau. Entsetzen packte das Kind. Ein Gedanke schoß ihm durch den Sinn, ein Gedanke, der ihn zittern machte; es war ja allgemein bekannt, daß die Drehorgelmänner kleine Kinder an sich lockten, sie stahlen, ihnen Arme und Beine ausrenkten und sie dann als Akrobaten an die Jahrmarktbuden verkauften!

Oh, wie hatte er das vergessen können! Das war ja genauso allgemein bekannt wie die Tatsache, daß man sich mit den Bonbons der Firma »Gebrüder Krachmalnikow« vergiften konnte und daß die Eisverkäufer das Eis aus Milch fabrizierten, in der man vorher Kranke gebadet hatte!

Es gab keinen Zweifel: Nur Zigeunerinnen rauchten und überhaupt Frauen, die Kinder raubten! Gleich würde man ihn ergreifen, ihm einen Lappen in den Mund stecken und ihn irgendwohin in die Romanowkasiedlung schleppen, wo ihm Arme und Beine ausgerenkt würden, um ihn in einen Akrobaten zu verwandeln.

Mit lautem Geheul stürzte Pawlik davon und rannte so lange, bis er unversehens Petja in die Arme lief.

Nachdem Petja dem Brüderchen eine ordentliche Tracht Prügel verabreicht hatte, zerrte er ihn triumphierend nach Hause, wo bereits Panik herrschte. Mit ihrem Kalikorock raschelnd, sauste Dunja von Hof zu Hof, die Tante rieb sich die Schläfen mit einem Migränestift ein, und Papa zog sich gerade den Sommermantel an, um zum Polizeirevier zu gehen und das Verschwinden der Kinder zu melden.

Als die Tante den Pawlik heil und gesund vor sich sah, stürzte sie ihm entgegen und wußte nicht, ob sie lachen oder weinen sollte. So weinte und lachte sie gleichzeitig, gab dem Ausreißer in ihrer freudigen Erregung ein paar Klapse hinten drauf, bedeckte sein ganz verheultes Schnäuzchen mit Küssen und gab ihm wieder ein paar Klapse. Dann erst wandte sie sich drohend an Petja: »Und du, mein Freund?«

»Wo hast du dich herumgetrieben, du Räuber?« schrie der Vater und packte den Jungen an den Schultern.

»Ich habe Pawlik gesucht«, erwiderte Petja bescheiden. »Kreuz und quer bin ich durch die Stadt gelaufen, bis ich ihn fand. Ihr solltet mir dankbar sein! Wäre ich nicht gewesen, hätte man ihn schon längst geraubt!«

Und Petja erzählte auf der Stelle eine prachtvolle Geschichte, wie er den Orgelmann verfolgt habe, wie dieser durch verschiedene Hinterhöfe vor ihm ausgekniffen sei, wie er ihn aber dennoch am Kragen gepackt und nach dem Schutzmann gerufen habe. Doch der Orgelmann habe es mit der Angst zu tun gekriegt, Pawlik herausgegeben und sich aus dem Staub gemacht.

»Sonst hätt' ich den aufs Polizeirevier gebracht, wahrhaftigen Gotts!«

Und obwohl Petjas Erzählung wider Erwarten bei niemand die gewünschte Begeisterung hervorrief und der Papa sogar angeekelt die Augen zusammenkniff und abweisend bemerkte: »Daß du dich nicht schämst, so etwas daherzuschwafeln!« – es war nicht abzuleugnen: Kein anderer als Petja hatte den verschwundenen Pawlik nach Hause gebracht! Dank dieser Tatsache kam er ungeschoren aus dem Abenteuer heraus und entging dem unerhörtesten Skandal. Er war ja schließlich auch ein Glückspilz mit zwei Haarwirbeln!

Inzwischen war Gawrik in die Hütte zurückgekehrt, wo er den Großvater und den Matrosen in großer Aufregung vorfand. Vor kurzem, ja eben erst war irgendeine Kommission, angeblich von der Stadtverwaltung, dagewesen, um die Fischfangerlaubnis zu kontrollieren. Die betreffenden Papiere waren in Ordnung.

»Und wer liegt da bei dir?« hatte plötzlich der Herr mit der Mappe gefragt, als sein Blick auf den Matrosen fiel.

Der Großvater druckste verlegen herum.

»Ein Kranker? Warum bringst du ihn dann nicht ins Krankenhaus, wenn er krank ist?«

»Nee«, sagte der Großvater und gab sich den Anschein fröhlicher Gleichgültigkeit, »nee, der ist nicht krank, der ist besoffen.«

»So besoffen! Ist wohl dein Sohn, was?«

»Nee.«

»Ein Fremder?«

»Ich sag ja, Euer Gnaden: 'n Besoffener.«

»Das hab ich ja begriffen, daß er besoffen ist. Aber wo hast du ihn aufgegabelt?«

»Wieso denn wo?« brabbelte der Großvater, indem er einen Trottel markierte. »Der ist besoffen, hat im Steppengras gelegen, wie's halt so geht.«

Der Herr blickte den Matrosen aufmerksam an.

»Was denn, hat er so in Unterhosen im Steppengras gelegen?«

»Na ja, so hat er gelegen.«

»He, du, hauch mich mal an!« schrie der Herr, wobei er sich ganz nahe über den Matrosen beugte.

Shukow tat, als höre er nichts, zog sich das Kissen über den Kopf und drehte sich zur Seite.

»Ein Besoffener, und stinkt nicht nach Schnaps!« bemerkte der Herr, schaute den Großvater prüfend und streng an und fügte hinzu: »Paß mir auf!«

Und damit hatte sich die Kommission verzogen.

Gawrik gefiel das gar nicht.

Als er am Restaurant vorbeigekommen war, hatte er an einem der Tische den Reviervorsteher Bier trinken sehen – denselben ekligen Reviervorsteher, den die ortsansässigen Fischer nicht anders als »unser Bootsschnüffler« nannten. Er hatte dagesessen, kaum getrunken und nur auf seine silberne Uhr geblickt.

Der Matrose fühlte sich bedeutend wohler; offenbar war die Krise überstanden. Fieber hatte er nicht mehr. Er saß auf der Pritsche, rieb sich die stacheligen Wangen und sagte: »Werde wohl gleich losflitzen müssen, geht wohl nicht anders.«

»Wo willst du denn ohne Hosen hin?« bemerkte Großvater niedergeschlagen. »Bis es dunkel wird, mußt du schon hierbleiben. Das ist nun nicht anders. Willst du was essen, Gawrik?«

»Ich hab' bei Terenti gegessen.«

Großvaters Augenbrauen gingen in die Höhe. »Soso!« Der Enkel war also inzwischen bei Terenti gewesen. Tüchtig!

»Wie geht's da?«

»Der will heut abend hier noch auf einen Sprung vorbeikommen.«

Großvater kaute an seinen Lippen, und seine Brauen gingen noch mehr in die Höhe, vor Staunen darüber, was ihm doch für ein flinker Enkel herangewachsen war. Der verstand ja alles besser als ein Erwachsener! Und schlau war der! Uh, war der schlau!

Mit seinen neuneinhalb Jahren fand sich Gawrik tatsächlich in manchen Lebenslagen besser zurecht als ein Erwachsener. Das war ja auch nicht weiter erstaunlich. Von klein auf lebte der Junge unter Fischern, und die Odessaer Fischer unterscheiden sich im Grunde kaum von den Matrosen, Heizern, Hafenarbeitern, Lastträgern, kurz, den ärmsten und freiheitsliebendsten Teilen der städtischen Bevölkerung.

Alle diese Menschen hatten genügend Kummer erlebt und an eigener Haut alles Übel der Welt erfahren. Das galt für die Erwachsenen wie für die Kinder, und vielleicht ging es den Kindern sogar noch schlimmer als den Erwachsenen.

Es war das Jahr 1905, das Jahr der ersten russischen Revolution. Die Armen, Beraubten, Entrechteten erhoben sich zum Kampf gegen den Zarismus. Und die Fischer nahmen nicht den letzten Platz unter ihnen ein. Der Kampf aber, der hier anhob, ging auf Leben und Tod. Er lehrte schlau sein, vorsichtig und verwegen. All diese Eigenschaften wuchsen und entwickelten sich ganz unmerklich und selbstverständlich in dem kleinen Fischer. Gawriks Bruder Terenti hatte früher auch gefischt, nach seiner Heirat aber in den Eisenbahnwerkstätten zu arbeiten begonnen. Auf Grund vieler Anzeichen vermutete Gawrik, daß sein Bruder in irgendeiner Beziehung zu dem stand, was man zu jener Zeit so verkappt und vielsagend »die revolutionäre Bewegung« nannte.

Wenn er Terenti in den »Nahen Mühlen« besuchte, hörte er seinen Bruder oft die Worte »Komitee«, »Fraktion« und »Treff« gebrauchen. Und obwohl Gawrik ihren Sinn nicht verstand, fühlte er doch, daß diese Worte mit anderen, jedermann geläufigen Ausdrücken verbunden waren, wie »Streik«, »Geheimpolizei« oder »Flugblatt«. Gawrik wußte gut, was ein Flugblatt war, dieses Blättchen aus schlechtem, mit kleiner, grauer Schrift bedrucktem Papier. Eines Nachts hatte er auf Terentis Bitte sogar Flugblätter zum Ufer getragen und vorsichtig, damit es ja keiner merkte, in den Fischerbooten verstaut. Terenti hatte damals gesagt: »Und wenn's einer sieht, schmeiß sie einfach ins Wasser und hau ab! Und erwischt man dich, dann sagst du, du hast sie im Gras gefunden.«

Doch alles war gut gegangen.

Und eben deshalb hatte sich Gawrik entschlossen, zuerst seinem Bruder Terenti von dem Matrosen zu erzählen. Der Junge wußte, Terenti würde alles in Ordnung bringen; er begriff aber auch, daß der Bruder noch mit diesem oder jenem beraten und noch hier und da vorbeigehen müsse, vielleicht sogar bei dem bewußten »Komitee«. Also mußte man erst einmal warten. Das Warten aber wurde allmählich gefährlich. Ein paarmal öffnete der Matrose ein wenig die Tür und blickte vorsichtig hinaus. Doch obwohl es inzwischen schon ziemlich dunkel geworden, war es noch nicht so finster, daß man in einem solchen Aufzug hätte hinaustreten können, ohne Aufsehen zu erregen – besonders, da noch viele Leute am Strand weilten und man vom Meer her das Singen von Ruderern vernahm.

Der Matrose setzte sich wieder auf die Pritsche und sagte laut, ohne sich noch vor dem Alten und Gawrik in acht zu nehmen: »Diese Schinder! ... Diese Viecher ... Na, wenn die mir mal zwischen die Finger geraten! ... Die richte ich wer weiß wie zu! ... Und wenn's meinen Kopf kostet!«

Dabei hämmerte er mit seiner schweren Faust leise gegen die Pritsche.

Die Verfolgung

Es war schon recht dämmerig, als sich die Tür der Hütte unerwartet öffnete und ein Mann hereintrat, der mit seiner großen Gestalt die ganze Tür verdeckte. Der Matrose sprang erregt auf.

»Nee, nee, Onkel, bleiben Sie man ruhig sitzen, das ist unser Terenti«, sagte Gawrik.

Der Matrose setzte sich wieder und versuchte krampfhaft, den Eingetretenen in der Dunkelheit zu erkennen.

»Guten Abend!« sagte Terenti. »Wer ist denn hier? Man sieht ja niemand. Warum zündet ihr nicht die Lampe an? Habt ihr kein Petroleum, oder was ist los?«

»'n Tröpfchen ist noch da.« Der Alte seufzte und zündete das Lämpchen an.

»Tag, Großvater, wie geht's? Ich mußte heute zur Stadt. Na, denk ich, gehst mal auf einen Sprung zu deinem Familienältesten! Ah, ich sehe, ihr habt hier noch einen Gast in der Bude! Guten Tag!«

Terenti warf bei dem schwachen Schein des langsam aufflammenden Lämpchens einen raschen, aber sehr aufmerksamen Blick auf den Matrosen.

»Ist unser Ertrunkener«, erklärte der Großvater mit gutmütigem Lächeln.

»Hab' schon gehört.«

Der Matrose betrachtete Terenti mit düsterem Zweifel und schwieg.

»Rodion Shukow?« fragte Terenti fast heiter.

Der Matrose zuckte zusammen, beherrschte sich aber gleich wieder. Er stützte sich mit den Fäusten noch kräftiger auf die Pritsche, kniff die Augen ein wenig zusammen und sagte mit einem herausfordernden Lächeln: »Shukow, vielleicht. Wer aber sind Sie, daß ich Ihnen antworten soll? Ich habe eigentlich einzig und allein dem Komitee zu antworten.«

Bei diesen Worten schwand das Lächeln von Terentis Gesicht. Noch nie hatte Gawrik den Bruder so ernst gesehen. »Kannst mich als Komitee betrachten«, bemerkte er nach kurzem Überlegen und setzte sich neben den Matrosen auf die Pritsche.

»Womit wollen Sie das beweisen?« fragte der Matrose hartnäckig, das freundschaftliche »Du« ablehnend, und rückte beiseite.

»Zuerst müßten Sie mir etwas beweisen«, erwiderte Terenti.

»Man sollte denken, die Tatsachen seien klar genug.«

Der Matrose ließ den Blick verärgert über seine in Unterhosen steckenden Beine gleiten.

»Na, wenn schon!«

Terenti ging zur Tür, öffnete sie ein wenig und sagte halblaut: »Ilja Borissowitsch, kommen Sie, bitte, einen Augenblick herein.«

Sofort raschelte das Gras, und ein kleiner, dürrer, sehr junger Mann mit einem Zwicker, dessen schwarze Schnur hinters Ohr gelegt war, betrat die Hütte. Unter der alten aufgeknöpften Joppe sah man ein Russenhemd aus schwarzem Satin, das ein Lederriemen in der Taille zusammenhielt. Auf dem wuschligen Kopf saß eine plattgedrückte Technikermütze. Dem Matrosen war, als hätte er diesen »Studenten« schon irgendwo einmal gesehen.

Der junge Mann blieb etwas seitlich stehen, rückte seinen Zwicker zurecht und blickte den Matrosen aufmerksam an.

»Nun?« fragte Terenti.

»Ich habe den Genossen am Morgen des 15. Juni an der Platonowski-Mole als Wache des von Offizieren in unmenschlicher Weise ermordeten Matrosen Wakulintschuk gesehen«, war die Antwort des jungen Mannes. »Sind Sie dort gewesen, Genosse?«

»Tatsächlich!«

»Sehen Sie, ach hab' mich also nicht geirrt.«

Da holte Terenti schweigend ein Päckchen hervor und legte es dem Matrosen auf die Knie.

»Ein Paar Hosen, ein Gurt und eine Joppe. Stiefel haben wir leider nicht bekommen. Vorläufig gehen Sie so, nachher kaufen Sie sich welche. Ziehen Sie sich sofort an, wir drehen uns solange weg!« stieß der junge Mann rasch und ohne Betonung hervor und fügte dann hinzu: »Mir scheint nämlich, daß das Haus beobachtet wird.«

Terenti zwinkerte mit den Augen. »Los, Gawrik!«

Der Junge begriff sofort und schlich sich leise aus der Hütte in die Dunkelheit.

An der Tür blieb er stehen, horchte, und ihm war, als raschle im Gemüsegarten das trockene Kartoffelkraut. Er duckte sich, schlich einige Schritte vorwärts und erblickte plötzlich, als sich seine Augen an die Dunkelheit gewöhnt hatten, deutlich mitten im Gemüsegarten zwei regungslose Gestalten.

Dem Jungen blieb der Atem weg. In seinen Ohren rauschte es so, daß er die Brandung nicht mehr hörte. Er biß sich auf die Lippen und schlich lautlos hinter die Hütte, um nachzusehen, ob jemand auf dem Pfad sei.

Auch dort standen zwei Gestalten; die eine trug ein weißes Kittelhemd.

Gawrik kroch bis zur Anhöhe und entdeckte dort noch einige Schutzleute, die er alle an ihren weißen Kittelhemden erkannte. Die Hütte war umzingelt!

Der Junge wollte gerade zurückkriechen, da fühlte er plötzlich eine große, heiße Hand, die ihn fest am Nacken packte. Er versuchte sich loszureißen, bekam aber ein Bein gestellt und flog mit dem Gesicht ins Gras.

Starke Arme griffen nach ihm. Er wand sich und sah zu seinem Schrecken dem »Schnauzbart« ins Gesicht. Aus dessen Mund roch es nach Rinderbraten; sein Soldatenkinn war rasiert und hart wie ein Kiefernbrett.

»O-o-onkelche-e-e-en«, heulte Gawrik mit gemacht hoher Piepsstimme.

»Schweig, du Hund!« zischte der »Schnauzbart«.

»La-a-assen Sie mich los!«

»Ich werde dir schon das Brüllen abgewöhnen, Rabenaas!« stieß der »Schnauzbart« zwischen den Zähnen hervor und packte den Jungen mit eisernem Griff am Ohr.

Gawrik zog die Schultern ein und brüllte mit wilder Stimme, das Gesicht der Hütte zugewandt: »Haut ab!«

»Schweig, ich schlag dich tot!«

Und der »Schnauzbart« riß ihn am Ohr, daß es knackte. Gawrik war es, als müßte sein Kopf platzen. Ein grauenhafter, mit nichts vergleichbarer Schmerz zuckte durch sein Gehirn. Zugleich stieg in ihm ein solcher Haß, eine solche Raserei hoch, daß ihm ganz schwarz vor Augen wurde.

»Haut ab!« brüllte er wieder, so laut er nur konnte, und wand sich vor Schmerz.

Der »Schnauzbart« fiel mit seinem ganzen Körpergewicht über ihn her und hielt ihm mit einer Hand den Mund zu, während die andere immer noch am Ohr zerrte, riß und kniff. Doch der Junge rollte sich auf der Erde hin und her, biß in die verschwitzte, beharrte, verhaßte Hand und schrie verzweifelt und tränenüberströmt: »Haut ab! Haut ab! Hau-u-ut a-a-ab!«

Der »Schnauzbart« schleuderte den Jungen wütend zur Seite und stürzte zur Hütte. Ein langgedehnter Polizeipfiff ertönte. Gawrik erhob sich. Gott sei Dank! Sie hatten sein Schreien gehört. Drei Gestalten, zwei große und eine kleine, waren mit einem Satz aus der Hütte gesprungen und rannten nun stolpernd durch den Gemüsegarten.

Zwei Weißkittel verstellten ihnen den Weg. Die Flüchtlinge wollten zurücklaufen, erkannten aber, daß sie umzingelt waren. »Halt!« rief ihnen eine unbekannte Stimme zu.

»Ilja Borissowitsch, schießen!« hörte der Junge Terenti rufen.

Im gleichen Augenblick blitzte es auf, und wie Peitschenschläge knallten drei Revolverschüsse hintereinander. Gawrik entnahm dem Schreien und dem Tumult, daß sie irgendwo in der Dunkelheit übereinander hergefallen waren.

Sollten sie wirklich gefaßt worden sein? Ganz wirr vor Entsetzen stürzte Gawrik vor, als könne er helfen.

Aber er war noch keine zehn Schritte gelaufen, als er dieselben Gestalten – zwei große und eine kleine – sich aus dem Gewühl lösen sah. Sie rasten dem Abhang zu und verschwanden in der Dunkelheit.

»Halt! Ha-a-alt!«

Eine rote Feuergarbe flog auf. Laut hallte der von der Polizei abgegebene Schuß. Oben, auf dem Abhang, trillerten die Pfeifen der Schutzleute. Es schien, als sei das ganze Ufer umzingelt. Verzweifelt horchte der Junge auf den Lärm der Verfolgung. Er konnte nicht fassen, warum Terenti diese Fluchtrichtung gewählt hatte. Welch ein Wahnsinn, den Abhang hinaufzuklettern. Dort war eine Falle, und dort würden sie bestimmt gefaßt werden. Viel leichter wäre es gewesen, am Ufer entlangzuflitzen!

Gawrik rannte noch ein paar Schritte, und es schien ihm, als sähe er an dem steilen, fast senkrecht aufsteigenden Hang drei Gestalten emporklettern. Das war der sichere Tod!

»O Terenti, wo klettert ihr denn hin?« flüsterte der Junge verzweifelt und zerbiß sich fast die Knöchel, um nicht zu weinen, während bittere Tränen ihn in der Kehle würgten.

Und plötzlich begriff der Junge, weshalb sie den Hang hinaufkletterten. Das hatte er ja gar nicht bedacht ... Doch in diesem Augenblick stürzte sich der »Schnauzbart« erneut auf den Jungen, packte ihn am Kragen und zerrte ihn, ihm dabei das Hemd zerreißend, zur Hütte. Mit aller Gewalt schleuderte er ihn durch die Tür, an der bereits zwei Schutzleute standen. Gawrik stieß schmerzhaft mit dem Backenknochen gegen den Türpfosten, flog in die Ecke und dann auf den Großvater, der dort auf der bloßen Erde saß.

»Entkommen sie, reiß ich euch den Kopf ab!« schrie der »Schnauzbart« den Schutzleuten zu und lief wieder hinaus, Gawrik setzte sich mit untergeschlagenen Beinen neben dem Großvater auf die Erde. Ohne ein Wort zu sprechen, saßen sie da und horchten auf die langsam in der Ferne verklingenden Pfiffe und Schreie.

Schließlich war kein Lärm mehr zu hören.

Und nun fühlte Gawrik sein Ohr wieder, das er ganz vergessen hatte. Es schmerzte furchtbar. Jede Berührung war gräßlich. »Uh, das Vieh! Der hat mir ja fast mein Ohr abgerissen«, sagte Gawrik und bemühte sich mit aller Gewalt, die Tränen zurückzuhalten und möglichst gleichgültig zu erscheinen.

Der Großvater blickte ihn von der Seite an. Die Augen des Alten waren reglos und erschreckend in ihrer tiefen Leere. Die Lippen mümmelten. Er schwieg lange. Schließlich schüttelte er den Kopf und sagte vorwurfsvoll: »Habt ihr so was schon gesehen, Herrschaften, daß man Kindern die Ohren abreißt? Gehört sich denn das?«

Er seufzte schwer und kaute wieder an den Lippen. Plötzlich neigte er sich lebhaft zu Gawrik, spähte ängstlich nach der Tür, ob auch keiner horchte, und flüsterte: »Hast du gehört, ob sie weg sind oder nicht?«

»Sie sind den Abhang hoch«, erwiderte der Junge rasch, aber leise, »Terenti führt sie zu den Katakomben. Wenn sie nicht unterwegs abgeschossen werden, entkommen sie bestimmt.«

Der Großvater wandte sein Gesicht dem wundertätigen Nikolai

zu, schloß die Augen und bekreuzigte sich langsam, eine kleine, kaum sichtbare Träne rann seine Wange herab und verschwand in den Runzeln des faltigen Gesichts.

Großvater

Katakomben gibt es in vielen Städten der Erde – in Rom, Neapel, Konstantinopel, Alexandria, Paris und Odessa.

Vor etwa sechzig Jahren waren die Odessaer Katakomben ein städtischer Steinbruch gewesen, aus dem man Kalkstein für Bauten herausmeißelte. Auch jetzt noch erstrecken sie sich als verzweigtes Labyrinth unter der ganzen Stadt und haben einige Ausgänge außerhalb der Stadtgrenzen.

Die Bewohner Odessas wußten natürlich von ihrem Vorhandensein, doch stieg kaum jemand hinab, und schon gar nicht machte man sich eine Vorstellung von ihrer Lage. Die Katakomben bildeten gleichsam das Geheimnis der Stadt, sie waren ihre Legende.

Doch Terenti war nicht umsonst früher Fischer gewesen. Er kannte das Ufer und auch alle Ausgänge der Katakomben zum Meer hin ausgezeichnet.

Einer dieser Ausgänge befand sich etwa hundert Schritte von der Hütte entfernt in der Mitte des Abhangs. Es war eine enge Spalte im Felsen, über und über mit Heckenrosen und Spindelbaum bewachsen. Ein Bächlein drang, die Kletterpflanzen und das Steppengras sanft wiegend, aus dem Spalt hervor und rann den Abhang hinunter.

Als sie dem ersten Ansturm der Schutzleute und Geheimpolizisten entronnen waren, führte Terenti seine Genossen geradewegs zu der ihm wohlbekannten Spalte.

Die Verfolger hatten keine Ahnung davon. Sie dachten, die Flüchtlinge wollten sich durch die Gärten der Villen zur Stadt durchschlagen. Das konnte der Polizei nur recht sein. Das ganze Gelände war umstellt. Die Flüchtlinge mußten unausweichlich in eine der Fallen geraten! Deshalb erhielten die Schutzleute nach dem ersten Schuß Befehl, nicht mehr zu schießen.

Nachdem der Polizeichef des Alexander-Bezirks, der persönlich die Razzia leitete, jedoch eine Viertelstunde unten gewartet hatte, sandte er seinen Reviervorsteher hinauf, um zu erfahren, ob die Verbrecher gefaßt worden seien.

Der Reviervorsteher stieg den bequemen Serpentinenweg hinan und kam eine Viertelstunde später mit der Meldung zurück, die Flüchtigen seien noch nicht oben erschienen. Demnach waren sie weder unten noch oben! Wo konnten sie aber sein? Es war ganz ausgeschlossen, daß sie in halber Höhe auf dem Abhang hockten und darauf warteten, gefaßt zu werden. Dennoch befahl der Polizeioffizier seinen Leuten, den Abhang emporzuklettern und jeden Strauch abzusuchen. Fürchterlich fluchend und mit seinen lackierten Stiefeln ununterbrochen auf dem Gras und dem Lehm ausrutschend, kletterte er selbst hinauf, da er »diesen Hornochsen« nicht mehr traute.

Sie durchkämmten in der Dunkelheit den ganzen Abhang von oben bis unten, ohne etwas zu finden. Es war wie ein Wunder. Schließlich konnte sie doch nicht die Erde verschluckt haben.

»Euer Gnaden!« ertönte plötzlich von oben eine erschrockene Stimme. »Bitte, kommen Sie hierher!«

»Was habt ihr denn da?«

»Eine Katakombe, Euer Gnaden!«

Der Polizeichef griff mit seinen weißen Handschuhen nach den stachligen Zweigen. Sofort wurde er von kräftigen Armen gepackt und auf eine kleine Plattform hinaufgezogen.

Der »Schnauzbart« zündete ein Streichholz nach dem anderen an. In dem flackernden Schein konnte man die überwucherte enge Spalte gut sehen.

Mit einem Schlage begriff der Polizeioffizier, daß die Sache verloren war. Eine solche Beute entschlüpft! Er schäumte vor Wut, trampelte mit den Beinen, fuchtelte nach rechts und links mit den weißbehandschuhten Fäusten herum, traf blind auf Münder und Bärte und belferte mit überschnappender, heiserer Stimme: »Was steht ihr hier rum, ihr Hornochsen! Vorwärts! Alle Katakomben absuchen! Ich reiß euch die Köpfe ab, ich hau euch die Fressen blutig, der Teufel soll euch holen, wenn die Halunken nicht gefaßt werden! Los!«

Aber er begriff ja selbst, daß daraus nichts werden konnte. Um alle Katakomben zu durchsuchen, hätte man mindestens zwei Wochen gebraucht, und auch das wäre jetzt völlig vergeblich gewesen, da bereits eine halbe Stunde verflossen war und die Flüchtlinge sich zweifellos längst am anderen Ende der Stadt befanden.

Einige Schutzleute kletterten widerwillig in die Spalte, zündeten ununterbrochen Streichhölzer an, trieben sich ein wenig im Bereich des Ausgangs umher und betrachteten die feuchten Kalkwände des unterirdischen Gangs, der sich in Grabesfinsternis verlor.

Der Polizeichef spuckte kräftig aus und rannte den Abhang hinunter. Wut schnürte ihm die Kehle zu. Er zerrte an dem steifen Kragen seines weißen Pikeehemdes, daß die Haken abgingen. Mit großen Schritten eilte er durch das raschelnde Steppengras auf die Hütte zu und riß erbittert die Tür auf. Die Schutzleute standen erschrocken stramm.

Der Polizeioffizier betrat das Kämmerchen und pflanzte sich breitbeinig und steif auf, die Hände mit den nervös spielenden Fingern auf dem Rücken verschränkt.

»Gestatten, Euer Gnaden«, flüsterte der »Schnauzbart«, der sich diensteifrig hinter ihm durch die Tür geschoben hatte, geheimnisvoll, mit runden Augen auf den Großvater weisend, »das ist der Besitzer dieser Verschwörerwohnung, und das dort ist sein Bengel.«

Ohne den »Schnauzbart« anzusehen, streckte der Polizeioffizier die Hand nach ihm aus, griff mit seinen weißen, gespreizten Fingern nach dem verschwitzten Gesicht des Spitzels und stieß ihn voller Wut und Ekel zurück.

»Ich habe dich Hornochsen nicht gefragt. Weiß selbst Bescheid.«

Gawrik wurde von Grauen gepackt. Er fühlte, daß jetzt etwas Schauderhaftes vor sich gehen würde. Blaß, klein, mit rotem, geschwollenem Ohr, blickte er starr auf den schlanken, aber breitschultrigen Offizier in den hellblauen Hosen und mit dem schwarzlackierten Säbelgehenk über der Schulter.

Nachdem er mindestens eine Minute so gestanden hatte, die dem Jungen länger als eine Stunde erschien, setzte sich der Polizeioffizier seitwärts auf die Pritsche. Ohne den Blick vom Großvater zu wenden, streckte er das eine Bein mit dem Lackstiefel vor, zog aus der Tasche eine silberne Zigarettendose und ein orangefarbenes Feuerzeug und zündete sich eine gelbliche Zigarette an.

Marke »Asmolow«, ging es Gawrik durch den Kopf.

Der Polizeioffizier stieß den Rauch durch die Nase, ließ gleichzeitig ein gedehntes »N-nun ...« hören und brüllte plötzlich in einer Lautstärke los, daß es einem in den Ohren dröhnte: »Aufstehen in Gegenwart eines Offiziers, du Halunke!«

Großvater sprang verwirrt hoch. Die nackten schwarzen Beine geknickt, das Hemd auf dem dürren Körper zurechtzupfend, starrte der Alte mit weitaufgerissenen, verständnislosen Augen den Polizeichef an.

Gawrik sah, wie Großvaters vorgestreckter Hals zitterte und sich die faltige Haut mit der alten Narbe unter dem Kinn wie zwei Pferdeleinen spannte.

»Du versteckst hier Illegale?« fragte der Polizeioffizier mit eisiger Stimme.

»Nein, Euer Gnaden«, flüsterte der Großvater.

»Wer war eben bei dir? Sprich!«

»Weiß nicht, Euer Gnaden.«

»Ach, du weißt es nicht?«

Der Offizier stand langsam auf. Und mit zusammengepreßten Lippen versetzte er dem Großvater mit einer kurzen, genauen Bewegung einen so wuchtigen Schlag ins Gesicht, daß der Alte zur Seite taumelte und mit dem ganzen Körper gegen die Wand schlug.

»Sag, wer war das?«

»Weiß ich nicht«, antwortete der Alte fest, und seine Backenknochen mahlten hin und her.

Wieder schnellte die Faust in dem weißen Handschuh blitzartig vor. Aus Großvaters Nase floß in zwei dünnen Rinnsalen Blut. Er kniff die Augen zusammen, zog den Kopf ein und schluchzte auf.

»Warum schlagen mich Euer Gnaden?« murmelte er leise, aber drohend; dabei fuhr er mit der Hand unter die Nase und zeigte dem Polizeioffizier die blutbefleckte Hand.

»Maul halten!« brüllte der Offizier erblassend.

Ein großes, schwarzsamtenes Muttermal hob sich deutlich von seinem kalkigen Gesicht ab. Voller Ekel betrachtete er seinen befleckten Handschuh.

»Sag, wer es war!«

»Ich weiß es nicht!«

Der Alte hatte das Gesicht rechtzeitig mit den Händen bedeckt und sich zur Wand gedreht. Der Schlag traf seinen Kopf. Die Hose erschlaffte über den Knien. Der Großvater begann langsam abzusacken.

»Onkel, schlagen Sie ihn nicht, er ist alt!« schrie Gawrik vor Verzweiflung aufweinend, und stürzte zu dem Polizeioffizier. Doch dieser verließ bereits die Hütte und rief den Schutzleuten zu: »Nehmt den Kerl fest! Abführen!«

Die Schutzmänner warfen sich auf den Alten, ergriffen ihn, verrenkten ihm fast die Arme und schleppten ihn wie ein Bündel

Stroh aus der Hütte.

Gawrik setzte sich auf den Boden, biß sich in die Fäuste und brach vor Wut und Schmerz in Tränen aus.

Eine Zeitlang saß er unbeweglich da, mit einem Ohr auf die Geräusche der Nacht horchend. Das andere war taub geworden.

Zuweilen hielt sich der Junge absichtlich das gesunde Ohr zu. Dann umgab ihn von allen Seiten tiefe Stille. Angst ergriff ihn, als drohe ihm aus dieser Stille irgendeine Gefahr. Er öffnete das Ohr, als wolle er so schnell wie möglich die verschlossenen Geräusche wieder freilassen. Aber das eine Ohr allein vermochte die Vielfalt nicht zu erfassen.

Manchmal hörte er die kraftvollen Seufzer des Meeres und sonst gar nichts. Ein andermal setzte das kristallene Zirpen der Grillen ein, und dann verstummte das Geräusch des Meeres. Dann wieder lief eine warme Brise über das Steppengras und erfüllte die Nacht mit einem Raunen, das keinen Platz ließ für die Grillen und das Meer. Oder es gab nur das Knistern des Lämpchens, in dem das Petroleum ausgebrannt war. Mit einemmal empfand der Junge erschreckend deutlich seine Einsamkeit. Rasch pustete er das Licht aus und lief hinaus.

Eine prachtvolle Augustnacht lag über der Erde. Der glitzernde schwarze Himmel überschüttete den Jungen mit Sternschnuppen, und das Geläut der Grillen stieg zur Milchstraße empor.

Doch was ging den gequälten und gekränkten Knaben diese gleichgültige Schönheit an, die nicht einmal die Macht besaß, ihn glücklich zu machen? Gawrik rannte aus Leibeskräften, aber er holte den Großvater erst in der Stadt, in der Staroportofrankowskajastraße, unmittelbar vor dem Polizeirevier, ein. Zwei Schutzleute – der eine saß, der andere stand – fuhren den Großvater in einer Droschke zum Revier. Der Alte war vom Sitz geglitten und lag nun quer im Wagen zu Füßen der Polizisten. Sein Kopf hüpfte kraftlos auf und nieder und schlug immer wieder gegen das Trittbrett. Über sein mit Staub und Blut bedecktes Gesicht glitt das Licht der Gaslaternen.

Gawrik stürzte zu der Droschke hin, doch sie hielt bereits vor der Reviereinfahrt. Die Schutzleute zerrten den stolpernden Greis in den Torweg.

»Großvater!« schrie der Junge.

Ein Schutzmann versetzte Gawrik einen leichten Schlag mit der Säbelscheide. Das Tor schloß sich, und der Junge war allein.

Petja war außer sich vor Freude. Der Augenblick seines größten Triumphes, der größten Glückseligkeit war gekommen. Es war noch nicht einmal ein Uhr mittags, als er schon alle Bekannten im Hause abgeklappert, überall seine neue Gymnasiastenmütze gezeigt und erregt berichtet hatte, wie sein Examen soeben vor sich gegangen war.

Offen gestanden, war darüber kaum etwas zu erzählen. Ein Examen hatte eigentlich gar nicht stattgefunden, sondern nur eine leichte Aufnahmeprüfung, die etwa eine Viertelstunde dauerte. Begonnen hatte sie um halb elf Uhr, und fünf Minuten nach elf überreichte der Verkäufer aus dem neben dem Gymnasium gelegenen Geschäft dem Jungen mit verbindlichem Lächeln seinen in Papier eingewickelten alten Strohhut. Nachdem Petja einmal die Mütze vor dem Spiegel aufgesetzt hatte, nahm er sie bis zum Abend nicht mehr vom Kopf.

»Uh, was hab' ich das Examen toll bestanden!« verkündete der frischgebackene Gymnasiast erregt, während er eilig durch die Straßen schritt.

»Beruhige dich, lieber Freund«, bemerkte die Tante, deren Kinn vor Lachen bebte, »das war kein Examen, sondern nur eine leichte Aufnahmeprüfung.«

»Aber Tante! Wie können Sie so etwas sagen?« schrie Petja, daß es in der ganzen Stadt zu hören war. Er war puterrot vor Wut, trampelte mit den Füßen und war nahe daran, vor gekränktem Stolz in Tränen auszubrechen. »Sie behaupten etwas und haben's doch gar nicht gesehn! Das war ein richtiges Examen! Sie saßen ja nur im Vorzimmer und haben kein Recht, so was zu behaupten! Ich sage Ihnen, das war ein E-xamen!«

»Natürlich. Ich bin dumm, und du bist klug! Es war eine Prüfung.«

»Ein Examen!«

»Ich sag ihm – rasiert, er sagt mir – geschoren!«

Die Worte bezogen sich recht unmißverständlich auf die alte ukrainische Anekdote von dem Dickschädel, der mit seiner Frau darüber in Streit geriet, ob der Bart des Gemeindeschreibers rasiert oder geschoren war. Entgegen der eindeutigen Sachlage brüllte der Dickschädel so lange »geschoren«, bis die rasend gewordene Frau ihn in den Fluß geworfen hatte. Und noch im Sinken deutete er mit Fingerbewegungen an, daß der Bart geschoren worden sei.

Doch Petja beachtete diese Bemerkung der Tante nicht im geringsten und wiederholte nur immer mit Tränen in der Stimme: »Doch ein Examen, doch ein Examen!«

Die Tante hatte ein weiches Herz. Es tat ihr schließlich leid, dem Neffen seinen Triumph zu nehmen. »Examen« – dieses Wort allein bedeutete schon so viel. Mochte sich der Junge ruhig darüber freuen! Was sollte man ihn an einem so denkwürdigen Tag betrüben!

So entschloß sich die Tante, sogar ein wenig zu schwindeln.

»Übrigens«, sagte sie mit einem feinen Lächeln, »ich habe mich da wohl geirrt. Ich glaube, es war wirklich ein Examen.«

Petjas Augen strahlten auf.

»Oh, und was für ein Examen!«

Aber in der Tiefe seiner Seele nagte natürlich der Zweifel. Für ein »Examen« war alles doch etwas reichlich schnell und leicht vonstatten gegangen.

Freilich wurden die Kinder paarweise aufgestellt und in den Klassenraum geführt. Freilich stand da ein langer Tisch, bedeckt mit blauem Tuch. Freilich saßen dahinter strenge Lehrer in blauen Uniformröcken, mit goldenen Brillen und Knöpfen, mit Orden behängt, mit steifen, an harte Nußschalen erinnernden Kragen und knackenden Manschetten; inmitten dieser Lehrer fielen das seidene Gewand und die weiblichen Locken eines Priesters auf.

Das Herz sackte in die Hose, die Füße begannen zu schwitzen, kalter Schweiß trat auf die Schläfen – alles war, wie es sich von jeher gehörte.

Doch das Examen selbst ... Nein, jetzt war es Petja ganz klar, daß es doch nur eine leichte Aufnahmeprüfung gewesen war.

Als die Jungen auf den Schulbänken Platz genommen hatten, steckte einer der Lehrer seine Nase in ein auf dem Tisch liegendes umfängliches Blatt Papier und sagte mit deutlicher, nachdrücklicher Betonung: »Nun denn, fangen wir an. Alexandrow, Boris; Alexandrow, Nikolai; Batschej, Pjotr. Bitte, tretet vor!«

Als er seinen Namen in diesem großen, schallenden Raum so fremd und drohend zugleich hörte, war es Petja, als habe er einen plötzlichen Faustschlag in die Magengrube bekommen. Er hatte gar nicht damit gerechnet, daß der schreckliche Augenblick so rasch eintreten würde.

Der Junge war überrumpelt. Er errötete tief und ging fast betäubt über den blankgebohnerten Fußboden auf den Tisch zu.

Jeder Junge wurde von einem Lehrer examiniert.

Petja kam zu dem Priester.

»Na ja«, sagte der gewichtige Greis und schlug den breiten Ärmel des Priesterrocks zurück.

Dann stieß er das an einer Silberkette um den Hals hängende Kreuz gleich einem Dolch spielerisch gegen seine schmale Brust; die Kette bestand aus flachen Gliedern mit je einer Einkerbung wie bei Kaffeebohnen.

»Tritt näher, Knabe! Wie heißt du?«

»Petja.«

»Pjotr, mein Bester, Pjotr. Der Petja ist zu Hause geblieben. Und der Familienname?«

»Batschej.«

»Der Sohn des Lehrers Wassili Petrowitsch?«

»Ja.«

Der Priester lehnte sich in seinem Stuhl zurück und nahm die träumerische Haltung eines Rauchers an. Er betrachtete Petja mit leicht zusammengekniffenen Augen und sagte mit einem für den Jungen unverständlichen, leicht spöttischen Lächeln: »Kenn ich, kenn ich. Ein liberal gesinnter Herr. N-na . . .« Er lehnte sich noch weiter zurück. Jetzt schaukelte der Stuhl auf den beiden hinteren Beinen. »Was kannst du für Gebete? Kannst du das Glaubensbekenntnis aufsagen?«

»Ja.«

»Sag es auf!«

Petja nahm den Mund voll Luft und begann sofort das ganze Glaubensbekenntnis herunterzuleiern, ohne Interpunktionszeichen und Pausen, einzig darauf bedacht, es in einem Atemzug herauszubringen:

»Ich glaube an Gott den Vater den allmächtigen Schöpfer Himmels und der Erde und an seinen eingeborenen Sohn Jesus Christus . . .«

Hier ging ihm die Luft aus, und er mußte innehalten. Doch damit der Priester nicht auf die Idee komme, er habe das Weitere vergessen, füllte sich der Junge eilig mit einer frischen Portion Luft.

Aber jener winkte erschrocken ab: »Genug, genug. Geh weiter!«

Und sofort geriet Petja in die Gewalt des Mathematikers.

»Wie weit kannst du zählen?«

»So weit, wie Sie wollen«, sagte Petja, durch seinen Erfolg in der Religion ermuntert.

»Großartig. Zähl bis zu einer Million!«

Petja war es, als versinke er in ein Eisloch. Unwillkürlich schnappte er sogar mit dem Mund, als habe er bereits Wasser geschluckt. Verzweifelt und hilfesuchend blickte er nach allen Seiten. Doch um ihn herum waren alle beschäftigt. Der Mathematiklehrer aber blickte seitwärts durch die Brille, in der sich erhaben und sehr deutlich die beiden großen Fenster mit dem Grün des Schulgartens, mit den blauen Kuppeln des Pantelejmon-Klosters und sogar mit dem Turm des Alexander-Polizeireviers spiegelten. Auf dem Turm hingen zwei schwarze Kugeln, was bedeutete, daß es im zweiten Stadtviertel brannte. Bis zu einer Million zählen ... Petja hatte verloren!

»Eins, zwei, drei, vier, fünf, sechs, sieben«, begann er gewissenhaft, heimlich die Finger nacheinander einbiegend, »acht, neun, zehn, elf ...«

Der Mathematiklehrer blickte ungerührt zum Fenster hinaus. Als der betrübte Junge bei »neunundsiebzig« angelangt war, winkte der Lehrer ab.

»Genug. Hast du das Einmaleins gelernt?«

»Einmal eins – ist eins, einmal zwei – ist zwei, einmal drei – ist drei ...«, begann Petja hell und rasch, aus Angst, man könne ihn unterbrechen.

Doch der Lehrer nickte mit dem Kopf.

»Gut. Genug.«

»Ich kann noch addieren, subtrahieren, multiplizieren und dividieren!«

»Genug. Geh weiter!«

Was war denn das? Die ließen einen hier ja überhaupt nicht zu Worte kommen! Das konnte einen doch geradezu wurmen!

Petja kam vor den nächsten Lehrer, durch dessen dürren Bart ein Orden schimmerte.

»Lies von hier ab!«

Voller Ehrfurcht ergriff Petja das Buch mit dem marmorierten Einband und blickte auf den dicken gelben Fingernagel, der auf der fettgedruckten Überschrift »Der Löwe und das Hündchen«, ruhte.

»Der Löwe und das Hündchen«, begann Petja recht flott, wenn auch ein wenig stotternd vor Erregung. »Der Löwe und das Hündchen. In einer Tierschau befand sich ein Löwe. Er war sehr blutgierig. Die Wärter fürchteten sich vor ihm. Er fraß sehr viel Fleisch. Der Besitzer der Tierschau wußte sich keinen andern Rat . . .«

»Ist genug.«

Petja hätte beinahe losgeheult. Vom Hündchen war noch nicht einmal die Rede gewesen, und da sagte der schon: »Genug . . .!«

»Weißt du irgendein Gedicht auswendig?«

Auf diesen Augenblick hatte Petja, bebend vor heimlicher Siegesgewißheit, gewartet. Hier würde er sich nun endlich in vollem Glanz zeigen können!

»Ich kenne ›Das Segel‹, ein Gedicht von M. J. Lermontow.«

»Nun, sag es auf!«

»Mit Betonung?«

»Sag es mit Betonung auf!«

»Sofort.«

Rasch stellte Petja das eine Bein vor, was als unbedingte Voraussetzung eines ausdrucksvollen Vortrags galt, und warf stolz den Kopf in den Nacken.

»›Das Segel‹, Gedicht von M. J. Lermontow«, verkündete er nicht ohne pathetischen Tonfall.

> »Weiß blinkt auf blauer Wasserwüste
> ein Segel fern am Himmelsrand.
> Was sucht es an der fremden Küste?
> Was ließ es an der Heimat Strand?«

Nach einem mit beiden Händen rasch vollführten Zeichen der Verwunderung und der Frage fuhr er eilig fort, um möglichst viel aufgesagt zu haben, wenn man ihn auch hier unterbrechen sollte:

> »Schrill pfeift der Wind, die Wellen schäumen,
> und knarrend biegt sich Mast und Spriet.
> Ach! Nicht jagt's nach des Glückes Träumen,
> nicht Glück ist es, wovor es flieht!«

Petja deutete mit einer flüchtigen Geste das »Ach!« an, doch der Lehrer winkte bereits befriedigt ab.

»Ist gut, ist gut.«

»Ich bin gleich fertig, da ist nur noch ein klein bißchen«, beteuerte der Junge stöhnend und setzte von neuem an:

> »Hoch über ihm der Sonne Gluten . . .«

»Ist gut, ist gut, geh nach Hause!«

»Und weiter wollen Sie nichts? Ich kenn noch ›Das Lied vom

weisen Oleg‹, ein Gedicht von A. S. Puschkin . . .«

»Es ist nichts weiter nötig. Kannst den Eltern bestellen, daß du aufgenommen bist. Das ist alles.«

Petja war überwältigt. Eine Weile stand er in der Mitte des Klassenraums, unschlüssig, was nun zu tun sei. Es war doch unbegreiflich, daß dieses furchtbare und geheimnisvolle Ereignis schon hinter ihm lag, auf das er sich den ganzen Sommer über mit Zittern und Zagen vorbereitet hatte.

Schließlich machte er einen ungeschickten Kratzfuß, stolperte und rannte kopfüber hinaus. Aber in der nächsten Sekunde bereits kam er wie ein Verrückter wieder zurück und fragte mit vor Erregung versagender Stimme: »Kann ich schon die Gymnasiastenmütze kaufen?«

»Kannst du, kannst du. Geh nur!«

Petja stürmte ins Vorzimmer, wo unter der Gipsbüste von Lomonossow auf einem vergoldeten Stuhl die Tante saß, und schrie so laut, daß die Kutscher auf der Straße ihn unweigerlich hören mußten: »Tante! Kommen Sie schnell! Die haben gesagt, man müsse schon die Gymnasiastenmütze kaufen!«

Das Alexander-Polizeirevier

Ach, was war das für eine Seligkeit, dieser Kauf der Gymnasiastenmütze!

Erst probierte man sie lange, dann handelte man um den Preis und suchte endlich das Wappen aus, diesen äußerst zierlichen silbernen Gegenstand. Es bestand aus zwei gekreuzten stachligen Zweiglein mit einem »O. 5. G.« dazwischen und war das Abzeichen des Odessaer Fünften Gymnasiums.

Das Wappen, das sie wählten, war das größte und billigste, eins für fünfzehn Kopeken.

Der Verkäufer stach mit einer Ahle zwei Löcher in den festen Rand der blauen Schirmmütze und drückte das Wappen hinein, die beiden Stifte auf der Innenseite auseinanderbiegend.

Zu Hause rief die Mütze mit dem Wappen allgemeinen Jubel hervor. Alle wollten sie anfassen. Doch Petja ließ das nicht zu. Bewundern – bitte schön, das durften sie! Aber anfassen – das gab's nicht! Papa, Dunja, Pawlik – alle fragten: »Was hat sie gekostet?«, als sei das die Hauptsache!

Petja gab jedem eifrig zur Antwort: »Einen Rubel fünfundvierzig die Mütze und fünfzehn Kopeken das Wappen. Aber was ist das schon! Ihr hättet sehen müssen, wie ich das Examen bestanden habe, dann wüßtet ihr Bescheid!«

Pawlik schielte voller Neid auf die Mütze und schnaufte jämmerlich, jeden Augenblick bereit, loszuheulen.

Dann rannte Petja in den Laden hinunter, um Njusja Kogan die Mütze zu zeigen.

Njusja Kogan war wieder zu Besuch am Liman. So'n Pech! Njusjas Vater jedoch, der alte Kogan mit dem Spitznamen »Boris Rattenfriß«, bekundete großes Interesse für die neue Mütze. Die Brille auf der Nase, betrachtete er sie lange von allen Seiten, zischte mit der Zunge – »tz-tz-tz-tz« – und stellte schließlich die Frage: »Was hat sie gekostet?«

Nachdem Petja alle Bekannten im Haus abgeklappert hatte, begab er sich auf die Wiese und zeigte die Mütze den Soldaten. Die fragten ebenfalls, was sie gekostet habe. Weiter gab es niemanden, dem man sie hätte zeigen können, und dabei war der Tag noch nicht einmal zur Hälfte vorüber.

Petja war verzweifelt.

Plötzlich sah er Gawrik, der am Zaun des Entbindungsheims entlangging. Petja raste mit Gebrüll auf den Freund zu und winkte mit der Mütze.

Doch – lieber Gott – was war denn mit Gawrik passiert? Seine kleinen Augen waren von dunklen Ringen umgeben; sie glühten förmlich aus dem mageren, schmutzigen Gesicht. Das Hemd war zerrissen, das eine Ohr verquollen und von violettem Rot. Er erschreckte durch sein entsetzlich unwahrscheinliches Aussehen.

Uh, wie hab ich das Examen toll bestanden! wollte Petja ausrufen, aber die Worte blieben ihm in der Kehle stecken. Er flüsterte nur: »Oh! Mit wem hast du dich geprügelt? Wer hat dich geschlagen?«

Gawrik grinste finster und schlug die Augen nieder.

»Zeig mal«, sagte er statt einer Antwort und streckte die Hand nach der Mütze aus. »Was hat die gekostet?«

Obwohl es qualvoll war, die Mütze in fremde Hände zu geben, gestattete Petja dem Freund – wenn auch blutenden Herzens –, die neue Errungenschaft zu betasten.

»Aber verdirb sie nicht!«

»Red kein Blech!«

Die Jungen ließen sich unter einem Strauch an der Abfallgrube nieder und unterzogen die Mütze einer allseitigen Betrachtung. Gawrik entdeckte an ihr sofort eine Unmenge Geheimnisse und Möglichkeiten, die Petjas Augen bisher entgangen waren.

Erstens zeigte sich, daß man den schmalen Stahlreifen, der den Mützenteller straffte, herausnehmen konnte. Der Reifen war mit rostbeflecktem Papier beklebt und stellte, derart aus der Mütze herausgenommen, einen selbständigen Wertgegenstand dar. Man könnte ihn leicht in viele kleine Stahlstückchen zerbrechen, die man etwa so verwenden könnte, daß man sie unter die Schienen des Vorortzuges legte, um zu erforcehsn, was dann aus ihnen würde.

Zweitens war da das schwarze Satinfutter mit der Goldaufschrift »Gebrüder Guralnik«. Wenn man es ein wenig lockerte, ließen sich verschiedene kleine Gegenstände darunter verstecken; sie würden dort niemals zu finden sein.

Drittens könnte man den Lederschirm, der mit schwarzem Lack überzogen war, ganz leicht noch sehr viel glänzender machen, indem man ihn mit den grünen Schoten eines Baumes einrieb, der bei den Jungen »Lackbaum« hieß.

Und das Wappen durfte schon gar nicht so bleiben. Nach der herrschenden Mode mußte es gebogen und die Zweiglein sogar ein wenig abgeschnitten werden.

Die Jungen machten sich sofort eifrig ans Werk und arbeiteten so lange, bis sie der Mütze alle Geheimnisse entlockt hatten, die sie enthielt. Dies heiterte Gawrik ein wenig auf. Doch als die Mütze ihr gesellschaftsfähiges Aussehen völlig eingebüßt hatte und sie ihrer überdrüssig waren, versank der Junge wieder in düsteres Brüten.

»Paß auf, Petja: Hol man ein Stück Brot und zwei Stück Zucker«, sagte er plötzlich mit gemachter Grobheit. »Die bring ich dem Großvater.«

»Wohin?«

»Ins Revier.«

Petja blickte den Freund mit weitaufgerissenen, verständnislosen Augen an.

Gawrik lächelte finster und spuckte aus.

»Na, was guckst du denn? Kapierste nicht? Nee? Bist zu klein, was? Unsern Großvater haben sie gestern ins Revier gebracht. Nun muß ich ihm was hinbringen.«

Petja begriff noch immer nichts.

Er hatte gehört, daß man Trunkenbolde, Radaubrüder, Diebe und Strolche ins Revier brachte. Aber Gawriks Großvater? Das ging über sein Begriffsvermögen.

Petja kannte den Alten sehr gut, denn er hatte Gawrik oft am Strand besucht.

Wie oft hatte der Großvater ihn mit Gawrik zusammen aufs Meer zum Fischen mitgenommen! Wie oft hatte er ihn mit seinem besonders aromatisch duftenden Tee bewirtet, wobei er sich immer entschuldigte, er wäre »aber ohne Zucker«. Wie viele Male hatte er Petjas Senkblei in Ordnung gebracht und ihm gezeigt, wie man die Schnur richtig an der Angelrute befestigen muß!

Und was für lustige ukrainische Sprichwörter, passend für alle Lebenslagen, er wußte! Welch eine Menge Geschichten aus der Zeit des Türkenkrieges, welch einen Haufen Soldatenanekdoten!

Da saß er dann wie ein Türke mit untergeschlagenen Beinen, besserte mit einer besonders dafür geschnitzten Holznadel das Netz aus und erzählte und erzählte . . . Man hätte platzen mögen vor Lachen! Die Geschichten von dem Soldaten, der das Beil kochte, von dem Kanonier, der ins Paradies kam, von dem Burschen, der den betrunkenen Offizier so geschickt übern Löffel balbierte . . .

In seinem ganzen Leben hatte Petja keinen so liebenswürdigen, gastfreundlichen Hausherrn kennengelernt. Der Alte erzählte selbst gern, hörte aber auch anderen mit Vergnügen zu. Und wenn Petja einmal in Erregung geriet, mit den Armen herumfuchtelte und so ein Garn spann, daß einem die Ohren weh taten, ließ sich der Großvater nichts anmerken, sondern saß da und nickte ernst mit dem Kopf.

»Was glaubt ihr denn, so was kann einem glatt passieren.«

Und einen solchen Menschen hatte man ins Revier gesperrt? Unwahrscheinlich!

»Ja, weshalb denn, weshalb?«

»Deshalb eben!«

Gawrik seufzte schwer, wie es Erwachsene tun, schwieg ein Weilchen, lehnte sich plötzlich mit der Schulter an seinen Freund und flüsterte geheimnisvoll: »Hör mal . . .«

Und er erzählte Petja, was sich in der Nacht ereignet hatte. Natürlich berichtete er nicht alles. Mit keinem Wort erwähnte er Terenti und den Matrosen. Aus seiner Erzählung ging lediglich hervor, daß irgendwelche drei Männer, die sich vor der Polizei versteckten, nachts in ihre kleine Hütte gekommen seien – alles übrige entsprach ganz genau dem, was vorgefallen war. »Und da hat sich dieser Lumpenhund in mein Ohr verkrallt!«

»Dem hätt' ich's aber gegeben, dem hätt' ich's aber gegeben!« schrie Petja erregt und seine Augen blitzten. »Der hätt's bei mir aber zu fühlen bekommen . . .!«

»Halts Maul!« sagte Gawrik mürrisch, griff nach dem Schirm von Petjas Mütze und zog sie ihm über die Ohren. Dann fuhr er in seiner Erzählung fort.

Voller Entsetzen hörte Petja zu.

»Was waren denn das für welche?« fragte er, als Gawrik geendet hatte. »Räuber?«

»Wieso denn: Ich sag's dir ja – ganz normale Leute aus dem Komitee.«

Petja hatte nicht begriffen.

»Was für welche?«

»Na, ehe man sich mit dir in ein Gespräch einläßt, muß man sich erst satt essen! Ich sag dir doch: aus dem Komitee. Aus dem Komitee also.«

Gawrik beugte sich ganz nah zu Petja hin und flüsterte ihm ins Ohr: »Die, die Streiks machen. Aus der Partei. Hast du kapiert?«

»Und warum hat man den Großvater geschlagen und ins Revier gebracht?«

Gawrik mußte verächtlich grinsen.

»Du verstehst wohl immer ›Bahnhof‹! . . . Weil er sie versteckt hatte! Bist 'ne Tüte! Mich hätten sie auch mitgenommen, da haben sie bloß kein Recht zu. Ich bin noch zu jung. Weißt du, wie lange man sitzen muß, wenn man einen versteckt hat? Ho, ho! Bloß, weißt du« – Gawrik senkte die Stimme noch mehr und flüsterte, indem er sich nach allen Seiten umguckte, schon fast unhörbar –, »bloß, weißt du, der wird nicht länger sitzen als eine Woche. Die gehen bald los und hauen in Odessa alle Reviere kaputt. Die schmeißen diese Lumpenhunde einen nach dem andern ins Schwarze Meer. Ehrenwort! Beim heiligen Kreuz!«

Gawrik spuckte wieder aus und setzte jetzt in einem ganz anderen, sachlichen Tonfall hinzu: »Holst es also raus, nicht?« Petja sauste nach Hause und kehrte nach zwei Minuten mit sechs Stück Zucker in der Tasche und einem halben Laib Brot unter der Matrosenbluse zurück.

»Das langt«, sagte Gawrik, nachdem er die Zuckerwürfel gezählt und das Brot in der Hand gewogen hatte. »Kommst du mit ins Revier?«

Obwohl sich das Revier in der Nähe befand, war es natürlich verboten, dorthin zu gehen. Petja aber war ausgerechnet wie besessen von dem Wunsch, dorthin zu gehen; es war nicht zu beschreiben, wie sehr er das wollte.

In der Seele des Jungen erhob sich wieder der harte Kampf mit dem Gewissen, und dieser Kampf währte den ganzen Weg lang, fast bis zum Revier. Doch als das Gewissen endlich siegte, war es schon zu spät: Die Jungen hatten ihr Ziel erreicht.

Alle Begriffe und alle Dinge verloren in Gawriks Gegenwart sofort ihr gewohntes Aussehen und offenbarten eine Menge Eigenschaften, die Petja bis dahin völlig verborgen gewesen waren. Die »Nahen Mühlen« verwandelten sich aus einer traurigen Wohnstätte von Witwen und Waisen in eine Arbeitersiedlung mit lila Schwertlilien in den Vorgärten; der Schutzmann wurde zum »Lumpenhund«; in der Mütze entdeckte man einen Stahlreifen.

Und nun gar das Revier!

Welch eine Vorstellung hatte Petja bisher davon gehabt. Die eines gediegenen amtlichen Gebäudes an der Ecke Richeljowskaja- und Noworybnajastraße gegenüber dem Pantelejmon-Kloster. Wie oft war Petja mit dem Pferdeomnibus daran vorbeigefahren!

Das Wichtigste an diesem Gebäude war der hohe viereckige Turm mit dem kleinen Feuerwehrmann ganz hoch oben. Die Stadt von droben beobachtend, ging der Mann im Schafpelz Tag und Nacht auf dem kleinen Balkon rund um den Mast mit den Querbalken. Dieser Mast erinnerte Petja stets an eine Waage oder an ein Trapez. Immer hingen einige schwarze, unheilverkündende Kugeln daran, deren Anzahl den Stadtteil anzeigte, in dem gerade ein Feuer ausgebrochen war. Die Stadt aber war so groß, daß es ständig irgendwo brannte.

Am Fuße des Turmes befand sich ein Depot der Odessaer Feuerwehr mit einer Reihe riesiger schmiedeeiserner Tore.

Zuweilen stürmten daraus unter betäubendem Hörnerklang die zu vieren eingespannten Apfelschimmel mit wehenden schneeweißen Mähnen und Schweifen hervor.

Der rote Feuerwehrzug, drohend und zugleich irgendwie spielzeugartig, fegte, von dem ununterbrochenen Geläut der Sturmglocke begleitet, über den Fahrdamm. Orangeroten Feuerzungen gleich brannten die Fackeln, und ihre Flammen spiegelten sich in den messingnen Feuerwehrhelmen: das Gespenst eines Unheils über der sorglosen Stadt. Mehr Bemerkenswertes hatte das Revier in Petjas Augen nie gehabt. Doch Gawrik brauchte sich ihm nur zu nähern, und schon verwandelte es sich, als hätte ein Zauberstäbchen es berührt, in eine schmale Gasse, auf welche die vergitterten Fenster der Zellen hinausgingen.

Das Revier entpuppte sich als ein Gefängnis.

»Bleib mal hier stehen!« sagte Gawrik.

Er überquerte im Laufschritt den nassen Fahrdamm und flitzte an dem Schutzmann vorbei in den Torweg. Offenbar fühlte sich Gawrik auch hier durchaus heimisch.

Petja blieb allein in einer kleinen Menschenansammlung zurück, die sich dem Revier gegenüber gebildet hatte. Alle diese Menschen waren Angehörige der Inhaftierten, Freunde und Verwandte, die sich über die Straße hinweg mit den Gefangenen unterhielten.

Nie hatte Petja angenommen, daß im Revier so viele Leute »sitzen« könnten. Es mußten mindestens hundert sein.

Übrigens saßen sie keineswegs. Einige standen auf dem Bord der geöffneten Fenster und hielten sich an den Gitterstäben fest; andere guckten hinter ihrem Rücken hervor und winkten mit den Armen; wieder andere hüpften dauernd hoch, um über die Köpfe und Schultern der anderen hinweg auf die Straße blicken zu können.

Zu Petjas großem Erstaunen gab es hier weder Diebe noch Trunkenbolde, noch Strolche. Im Gegenteil – das waren ganz normale, einfache, durchaus anständige Leute, in der Art etwa, wie man sie jeden Tag am Bahnhof, auf dem Lanscheron, im Alexander-Park und im Pferdeomnibus antreffen konnte. Sogar einige Studenten waren darunter, von denen einer durch sein schwarzes kaukasisches Filzcape, das er über einem weißen Kittelhemd mit weißen Knöpfen trug, besonders auffiel. Die Hände trichterförmig vor den Mund gelegt, schrie er jemanden aus der Menge mit durchdringender Stimme zu: »Bestellt bitte in der Landsmannschaft, daß man die Genossen Lordkipanidse, Krassikow und Burewoi heute nacht mit ihren Sachen aus der Zelle geholt hat. Ich wiederhole: Lordkipanidse, Krassikow und Burewoi! Heute nacht! Organisiert gemeinschaftlichen Protest! Grüßt die Genossen!« Ein Mann mit gewöhnlichem Rock und einer Russenbluse, der irgendwie Terenti ähnlich sah, rief aus einem anderen Fenster: »Serjosha soll aufs Kontor gehen, mein Gehalt holen!«

Mehrere Stimmen versuchten einander zu überschreien: »Traut Afanasjew nicht! Hört ihr, Afanasjew sollt ihr nicht trauen!« – »Kolka sitzt im ›Bulwarny‹!« – »In der Schublade bei Pawel Iwanowitsch, hinter dem Schrank!« – »Allerspätestens am Mittwoch!«

Auch die Angehörigen riefen, wobei sie ihre Taschen und Kinder hochhoben. Eine Frau hielt ein Mädchen hoch, das die gleichen Ohrringe hatte wie Motja. Sie rief: »Sorg dich nicht um uns! Unsere Leute lassen uns schon nicht im Stich! Wir haben noch zu essen. Guck mal, wie unsere Verotschka aussieht!«

Zuweilen trat ein Polizist an die Menge heran. Mit beiden Händen den Säbelgriff haltend, sagte er mit lauter Stimme: »Herrschaften, Sie werden in aller Form gebeten, nicht unter den Fenstern stehenzubleiben und sich mit den Gefangenen in keinerlei Gespräche einzulassen.«

Doch im gleichen Augenblick ertönten aus den Fenstern ohrenbetäubende Pfiffe, unsagbares Fluchen, heilloses Gebrüll. Und Melonenschalen, Gurken sowie leere Maiskolben flogen auf den Schutzmann herab.

»Du Mistvieh!« – »Du Pharao!« – »Hau ab, prügle lieber die Japaner!«

Der Schutzmann aber zog sich, den Säbel unter den Arm geklemmt, gemächlich wieder unter den Torbogen zurück und tat, als sei nichts Besonderes vorgefallen.

Nein, auf der Welt war entschieden nicht alles so wohlgeordnet, wie man es auf den ersten Blick hätte glauben können.

Düster und wütend kehrte Gawrik zurück.

»Na, hast du den Großvater gesehen?«

Gawrik gab keine Antwort. Die Jungen gingen zurück. Am Bahnhof blieb Gawrik stehen.

»Die schlagen ihn jeden Tag«, sagte er dumpf und wischte sich mit dem zerrissenen Ärmel die Wangen ab. »Wir sehen uns schon mal.« Und er ging davon.

»Wohin?«

»Nach den ›Nahen Mühlen‹.«

Petja trottete quer über das Kulikow-Feld nach Hause. Der Wind fegte trockene, öde Staubwolken vor sich her.

Dem Jungen war so schwer ums Herz, daß ihn sogar die plattgedrückte Hülse einer Gewehrpatrone, die er unterwegs fand, nicht im mindesten erfreute.

Auf der Vorschule

Der Herbst war gekommen.

Petja ging nun aufs Gymnasium. Der große, braungebrannte Junge mit den langen, in Baumwollstrümpfen steckenden Beinen hatte sich in einen kleinen vorschriftsmäßig geschorenen, tolpatschigen Vorschüler verwandelt, in ein »Äffchen«, wie es in der Gymnasiastensprache hieß.

Die lange Tuchhose und das Uniformjäckchen, für sechsunddreißig Rubel im »Konfektionshaus Landesmann für fertige Kleidung« erstanden, waren unförmig und sehr unbequem. Der derbe Kragen scheuerte den zarten Hals, der an den weiten Ausschnitt des Matrosenkragens gewöhnt war.

Selbst der Gürtel, ein richtiger Gymnasiastengürtel mit einer Schnalle aus Neusilber, der in Petjas Träumen gleich hinter der Mütze rangierte, entsprach nicht seinen Erwartungen. Ständig rutschte er hoch, die Schnalle verschob sich, und das freie Ende des Gürtels baumelte lose herunter.

Ohne seiner Gestalt ein gewisses männliches Aussehen zu verleihen, womit der Junge stark gerechnet hatte, erwies sich der Gürtel nur als eine ständige Quelle entwürdigender Scherereien, die den höchst unangebrachten Spott der Erwachsenen hervorriefen.

Doch wieviel unerwartete Freude erwuchs Petja aus dem Einkauf der Schreibhefte, der Schulbücher und der verschiedenen Schreibutensilien!

Wie unähnlich war der stille Buchladen den anderen, leicht beschwingt geräuschvollen Läden in der Richeljowskajastraße und in der Passage, die er kannte! Er war wohl sogar ernsthafter als die Apotheke, ganz sicher aber viel intelligenter als diese.

Allein schon sein schmales, bescheidenes Schild – »Unterricht und Wissenschaft« – flößte einem das Gefühl tiefster Achtung ein.

Es war ein dunkler Herbstabend, als Petja sich an Papas Seite zu »Unterricht und Wissenschaft« begab.

Das war das verträumte Reich der Buchrücken, wie die Räume der Universität in grünliches Gaslicht getaucht und mit der kolorierten Darstellung der vier Menschenrassen – der roten, der gelben, der schwarzen und der weißen – geschmückt.

Die drei ersten Köpfe entsprachen genau ihrer Bezeichnung: der Indianer war tatsächlich vollkommen rot, der Chinese so gelb wie eine Zitrone, der Neger schwärzer als Pech. Nur der Vertreter der weißen, der herrschenden Rasse war mit einer gewissen Nachsicht zartrosa dargestellt, mit einem dunkelblonden, gekräuselten Bärtchen. Entzückt betrachtete Petja die hellblauen Globusse mit den dunklen Linien der Meridiane, die schwarzen Karten mit dem Sternenhimmel wie auch die unheimlichen und dabei erstaunlich grellen anatomischen Tafeln.

Die ganze in diesem Geschäft konzentrierte Weisheit der Welt schien in die Poren des Käufers einzudringen. Jedenfalls fühlte sich Petja, als er mit dem Pferdeomnibus nach Hause fuhr, bereits ungewöhnlich gebildet. Und doch waren sie kaum länger als zehn Minuten in dem Geschäft gewesen und hatten nur fünf Bücher gekauft, von denen das dickste zweiundvierzig Kopeken gekostet hatte.

Dann wurden ein richtiger Schulranzen aus Kalbfell, mit dem Fell nach außen, und eine kleine Frühstückstasche gekauft.

Auch einen wunderbaren Federkasten mit einem Abziehbild auf dem herausziehbaren lackierten Deckel suchten sie aus. Der Deckel bewegte sich nur schwer hin und her und quietschte dabei wie ein bemaltes zweiteiliges Osterei aus Holz. Mit viel Geschmack und Mühe füllte Petja alle Fächer des Federkastens mit den dazugehörenden Gegenständen und war besonders darauf bedacht, daß ja kein Fach leer blieb.

Die verschiedensten Sorten von Federn wurden eingeordnet: blaue mit drei Löchern, Marke »Kossodo«, sowie »Rondo«, »Sechsundachtziger«, »Puschkin« – mit dem Lockenkopf des berühmten Dichters – und noch eine Menge anderer.

Es folgten: ein Radiergummi mit dem Elefantenzeichen, ein Wischer, zwei Bleistifte – der eine zum Schreiben, der andere zum Zeichnen –, ein Federmesser, ein teurer Federhalter für zwanzig Kopeken, bunte Klebemarken, Reißnägel, Stecknadeln und Bildchen. Und all diese Dinge waren vollkommen neu, lackiert und duftend – kleine, zierliche Geräte des Fleißes!

Den ganzen Abend lang schlug Petja sorgfältig die Schulbücher und Hefte in das besonders dafür bestimmte blaue Papier ein und klebte die Ränder und Ecken mit Klebemarken fest. Die Löschblätter verzierte er mit durchbrochenen Bildchen, und glänzende Engel und Blumensträuße drückte er fest auf die schmalen seidenen Lesezeichen.

Auf allen Heften prangte, sorgsam geschrieben:

Heft
des Schülers der Vorschulklasse des O. 5. G.
Pjotr Batschej

Petja konnte kaum den Morgen erwarten. Draußen dämmerte es erst, und zu Hause brannte noch das Licht, als der Junge, von Kopf bis Fuß wie ein Krieger ausgerüstet, schon zum Gymnasium rannte. Jetzt würde keine Wissenschaft Petja widerstehen können!

Drei Wochen lang war der Junge mit Geduld und unerhörtem Fleiß damit beschäftigt, seine wissenschaftliche Ausstattung zu vervollständigen. Alle Augenblicke klebte er die Bildchen um, schlug die Schulbücher neu ein, wechselte die Federn im Federkasten aus und bemühte sich, in allem die größte Vollkommenheit und Schönheit zu erreichen.

Wenn die Tante einmal sagte: »Du solltest lieber die Schulaufgaben machen«, dann erwiderte Petja mit einem verzweifelten Stoßseufzer: »Ach, Tante, was Sie für Dummheiten reden! Wie kann ich denn Schulaufgaben machen, wenn bei mir noch nichts in Ordnung ist!«

Kurz und gut, es ging alles vortrefflich.

Nur eins trübte die Freude des Lernens: Petja war noch nie aufgerufen worden, und in seinem Notizheft stand noch keine einzige Zensur. Fast alle Jungen in der Klasse hatten schon Zensuren, nur Petja noch nicht.

Traurig brachte er jeden Sonnabend sein Notizheft nach Hause, eingeschlagen in prachtvolles rosa Papier, beklebt mit goldenen und silbernen Sternen und Orden, verziert mit bunten Lesezeichen, aber völlig leer.

Doch endlich stürmte Petja eines Sonnabends strahlend, aufgeregt und puterrot vor Freude, ohne sich erst auszuziehen, ins Speisezimmer, schwang das schmucke Notizheft in der Hand und brüllte, daß es durch die ganze Wohnung schallte: »Tante! Pawlik! Dunja! Kommt schnell her! Guckt mal! Ich habe Zensuren bekommen. Ach, schade, daß Papa in der Schule ist!«

Triumphierend warf er das Heft auf den Tisch und trat mit stolzer Bescheidenheit zur Seite, um niemand bei der Betrachtung zu stören.

»Na also, na also!« rief die Tante und kam mit einem Schnittmuster in der Hand ins Speisezimmer gelaufen. »Zeig mal deine Zensuren!«

Sie nahm das Heft vom Tisch hoch und überflog schnell die Noten.

»Religion – vier, Russisch – vier, Rechnen – vier, Aufmerksamkeit – drei, Fleiß – drei . . .«, sagte die Tante erstaunt und schüttelte mißbilligend den Kopf. »Ich verstehe nicht, warum freust du dich denn so? Lauter Vieren!«

Petja stampfte vor Ärger mit dem Fuß auf.

»Also, das hab' ich doch gewußt!« schrie er, fast weinend vor gekränkter Eitelkeit. »Daß Sie das nicht verstehen können, Tante! Das wichtigste ist doch, daß ich Zensuren bekommen habe! Verstehen Sie: Zen-su-ren! Und Sie wollen das nicht verstehen! Immer ist das so . . .«

Er ergriff das berühmte Heft und raste damit auf den Hof, um die Zensuren den anderen Jungen zu zeigen . . .

Damit endete für Petja die erste, festliche Periode des Lernens. Ihr folgte der harte Alltag, die langweilige Zeit des Paukens.

Gawrik erschien nicht mehr, und Petja, völlig ausgefüllt vom Gymnasium, vergaß ihn fast.

Für eine Weile geriet Petjas Existenz auch bei Gawrik in Vergessenheit. Er wohnte jetzt in den »Nahen Mühlen«, bei Terenti.

Der Großvater war immer noch nicht freigelassen worden. Mal saß er im Alexander-Revier, mal im Untersuchungsgefängnis, wohin er häufig des Nachts mit der Droschke gebracht wurde. Doch offenbar verstand es der alte Mann, den Mund zu halten; denn Terenti wurde immer noch in Ruhe gelassen.

Wo der Matrose geblieben war, wußte Gawrik nicht genau, und er hielt es nicht für geraten, Terenti danach zu fragen. Aus einigen Anzeichen zu schließen, befand er sich übrigens in Sicherheit und sogar irgendwo in der Nähe.

Gab es denn in den »Nahen Mühlen« nicht genug Schlupfwinkel und verschwiegene Orte, in denen ein Mensch spurlos verschwinden konnte? Und gab es denn in dieser Gegend nicht genug Menschen, die für eine Zeitlang verschwunden waren?

Es gehörte nicht zu Gawriks Gepflogenheiten, seine Nase in fremde Angelegenheiten zu stecken, zumal er genug eigene zu erledigen hatte.

Terenti und seine Familie hatten es schwer. Die Eisenbahner streikten schon fast die ganze Zeit über, und Terenti mußte sich mit kleinen Schlosseraufträgen, die er zu Hause ausführte, über Wasser halten. Doch erstens gab es nicht viel Arbeit, und zweitens beanspruchten jene unaufschiebbaren Angelegenheiten, von denen in der Familie nur andeutungsweise gesprochen wurde, sehr viel

Zeit. Es war, als gehörte Terenti gar nicht sich selbst. Es kam vor, daß man ihn nachts holte. Dann zog er sich an, ohne ein Wort zu verlieren, ging weg und kam manchmal den ganzen Tag nicht wieder.

Ständig saßen im Haus irgendwelche Leute, die sich auf der Durchfahrt befanden und für die man Essen und Teewasser kochen mußte. Im Flur war es immer herbstlich schmutzig und das Zimmer stets voller Machorkarauch.

Der Junge brachte es nicht übers Herz, dem mit Familie belasteten Bruder auch noch auf der Pelle zu liegen. Er mußte selbst für sein Essen sorgen; er war ja schließlich nicht mehr klein! Auch dem Großvater mußte ab und zu etwas ins Revier gebracht werden. Ohne den Großvater war natürlich an Fischfang nicht zu denken; außerdem wurde das Wetter schlecht, jeden zweiten Tag gab es Sturm.

Gawrik ging an den Strand, schleppte das Boot zu den Nachbarsleuten hinüber und schloß die kleine Hütte ab.

Tagelang streifte er jetzt in Terentis alten Stiefeln durch die Stadt, um etwas Eßbares aufzutreiben. Am einträglichsten wäre natürlich das Betteln gewesen, aber Gawrik wäre lieber verhungert, als daß er einem Vorübergehenden die Hand entgegengestreckt hätte. Schon bei dem bloßen Gedanken geriet sein Fischerblut in Wallung. Nein! Er war gewohnt, sein Geld mit Arbeit zu verdienen. Für zwei Kopeken trug er den Köchinnen die Körbe vom Markt bis ins Haus, half den Lastträgern auf dem Güterbahnhof oder lief für die Droschkenkutscher, die ihre Pferde bei Strafe nicht verlassen durften, in die Kneipe nach einem Gläschen Schnaps.

Wenn er keine Arbeit fand und vom Hunger geplagt wurde, ging er auf den Friedhof und wartete dort an der Kirche auf eine »Leiche«, um etwas von dem Leichenschmaus abzubekommen. Dieser Schmaus bestand aus gekochtem Reis, der mit Puderzucker bestreut und mit lila Geleebonbons belegt war. Er hieß »Kolewo«, und seine Verteilung nach der Beerdigung gehörte zu den fest eingebürgerten Bräuchen in Odessa. Die Friedhofsbettler nutzten diesen Brauch weitgehend aus, und manche wurden dabei dick und rund. Da aber nicht nur die Bettler, sondern alle bei einer Beerdigung Anwesenden etwas von dem »Kolewo« abbekommen, betrachtete es Gawrik nicht als erniedrigend, sich dieses bequemen Brauchs zu bedienen – um so weniger, als er die ihm zufallenden

Bonbons für Terentis Kinder aufhob. Er hielt es für unschicklich, ohne ein Mitbringsel bei seinem Bruder zu übernachten.

Zuweilen schickte ihn Terenti mit einem Päckchen an eine Adresse, die er unbedingt auswendig behalten mußte und sich nie aufschreiben durfte. Solche Aufträge, die unzweifelhaft eine Beziehung zu jenen Angelegenheiten hatten, die Terenti beschäftigten, gefielen Gawrik.

Er steckte das Päckchen – meistens waren es Papiere – tief in die Hosentaschen und fuhr sofort mit der Hand glättend darüber hin, damit die Tasche nicht so abstand. Er wußte: »Im Fall der Fälle« mußte man sagen, man habe das Päckchen gefunden.

Hatte er die betreffende Wohnung erreicht, so mußte er unbedingt erst einmal sagen: »Guten Tag, Onkel, einen schönen Gruß von Sofja Iwanowna!« Der Mann hatte darauf zu antworten: »Wie geht es Sofja Iwanowna?« Und dann erst, keinesfalls aber früher, durfte er das Päckchen abgeben. Sehr häufig erhielt er, bevor er sich wieder davonmachte, einen ganzen Groschen »für den Pferdeomnibus«.

Oh, wie gruslig und lustig war es, solche Aufträge auszuführen!

Schließlich verschaffte sich Gawrik noch eine Einnahme mit dem »Öhrchenspiel«, das eben erst aufgekommen war und an dem sich nicht nur Kinder, sondern auch Erwachsene beteiligten. »Öhrchen« nannte man die Uniformknöpfe mit ihren innen eingestanzten Ösen.

In großen Zügen erklärt, bestand das Spiel darin, daß man die Knöpfe in eine Reihe legte, mit den Ösen nach oben, und sie dann nacheinander mit einer besonderen Öhrchenschleuder so treffen mußte, daß ihre Vorderseite, der Adler, nach oben sprang. Jedes auf diese Weise umgekippte Öhrchen zählte als gewonnen.

Das Öhrchenspiel war weder schwieriger noch interessanter als andere Straßenspiele, aber es barg einen besonderen, teuflischen Reiz: die Öhrchen kosteten Geld. Man konnte sie kaufen und verkaufen. Sie wurden nach einem Sonderkurs an der Straßenbörse gehandelt.

Gawrik beherrschte das Öhrchenspiel vortrefflich. Er hatte einen kräftigen, harten Wurf und ein ganz sicheres Auge. In kürzester Zeit hatte er sich den Ruf eines Champions erspielt, und sein Säckchen war immer mit großartigen, teuren Öhrchen gefüllt. Stand es mal besonders schlecht um ihn, dann verkaufte er einfach einen Teil seines Vorrats.

Doch sein Säckchen wurde niemals leer. Gleich am nächsten Tag gewann er mehr Öhrchen, als er tags zuvor eingebüßt hatte.

So wurde das, was für andere nur ein Zeitvertreib war, für den Jungen zu einer Art einträglichem Gewerbe. Man mußte sich eben zu helfen wissen!

Die Kiste auf der Lafette

Die Ereignisse überstürzten sich. Es schien, als folgten sie nur langsam aufeinander, in Wirklichkeit aber näherten sie sich mit der Geschwindigkeit eines Schnellzugs.

Wie gut kannte Gawrik, jetzt Einwohner der »Nahen Mühlen«, dieses spannende Gefühl der Erwartung eines heranbrausenden Zuges!

Noch ist der Zug irgendwo in weiter Ferne, noch ist er weder zu sehen noch zu hören, da kündigt das hartnäckige Läuten auf dem Odessaer Güterbahnhof bereits sein Kommen an. Die Strecke ist frei, das Signal wird aufgezogen. Regungslos glänzen die Schienen, es herrscht völlige Stille. Aber alle wissen, daß der Zug kommen wird, daß keine Macht imstande ist, ihn aufzuhalten.

Langsam senkt sich am Bahnübergang die Schranke. Eilig erklimmen die Jungen die Bahneinzäunung. Scharen aufgescheuchter Vögel erheben sich von den Bäumen und kreisen über der Wasserpumpe. Von da oben können sie sicherlich schon den Zug erkennen. Von fern klingt, kaum hörbar, das Horn des Streckenwärters herüber. Und jetzt dringt in die Stille ein schwaches, kaum vernehmbares Geräusch ein. Nein, nicht einmal das. Das ist kein Geräusch, das ist gleichsam nur die Ahnung eines Geräusches, ein sanftes Vibrieren der Gleise, die sich mit kaum vernehmbarem Schall füllen. Und doch – es ist ein Vibrieren, ein Geräusch, ein Klang.

Jetzt ist es schon deutlich zu hören, das Auspuffen des Dampfes, das von Mal zu Mal lauter ertönt.

Aber immer noch kann man es kaum glauben, daß hier im nächsten Augenblick der Kurierzug vorüberbrausen wird. Und plötzlich erkennt man da vorn ganz unerwartet, von einer Dampfwolke umhüllt, die Lokomotive. Es scheint, als verharre sie regungslos am Ende der von der grünen Böschung gebildeten Allee.

Ja, ganz ohne Zweifel, sie ist stehengeblieben!

Warum vergrößert sie sich dann aber mit jedem Augenblick? Doch bleibt keine Zeit mehr, diese Frage zu beantworten.

Nach beiden Seiten Schwaden von Dampf schleudernd, rast der Kurierzug vorüber und überwältigt einen mit dem betäubenden Wirbelsturm seiner Räder, Fenster, Trittbretter, Kupplungen, Plattformen, Puffer ... Bei seinen tagelangen Wanderungen durch die Stadt mußte Gawrik das Nahen der Ereignisse spüren. Noch waren sie irgendwo unterwegs – vielleicht auf halbem Weg zwischen Sankt Petersburg und Odessa –, aber zu der Stille der Erwartung gesellte sich schon jenes mehr fühl- als hörbare Geräusch der unaufhaltsam revolutionären Bewegung.

Auf neugezimmerten Krücken sah man bärtige Verwundete in zottigen schwarzen, mandschurischen Pelzmützen durch die Straßen schwanken, die Militärmäntel mit dem Sankt-Georgs-Kreuz lose über die Schulter geworfen.

Aus Zentralrußland kommende Handwerker brachten Gerüchte über einen Generalstreik mit. Die Menschenmenge vor dem Revier sprach von angetaner Gewalt. Die Leute vor der Universität redeten von Freiheit und die Arbeiter vor den Fabriken von bewaffnetem Aufstand.

Ende September kam ein großes weißes Schiff mit der Leiche des Generals Kondratenko, der in Port Arthur gefallen war. Fast ein Jahr lang war die riesige, sechzig Pud schwere Kiste mit dem Bleisarg durch fremde Meere und Länder gereist, bis sie endlich die Heimat erreicht hatte.

Hier im Hafen wurde sie auf eine Lafette gestellt und dann durch die breiten, alleeartigen Straßen Odessas zum Bahnhof gefahren.

Gawrik sah die düstere, feierliche Prozession im Licht der armseligen Septembersonne, sah den Trauerornat der Priester und die Kavallerieabteilungen, sah die Schutzleute mit weißen Handschuhen und die Kreppschleifen an den Glaslaternen, die von Fackelträgern mit silberbetreßten schwarzen Dreispitzen auf dem Kopf an Stangen getragen wurden. Die Flammen der blaß brennenden Kerzen waren bei Tageslicht kaum zu sehen.

Die Militärkapelle spielte ohne Unterlaß, und die fürchterlich gedehnte Trauermusik vermischte sich mit dem Gesang des Kirchenchors. Unerträglich hohe, fast heulende Kinderstimmen stiegen zu dem Laubdach der welken Akazien empor. Das schwache Sonnenlicht zitterte in dem fliederfarbenen Dunst des Weihrauchs.

Und langsam, unendlich langsam bewegte sich in der Mitte der von Militär abgesperrten Puschkinskajastraße die Lafette mit der riesigen schwarzen Kiste und den darauf sich türmenden Kränzen und Schleifen dem Bahnhof entgegen.

Als der Zug die Anlagen vor dem Bahnhof erreichte, erschien auf der gußeisernen Umzäunung ein Student. Über seinem wuschligen Kopf schwenkte er die Studentenmütze mit dem ausgeblichenen hellblauen Rand und rief: »Genossen!«

In der riesigen, lautlosen Volksmenge wirkte seine Stimme ganz schwach, kaum vernehmbar. Doch das Wort, das er ausrief, dieses »Genossen«, war so unwahrscheinlich, ungewöhnlich und herausfordernd, daß alle es hören mußten. Und die Köpfe, so viele es auch waren, wandten sich der kleinen, an dem großen, massiven Gitter hängenden Gestalt zu.

»Genossen! Denkt an Port Arthur! Denkt an Tsushima*! Denkt an die blutigen Tage des neunten Januar! Der Zar und seine Knechte haben Rußland in Armut und Verderben gestürzt! Das große russische Volk aber lebt und wird weiterleben! Nieder mit der Tyrannei!«

Schon zerrten Schutzleute den Studenten herunter. Er klammerte sich aber noch mit den Füßen an das Gitter, schwenkte seine Mütze und brüllte laut, hastig und verzweifelt, mit aller Macht bemüht, seine Rede zu Ende zu halten: »Nieder mit der Tyrannei! Es lebe die Freiheit! Es lebe die Re . . .«

Gawrik sah, wie man ihn herunterholte, an beiden Händen festhielt und abführte.

Über der Stadt hing das Trauergeläut. Die Hufe der Kavalleriepferde klapperten laut auf dem Pflaster.

Der Sarg mit den sterblichen Überresten des Generals Kondratenko wurde in den Trauerwagen des Sankt Petersburger Zuges gestellt. Zum letztenmal schmetterten die Trompeten.

»Stillgestanden.«

Der Zug setzte sich in Bewegung.

Der Trauerwagen mit dem Sarg rollte langsam hinter der lichten Einzäunung der schnurgerade ausgerichteten Bajonette vorbei, passierte den Odessaer Güterbahnhof, fuhr durch die mit reglosen Menschenmassen gefüllten Vororte, vorbei an schweigsamen

---

* Bei Tsushima wurde im Jahre 1905 die russische Flotte von den Japanern versenkt.

Bahnhöfen und kleinen Stationen – quer durch ganz Rußland dem Norden, Sankt Petersburg, entgegen. Und ein Vorzeichen des verlorenen Krieges umwehte den Rußland durchquerenden Trauerzug.

In diesen Tagen hatte Petja den Eindruck, als liege ein Toter in ihrer Wohnung. Man ging leise und sprach wenig; auf Tantes Frisiertisch lag ein zusammengeknülltes Taschentuch, und gleich nach dem Mittagessen bedeckte der Vater die Lampe mit einem grünen Schirm und korrigierte bis in die späte Nacht hinein Hefte, wobei er alle Augenblicke den Zwicker fallen ließ und ihn am Rockfutter putzte.

Petja war recht still geworden. Statt der als Schularbeit aufgegebenen Kugeln und Kegel zeichnete er in sein Heft die Schlacht bei Tjurentschen und den von einer Springflut explodierender japanischer Minen umgebenen Kreuzer »Retwisan«. Pawlik spannte unentwegt seine Kudlaka vor einen umgekippten Stuhl, blies aus Leibeskräften in seine bemalte Blechtrompete und fuhr den »Kondratenko-Trauerzug« im Korridor spazieren.

Einmal, beim Schlafengehen, vernahm Petja die Stimmen des Vaters und der Tante aus dem Speisezimmer.

»Es ist unmöglich, unmöglich, so zu leben«, sagte die Tante. Sie sprach durch die Nase, als hätte sie einen Schnupfen, während der Junge doch ganz genau wußte, daß sie völlig gesund war.

Petja spitzte die Ohren.

»Es fehlt einem buchstäblich die Luft zum Atmen«, fuhr die Tante mit Tränen in der Stimme fort. »Fühlen Sie denn das gar nicht, Wassili Petrowitsch? Ich würde mich an deren Stelle schämen, den Menschen in die Augen zu blicken. Die aber – großer Gott! –, die tun, als müßte das so sein! Da geh ich den Französischen Boulevard hinunter und traue meinen Augen kaum – eine prachtvolle Karosse, ausgesucht schöne Apfelschimmel, auf dem Bock ein Soldat als Kutscher in weißen Handschuhen, ein Glanz, ein Getöse ... Zwei Damen in weißen Rotkreuzhäubchen und zobelbesetzten Samtroben, an den Fingern soo große Brillanten, Lorgnetten, nachgezogene Augenbrauen, unnatürlich glänzende Augen, und ihnen gegenüber zwei schicke Adjutanten mit spiegelblanken Säbeln, mit Zigaretten im Mund ... Lachen, Scherzen ... Und was glauben Sie, wer das war? Madame Kaulbars mit Tochter und Verehrern ließ sich in die ›Arkadia‹ fahren, während Rußland buchstäblich in Blut und Tränen schwimmt! Was sagen Sie dazu?

Nein, bedenken Sie doch nur – solche Brillanten! Und darf man fragen, woher? Gestohlen, geraubt, alles in die eigenen Taschen gewirtschaftet! ... Oh, wie ich dieses ganze, entschuldigen Sie den harten Ausdruck, dieses ganze Geschmeiß hasse! Drei Viertel des Landes hungern ... Ganze Bezirke sterben aus ... Ich kann einfach nicht mehr, begreifen Sie das doch!« Petja vernahm ein heißes Schluchzen.

»Um Gottes willen, Tatjana Iwanowa! Aber was soll man denn tun? Was tun?«

»Ach, was weiß ich, was man tun soll! Protestieren, fordern, schreien, auf die Straße gehen ...«

»Ich flehe Sie an ...! Ich kann das ja verstehen ... Aber sagen Sie, was *wir* tun können?«

»Was *wir* tun können?« rief die Tante plötzlich mit einer hellen, klaren Stimme. »Alles können wir tun, alles! Wenn wir nur wollen und uns nicht fürchten! Wir könnten dem Schuft mitten ins Gesicht sagen, daß er ein Schuft, dem Dieb, daß er ein Dieb, dem Feigling, daß er ein Feigling ist ... Statt dessen aber sitzen wir zu Hause und schweigen! Mein Gott, mein Gott, es ist grauenhaft, zu denken, wie weit Rußland gekommen ist! Unfähige Generale, unfähige Minister, ein unfähiger Zar ...«

»Um Gottes willen, Tatjana! Wenn die Kinder das hören!«

»Sollen sie es nur hören, das ist gut so! Sie sollen wissen, in welch einem Land sie leben. Sie werden's uns später noch danken. Sie sollen es ruhig wissen, daß ihr Zar ein Säufer und Dummkopf ist, der obendrein eins mit dem Bambusstock über den Kopf bekommen hat. Ein Kretin! Und die besten Menschen des Landes, die aufrichtigsten, die gebildetsten, die klügsten verfaulen in Gefängnissen und Zuchthäusern ...«

Der Vater ging vorsichtig ins Kinderzimmer, um nachzusehen, ob die Kinder schliefen. Petja schloß sofort die Augen und begann tief und gleichmäßig zu atmen. Der Vater beugte sich zu ihm hinab, küßte ihn auf die Wange und ging auf Zehenspitzen hinaus, wobei er die Tür fest hinter sich schloß. Der Klang ihrer Stimmen aber tönte noch lange aus dem Eßzimmer herüber.

Petja schlief nicht. Streifen nächtlichen Lichts tanzten an der Zimmerdecke, Hufe klapperten, leise klirrten die Scheiben. Dem Jungen war, als fahre die ganze Zeit über der glänzende Landauer der Madame Kaulbars vor den Fenstern hin und her, die Karosse jener Madame Kaulbars, die aus der Staatsschatulle – die Staatsschatulle hatte das Aussehen einer eisenbeschlagenen Truhe – eine Menge Gold und Brillanten gestohlen hatte.

Der Nebel

An diesem Abend offenbarte sich Petja vieles, wovon er vorher nicht die leiseste Ahnung gehabt hatte.

Früher hatten derart allgemeine und unantastbare Begriffe bestanden, daß man nicht im mindesten darüber nachzudenken brauchte. Da war zum Beispiel der Begriff Rußland. Es war doch ganz klar und unumstößlich, daß Rußland das beste, das stärkste und das schönste Land auf der Welt war. Wie hätte man es sonst erklären können, daß sie selbst ausgerechnet in Rußland lebten?

Und dann – der Papa. Papa war der klügste, der gütigste, der tapferste und gebildetste Mann auf der ganzen Welt.

Dann – der Zar. Darüber war kein Wort zu verlieren. Der Zar war eben der Zar. Der Weiseste, der Machtvollste, der Reichste. Wie wäre es sonst zu erklären gewesen, daß Rußland ausgerechnet ihm und keinem anderen Zaren oder König – zum Beispiel dem französischen – untertan war?

Na, und Gott natürlich, von dem schon gar nicht zu reden war – hier verstand sich alles von selbst.

Und was hatte sich plötzlich herausgestellt? Es hatte sich offenbart, daß Rußland unglücklich war, daß es außer Papa noch irgendwelche anderen guten Menschen gab, die in Zuchthäusern verfaulten, daß der Zar ein Dummkopf und ein Säufer war und obendrein mit dem Bambusstock eins über den Kopf bekommen hatte, daß außerdem die Minister und Generale unfähig waren, und daß nicht etwa Rußland Japan besiegt, worüber bisher kein Zweifel hatte herrschen können, sondern umgekehrt die Japaner die Russen geschlagen hatten.

Und was die Hauptsache war – Papa und Tante unterhielten sich darüber. Übrigens hatte Petja natürlich schon selber etwas geahnt.

Auf dem Revier saßen anständige, nüchterne Leute, darunter gar ein so fabelhafter Mann wie Gawriks Großvater, der obendrein noch geschlagen wurde! Der Matrose war vom Dampfer gesprungen. Soldaten hatten die Postkutsche angehalten. Im Hafen hatten Wachtposten gestanden. Das Bollwerk hatte gebrannt. Vom

Panzerkreuzer aus war auf die Stadt geschossen worden . . .

Nein, es war völlig klar, daß das Leben keineswegs eine so lustige, angenehme, sorglose Angelegenheit war, wie es noch vor kurzem zu sein schien.

Petja hätte die Tante schrecklich gern gefragt, wer denn wohl dem Zaren mit dem Bambusstock auf den Kopf gehauen hatte und wie das geschehen war. Und warum wohl ausgerechnet mit einem Bambusstock? Doch der Junge hatte schon begriffen, daß es Dinge gab, über die man lieber nicht redete. Es war besser, so zu tun, als wisse man nichts. Um so mehr, als die Tante weiterhin die gleiche freundliche, ein wenig spöttische, geschäftige Tante blieb, die sie auch früher gewesen war, und mit keinem Ton die an jenem Abend so freimütig geäußerten Gedanken und Gefühle verriet.

Es war bereits Oktober.

Die Akazien hatten fast ihr ganzes Laub verloren, und über das Meer brausten Stürme.

Man stand bei Lampenlicht auf und zog sich bei Lampenlicht an. Wochenlang hing Nebel über der Stadt, und die Menschen und Bäume erschienen undeutlich, wie auf eine Mattscheibe gezeichnet. Die Lampen, die man um neun Uhr morgens ausgepustet hatte, wurden um fünf Uhr nachmittags wieder angezündet. Regen nieselte herab. Zuweilen hörte er auf, der Wind trug den Nebel fort, und dann leuchtete das korallenfarbene Morgenrot in dem kristallklaren Himmel hinter dem Bahnhof, hinter dem Markt, hinter den verkrüppelten Zäunen, hinter den nackten Zweigen der Bäume, die voll großer schwarzer, mandschurischen Pelzmützen ähnelnden Krähennester waren. Zog man keine Handschuhe an, so froren die Hände schon ganz empfindlich; der Erdboden wurde spröde, und eine unheimliche Leere stand über den Dächern. In diesen kurzen Stunden beherrschte Stille den Raum zwischen Himmel und Erde. Ihre durchsichtige Mauer trennte das Kulikow-Feld von der Stadt, die mit all ihren beängstigenden Gerüchten, Geheimnissen und Erwartungen kommender Ereignisse unendlich weit wegrückte und nur noch wie durch ein umgekehrt gehaltenes Opernglas zu sehen war – sehr deutlich, fast überscharf, doch grenzenlos weit entfernt.

Aber das Wetter verschlechterte sich, der Himmel wurde dunkler, vom Meer her zog undurchdringlicher Nebel auf, und in einer Entfernung von zwei Schritt war nichts mehr zu sehen. Schreckliche Abende brachen an, denen düstere Nächte folgten.

Von der See her wehte ein schneidender Wind. Im Hafen erscholl die finstere, grauenerregende Stimme der Sirene. Sie begann in tiefem Baß und schwoll plötzlich in chromatischer Tonfolge mit atemberaubender Geschwindigkeit zu einem durchdringenden, aber weichen Heulen von unmenschlicher Höhe und Scheußlichkeit an, als entwinde sich ein todbringendes Geschoß dem Geschützrohr und sauste in das schwarze Unwetter hinein.

An solchen Abenden ängstigte sich Petja sogar davor, ans Fenster zu treten, um zwischen den leicht geöffneten Läden hindurch einen Blick auf die Straße zu werfen.

Auf dem riesigen, öde ausgedehnten Kulikow-Feld war dann weit und breit kein Fünkchen zu sehen. Nebelhafte Finsternis schweißte es fest an die Stadt, alle Geheimnisse gehörten nun beiden zusammen, und es schien, als verbreiteten sie sich unsichtbar, vom Nebel gedämpft, von Laterne zu Laterne.

Die Schatten vereinzelter Passanten glitten vorüber. Ab und zu erklang in der Dunkelheit ein langgezogener schwacher Polizeipfiff. Die Wache am Stabsgebäude war verstärkt worden; derb polterten die Schritte der Patrouille.

Hinter jeder Ecke konnte sich einer versteckt halten, jeden Augenblick konnte etwas geschehen – etwas Unvorhergesehenes und Furchtbares.

Und einmal geschah es tatsächlich.

Gegen zehn Uhr abends stürzte Dunja, die unten im Laden hatte Petroleum holen wollen, noch mit dem Kopftuch ins Eßzimmer und berichtete mit erstickender Stimme, daß sich vor etwa fünf Minuten ein Wachsoldat drüben auf dem Brachland an der Mauer des Stabsgebäudes erschossen habe. Sie schilderte die grauenhaften Einzelheiten: Der Soldat hatte sich einen Stiefel ausgezogen, die Gewehrmündung in den Mund genommen und den Schuß mit der großen Zehe ausgelöst. Sein Genick war völlig zerfetzt. Dunja stand totenbleich da, mit aschgrauen Lippen, und band die Enden ihres fransenbesetzten Tuches ununterbrochen auf und zu.

»Und das Schlimmste ist, er hat nicht mal 'nen Zettel hinterlassen, sagt man«, brachte sie schließlich noch hervor. »Der konnte wohl gar nicht schreiben.«

Die Tante preßte mit aller Kraft die geballten Fäuste gegen die Schläfen. »Ach, was soll da noch ein Zettel!« rief sie mit Tränen der Erbitterung aus und legte den Kopf auf das Tischtuch, neben die Tasse, in der sich mit aller Genauigkeit, wenn auch winzig klein, die leicht schaukelnde Tischlampe mit dem hellen Schein widerspiegelte. »Was soll da noch ein Zettel! Es ist ja alles klar genug . . .«

Vom Küchenfesnter aus, das auf das Brachland hinausging, sah Petja die schwankenden Lichter des Rettungswagens sowie die huschenden Schatten von Menschen.

Zitternd vor Angst und Kälte, saß der Junge auf der Fensterbank in der leeren Küche, preßte sein Gesicht an die verregnete Scheibe und vermochte seinen Blick nicht von der Finsternis zu lösen, die ihm die Gegenwart des Todes noch fühlbarer machte.

In dieser Nacht konnte Petja lange nicht einschlafen; immer wieder schwebte ihm schreckeinflößend die Leiche des barfüßigen Soldaten vor, in voller Wachuniform, mit zerfetztem Genick und blauem, rätselhaft unbeweglichem Gesicht.

Dennoch vermochte er am nächsten Morgen trotz seines Entsetzens nicht der Versuchung zu widerstehen, einen Blick auf den schrecklichen Tatort zu werfen.

Das Brachland zog ihn mit unerklärlicher Macht an. Auf dem Wege zum Gymnasium machte er einen Bogen und näherte sich – vorsichtig, auf Zehenspitzen wie in der Kirche – über den fauligen, von Regen und Nebel nassen Rasen der Unglücksstelle, an der bereits einige Neugierige standen.

An der Mauer des Stabsgebäudes erblickte der Junge in der feuchten Erde eine Vertiefung von der Größe eines menschlichen Kopfes. Das Loch war mit rötlich schimmerndem Regenwasser angefüllt. Hier mochte der tote Soldat mit dem Hinterkopf aufgeschlagen sein. Das war alles, was von dem nächtlichen Ereignis übriggeblieben war.

Petja schlug den Kragen seines Gymnasiastenmantels hoch und blieb, vor Feuchtigkeit zitternd, eine Zeitlang vor der Vertiefung stehen. Da bemerkte er unmittelbar vor seinen Füßen etwas Rundes. Er hob es auf und erbebte vor Freude. Ein Fünfer war es, schwarz und fleckig, mit einem türkisfarbenen Fleck statt des Adlers.

Es war selbstverständlich ein ganz zufälliger Fund und stand in keiner Beziehung zu dem Ereignis. Höchstwahrscheinlich lag das Geldstück schon seit dem Sommer hier. »Schrift oder Adler« spielende Handwerksburschen oder eine unter dem Busch nächtigende Bettlerin mochten es verloren haben. Doch in den Augen des Jungen gewann die Münze sofort eine zauberhafte Bedeutung, ganz zu schweigen davon, daß es ja ein Vermögen war – fünf Kopeken!

Der Vater gab Petja niemals Geld, da er der Ansicht war, Geld könne den Jungen verderben. Verständlich also, daß Petja außer sich war vor Freude über den gefundenen Fünfer. Dieser ganze Tag, so wunderbar durchsonnt von der Freude über den gefundenen Schatz, verwandelte sich für den Jungen in einen wahren Festtag. In der Klasse wanderte das Geldstück von Hand zu Hand. Unter den Schulkameraden fanden sich welche, die in Dingen dieser Art durchaus bewandert waren. Sich angesichts der Klosterkuppel bekreuzigend, schworen sie darauf, daß dieser Fünfer wahrscheinlich ein ewiger Fünfer sei, gewissermaßen der kleine Bruder des ewigen Rubels. Er würde also Petja zu unerhörtem Reichtum verhelfen ...

Ein Junge bot Petja sogar zum Tausch gegen diesen Talisman sein ganzes Frühstück samt dem Körbchen und sein Taschenmesser als Zugabe an. Natürlich lehnte Petja das Angebot hohnlachend ab. Nur ein kompletter Narr wäre auf einen solchen Tausch eingegangen. Atemlos rannte er nach Hause. Es war unbedingt notwendig, den Fund sofort zu Hause und auf dem Hof zu zeigen.

Wie groß aber war sein Entzücken, als er Gawrik auf dem Hof erblickte!

Gawrik hockte auf der Erde, umgeben von knienden Kindern, denen er das moderne Öhrchenspiel beibrachte.

Petja hatte den Freund, den er so lange nicht gesehen, kaum begrüßt, da wurde auch er bereits von der Spielleidenschaft ergriffen. Sie spielten probeweise eine Partie mit Gawriks Öhrchen, und das brachte Petja nur noch mehr auf den Geschmack.

»Gawrik, gib mir zehn Stück für den Anfang«, sagte Petja und streckte dem Freund seine vor Ungeduld zitternde Hand entgegen. »Sobald ich welche gewonnen habe, gebe ich sie dir zurück. Ganz großes Ehrenwort!«

»Pfoten weg, die kannste nicht borgen«, erwiderte Gawrik finster, schüttete die Öhrchen in ein Säckchen aus grauem Fries und band es sorgfältig mit einem Bindfaden zu. »Öhrchen sind doch keine Deckelchen. Die kosten Geld. Verkaufen kann ich sie dir, wenn du willst.«

Petja war nicht im mindesten beleidigt. Das konnte er Gawrik nicht übelnehmen. Jedes Spiel hatte seine besonderen, unumstößlichen Regeln, das hatte mit Freundschaft nichts zu tun. Da Öhrchen nun einmal Geld kosteten, mußte eben Geld dafür bezahlt werden – da half die ganze Freundschaft nichts; so lautete nun einmal das eiserne Gesetz der Straße. Aber was tun?

Gepeinigt von der Spielleidenschaft und von seelischen Stürmen, zögerte der Junge nur einen knappen Augenblick, fuhr dann mit der Hand in die Hosentasche und hielt Gawrik den berühmten Fünfer hin.

Gawrik betrachtete die verdächtige Münze eingehend von allen Seiten und schüttelte dann den Kopf.

»Den nimmt mir keiner ab!«

»Doch!«

»Den nimmt keiner!«

»Dussel!«

»Selbst einer . . . Geh in den Laden wechseln.«

»Geh du wechseln.«

»Wieso ich? Ist doch dein Fünfer!«

»Aber deine Öhrchen.«

»Wenn du nicht willst – dann nicht.«

»Dann eben nicht!«

Und Gawrik ließ das Säckchen in aller Ruhe in seine Tasche gleiten und spuckte gleichmütig durch die Zähne.

Da stürzte Petja in den Laden mit der Bitte, ihm den Fünfer zu wechseln. Während »Boris Rattenfriß« die verdächtige Münze dicht vor seine kranken Augen hielt, wurde der Junge von einem Sturm erniedrigender Gefühle durchtobt, unter denen die ängstliche Ungeduld eines Diebes, der das Gestohlene loszuwerden versucht, entschieden vorherrschte. Er wäre nicht im gerinsten erstaunt gewesen, wenn in diesem Augenblick säbelbewaffnete Schutzleute in den Laden gestürmt wären und ihn wegen Mitwirkung an einem geheimen und beschämenden Verbrechen in einer Polizeidroschke abgeführt hätten.

Doch da warf »Boris Rattenfriß« den Fünfer in die Schublade und gab gleichgültig fünf einzelne Kopeken heraus.

Petja eilte auf den Hof, wo Gawrik schon anderen Kindern seine Öhrchen verkaufte, und erstand für sein ganzes Geld Öhrchen verschiedener Qualität. Sie begannen zu spielen, und Petja vergaß alles auf der Welt.

Es war bereits völlig dunkel, als Petja schließlich kein einziges Öhrchen mehr besaß. Das war um so entsetzlicher, als er zuerst großes Glück gehabt und die gewonnenen Öhrchen nicht mehr in einer Tasche unterzubringen vermocht hatte.

Und nun – o weh! – kein Geld und keine Öhrchen mehr! Petja

war dem Weinen nahe. Er war völlig verzweifelt. Gawrik erbarmte sich des Freundes. Er pumpte ihm zwei einfache Öhrchen, damit Petja sich freispielen könnte. Aber Petja war viel zu leidenschaftlich und ungeduldig: Innerhalb von fünf Minuten hatte er auch sie verspielt. Es war schwer, gegen Gawrik anzukämpfen!

Nachlässig schüttete Gawrik seinen märchenhaften Gewinn in das Säckchen, verkündete, daß er morgen wieder vorbeikommen würde, und ging nach Hause.

Die Öhrchen

Oh, wie viele waren es gewesen!

Hohle Studentenknöpfe mit aufgesetztem, goldene Offiziersknöpfe mit geprägtem Adler; braune Handelsschulknöpfe mit schlangenumwundenem Merkurstab und schelmischer Flügelkappe; helle Marineknöpfe mit grün gewordenen Blitzen und einem Posthorn; Artillerieknöpfe mit Kanonen; Gerichtsknöpfe mit dem Stab des Gesetzes; messingne Galaununiformknöpfe von der Größe eines Fünfzigkopekenstückes, mit Löwenwappen verziert; dicke Dreierknöpfe von Beamtenuniformen; hauchdünne Schreiber-»Scheibchen« mit scharfen, ritzenden Kanten, die beim Spiel einen dünnen Ton gaben, wie wenn Mücken summten; dicke Gymnasiastenmantelknöpfe mit silbernen Kuppen, die innen rot gescheuert waren . . . Sagenhafte Schätze, die gesamte Wappenkunde des russischen Imperiums, hatten sich für eine kurze, beglückende Zeit in Petjas Händen gehäuft.

Immer noch glaubte er auf seinen Handflächen die verschiedenartigen Formen und das gediegene Bleigewicht der Öhrchen zu fühlen – und war doch inzwischen völlig leergebrannt, vernichtet, verwüstet . . . Das hatte man nun von dem »ewigen Zauberfünfer«! Der Junge dachte an Öhrchen und nur an Öhrchen. Sie standen unaufhörlich vor seinen Augen als eine Vison traumhaften Reichtums. Ganz geistesabwesend starrte er während des Essens in den Suppenteller, in dem sich das Licht der Speisezimmerlampe mindestens dreihundertmal in den Fettaugen widerspiegelte. Er sah dreihundert glänzende Öhrchen mit goldenen Adlern.

Voller Widerwillen betrachtete Petja die Knöpfe des väterlichen Rockes, die mit Tuch überzogen waren und nicht den geringsten Wert besaßen.

Überhaupt merkte er erst heute, daß er eigentlich in einer bettelarmen Familie lebte, in deren Haus es keinen einzigen anständigen Knopf gab.

Die Tante wurde sofort auf den seltsamen Zustand des Jungen aufmerksam.

»Was hast du denn?« fragt sie mit einem prüfenden Blick auf das ungewöhnlich erregte Gesicht Petjas. »Haben dich die Jungen auf dem Hof vielleicht verprügelt?«

Petja schüttelte ärgerlich den Kopf.

»Oder hast du dir vielleicht lauter Vieren geholt? Dann sag es schon lieber gleich, statt daß du dasitzt und dich quälst.«

»Aber nein doch! Was wollen Sie denn von mir? Ich versteh das gar nicht!«

»Bist du am Ende krank?«

»Ach, du lieber Gott!«

Diese Ausfragerei brachte Petja sogar zum Greinen.

»Na, wenn du nichts sagen willst, dann laß es und leide!«

Und Petja litt tatsächlich. Angestrengt zerbrach er sich den Kopf, wo er wohl Geld herbekäme, um morgen weiterspielen zu können. Verzehrt von dem Wunsch, sich so schnell wie möglich freizuspielen, schlief er schlecht und entschloß sich am Morgen zu einer List.

Lange und zärtlich umschmeichelte er den Vater, steckte den Kopf unter dessen Arm und küßte den großporigen, frischgewaschenen Hals.

Der Papa streichelte den stachelhaarigen Kopf des kleinen Gymnasiasten und drückte ihn an seinen Rock mit den abscheulichen Knöpfen.

»Was ist denn, Petjalein; was ist denn, mein Kleiner?«

Diese Frage, dieses zärtliche Beben der väterlichen Stimme war es, worauf der Junge gelauert hatte – es war das Zeichen dafür, daß der Papa jetzt nicht imstande war, ihm eine Bitte abzuschlagen. »Papa!« sagte der Junge, um den Vater herumscharwenzelnd und mit gemachter Befangenheit an seinem Gürtel drehend. »Papa, gib mir bitte fünf Kopeken!«

»Wofür?« fragte der Vater, der niemals, auch nicht in den allerzärtlichsten Augenblicken, auf die strengen Grundsätze der Erziehung verzichtete.

»Ich brauche sie.«

»Sag erst, wofür.«

»Nein, gib sie mir doch!«

»Nein, sag mir erst, wofür. Ich muß wissen, wofür du diese Summe ausgeben willst. Für etwas Brauchbares, Nützliches gebe ich dir das Geld mit Vergnügen, für etwas Schädliches aber nicht. Darum sag mir bitte, wofür du das Geld brauchst.«

Wie hätte Petja dem Vater sagen können, daß er es für ein Glücksspiel brauchte! Das war natürlich völlig unmöglich.

Also machte Petja das treuherzige Gesicht eines gutgearteten Jungen, der gern ein wenig nascht, und sagte mit leiser Stimme: »Ich möchte mir ein Täfelchen Schokolade kaufen.«

»Schokolade? Nun, dagegen läßt sich kaum etwas einwenden.«

Petja strahlte.

Doch da trat der Vater schweigend an seinen Schreibtisch, schloß ihn auf und reichte dem völlig verdutzten Jungen eine Tafel Schokolade, deren briefumschlagähnliche, mit fünf Siegellack-klecksen verschlossene Verpackung ein verschiebbares Bildchen auf-wies.

Petja hatte Tränen in den Augen, als er die Schokoladentafel entgegennahm und leise sein »Danke, Papa« murmelte. Mit gebro-chenem Herzen begab er sich zur Schule.

Dennoch war es besser als gar nichts. Man konnte versuchen, die Schokolade in Öhrchen umzutauschen.

An diesem Tag kam Petja aber nicht zum Spielen.

Kaum war er in die Noworybnajastraße eingebogen, in der sich das Gymnasium befand, als ihm auch schon auffiel, daß sich etwas Wichtiges, Feierliches und sehr Erfreuliches in der Stadt zugetra-gen haben mußte.

Ungeachtet der frühen Stunde waren die Straßen voller Men-schen, die alle äußerst aufgeregt und geschäftig aussahen, obwohl es keiner von ihnen eilig hatte. Sie standen in Gruppen vor den Toren und umlagerten die Zeitungskioske an den Ecken. Überall entfaltete man Zeitungen, die unter dem feinen Sprühregen noch grauer wurden. Über allen Toren waren weiß-blau-rote Fahnen, die Nationalfarben, gehißt, aus denen Petja Rückschlüsse auf die Vermögensverhältnisse der Hausbesitzer zu ziehen pflegte. Es gab keine verblichenen Fahnen an kurzen Stangen, die nachlässig ans Tor gebunden waren, es gab völlig neue, riesige, die mit einer dreifarbigen Schnur umnäht waren, deren prächtige dreifarbene Quasten bis auf die Erde herabhingen. Der Wind vermochte kaum das schwere Fahnentuch zu bewegen, das in der Feuchtigkeit deutlich nach Farbe roch.

Das Gymnasium war geschlossen. Fröhliche Gymnasiasten kamen Petja entgegengelaufen. Der Schuldiener, eine weiße Schürze über dem Wintermantel mit dem Lammfellkragen, spannte vor der Fassade des Gebäudes dünnen Draht zwischen den Baumstämmen.

Also würde es abends eine Illumination geben, wie es sonst nur an hohen Staatsfeiertagen der Fall war, zum Beispiel am Allerhöchsten Namenstag des Zaren.

Diese drei magischen Begriffe – Illumination, Staatsfeiertag und Allerhöchster Namenstag – waren für den Jungen das gleiche wie drei Kristallanhänger eines Kronleuchters. Solche Anhänger von Kirchenkronleuchtern wurden von den Odessaer Jungen außerordentlich geschätzt. Man brauchte diese kleinen Prismen nur ans Auge zu halten, und schon entbrannte die Welt in dem patriotischen Regenbogen eines »Zarentages«!

Aber war denn heute ein Zarentag? Nein. Einen Zarentag kannte man gewöhnlich schon vorher aus dem Kalender; heute aber war die Zahl auf Papas Abreißkalender schwarz gewesen und hatte weder Illumination noch Staatsfeiertag, noch Allerhöchsten Namenstag in Aussicht gestellt.

Was hatte sich also ereignet? Ob dem Zaren wieder, wie im vorigen Jahr, ein Thronfolger geboren war? Nein! Nein! Jedes Jahr ein Junge, das konnte nicht sein! Wahrscheinlich war es etwas anderes. Aber was?

»Hören Sie mal«, fragte Petja den Schuldiener, »was ist denn heute?«

»Freiheit«, antwortete der Schuldiener; doch schien es dem Jungen, als meinte er es nicht ernsthaft.

»Nein, machen Sie keinen Scherz!«

»Was soll ich denn scherzen? Ich sage ja – Freiheit.«

»Was heißt denn das – Freiheit?«

»Eben das, daß Sie heute freihaben und ruhig nach Hause gehen können, weil keine Schule ist. Die fällt aus.«

Petja war gekränkt.

»Hören Sie, Hausmeister, ich frage Sie allen Ernstes!« sagte er streng, mit dem Selbstbewußtsein eines Schülers des Odessaer Fünften Gymnasiums.

»Und ich antworte Ihnen allen Ernstes, Sie sollen nach Hause gehen, wo die Eltern schon lange auf das liebe Kindchen warten, und sollen einen beschäftigten Mann nicht bei seiner Arbeit stören!«

Petja hob verächtlich die Schultern, zog mit ungerührter Miene davon, als ob er spazierenginge, und ließ den Schuldiener stehen, der die unleidliche Gewohnheit angenommen hatte, im Ton eines Klassenlehrers mit den Schülern zu sprechen.

Der Schutzmann, an den Petja sich dann als an einen Vertreter der Regierungsgewalt wandte, betrachtete das dunkelhäutige Bürschlein etwas von oben herab und glättete in aller Ruhe seinen wohlgepflegten roten Schnurrbart. Plötzlich aber sagte er in näselndem Tonfall: »De Fraihait!«

Bis ins Innerste gekränkt, trottete der Junge nach Hause.

Die Straßen wurden immer voller und voller. Man sah Studentenmützen, Persianermuffe von Studentinnen, breitkrempige Hüte von Freidenkern, und immer wieder hörte Petja das ihm nicht ganz verständliche Wort »Freiheit«.

An der Ecke der Kanatnajastraße wurde seine Aufmerksamkeit schließlich von einer Menschenmenge angezogen, die sich um ein Plakat geschart hatte, das an den Zaun eines Holzplatzes geklebt war. Petja drängte sich nach vorn und las folgende in riesigen Druckbuchstaben prangenden Zeilen:

Allerhöchstes Manifest

> Wir, Nikolai der Zweite, von Gottes Gnaden Imperator und Selbstherrscher aller Reußen, Zar von Polen, Großfürst von Finnland . . .

Die Unruhen und Wirren in den Großstädten und an vielen anderen Orten Unseres Imperiums erfüllen Unser Herz mit großer Sorge und Trauer. Das Wohl der Herrschers aller Reußen ist untrennbar mit dem Wohle des Volkes verbunden, und die Sorgen des Volkes sind auch Seine Sorgen. Die gegenwärtig entstandenen Wirren können dazu angetan sein, die Stimmung des Volkes aufs tiefste zu beeinflussen und die Gesamtheit und Einheit Unseres Reiches zu bedrohen.

Das große Gelübde Unseres Zaren-Dienstes zwingt Uns dazu, mit allen Uns zu Gebote stehenden Mitteln des Verstandes und der Macht auf die baldigste Beendigung der für das Reich so gefährlichen Unruhen hinzuwirken . . .

Über so schwere und nebelhafte Worte wie »gegenwärtig entstandenen«, »dazu angetan sein«, »aufs tiefste zu beeinflussen«, »baldigste Beendigung«, »hinzuwirken« und über die vielen großen Buchstaben stolpernd, die entgegen allen orthographischen Regeln an den unerwartetsten Stellen wie Baumstümpfe nach einem

Waldbrand in den Zeilen staken, war Petja nicht ohne erhebliche Mühe in seinem Lesen so weit gekommen.

Begriffen hatte er nichts, außer dem einen, daß es dem Zaren offenbar schlecht ging und er jeden darum bat, ihm soweit wie möglich zu helfen.

Um die Wahrheit zu gestehen, tat ihm der arme Zar sogar ein wenig leid, besonders als ihm einfiel, daß der Zar ja eins mit dem Bambusstock auf den Kopf bekommen hatte.

Warum sich aber alle freuten und Fahnen heraushängten, das war ganz und gar unbegreiflich! Vielleicht stand weiter unten etwas Lustiges geschrieben? Doch Petjas Fleiß reichte nicht aus, um diese traurige Zarenbotschaft zu Ende zu lesen.

Übrigens bemerkte der Junge, daß fast jeder der Herantretenden eine bestimmte Stelle in der Mitte des Anschlags heraussuchte, die allen aus irgendeinem Grunde besonders gut gefiel. Und diese Stelle wurde immer wieder laut vorgelesen, wobei sich der Betreffende triumphierend zu den übrigen wandte: »Aha! Tatsächlich, da steht es schwarz auf weiß: ›... und Unantastbarkeit der Persönlichkeit, Gewissensfreiheit, Freiheit des Wortes, der Versammlungen und Vereine schenken.‹« Ungeachtet dessen, daß sie sich auf der Straße befanden, schrien manche dann unbekümmert »Hurra!« und küßten einander wie zu Ostern.

Auch wurde der Junge hier Zeuge einer Szene, die ihn zutiefst erschütterte. Eine Droschke rollte auf die Menge zu; heraus sprang ein Herr mit einem nagelneuen, aber schon verbeulten steifen Hut, las, einen schiefen Zwicker an die Nase haltend, rasch die berühmte Stelle durch, küßte dann den völlig verdatterten Kutscher dreimal auf seinen feuerroten Bart, plumpste wieder auf seinen Sitz zurück, brüllte aus Leibeskräften: »Kriegst 'n Fünfziger Trinkgeld! Fahr los, du Kerl!« und war ebenso schnell verschwunden, wie er erschienen war.

Kurzum, es war ein in jeder Beziehung außergewöhnlicher Tag.

Die Wolken lichteten sich, der Regen ließ nach, und blaß kam die perlmuttfarbene Sonne zum Vorschein. Auf dem Hof stolzierte Njusja Kogan in seinem schwarzen Gymnasiastenjäckchen, das statt der Knöpfe Haken hatte, und mit einer Mütze ohne Wappen umher und träumte davon, wie er jetzt, angesicht der Konfessionsfreiheit, auf ein richtiges Gymnasium kommen und was für ein schönes Wappen an seiner Mütze prangen würde.

Petja spielte eine ganze Weile »Himmel und Hölle« mit ihm,

wobei er nach jedem Sprung stehenblieb und dem Spielgefährten fürchterliche Dinge über das Gymnasium erzählte. »Und da ru-uft er dich auf, und da fä-ängt er an, dir Fragen zu stellen, und da ste-ehst du denn da, und da hast du keinen blauen Dunst, und da sa-agt er dir: ›Sie können auf Ihren Platz gehen, setzen!‹ Und dann hau-ut er dir eine Fünf hin. Na, da weißt du dann erst Bescheid!«

Worauf der vernünftige Njusja leise strahlend erwiderte: »Warum denn? Wenn ich gut lerne?« und leicht die Achseln zuckte.

»Ist ganz gleich«, meinte Petja unerbittlich und hüpfte auf einem Bein weiter, bemüht, das Steinchen mit der Fußspitze aus dem aufgemalten »Hiemmel« (mit »ie«) herauszustoßen. »Ist ganz gleich! Der hau-ut dir 'ne Fünf hin!«

Hierauf bewirtete Petja den Kameraden mit Schokolade, und Njusja rannte in den Laden und brachte eine Handvoll Rosinen an.

Dann wurde Petja zum Frühstück gerufen, und er forderte Njusja auf, mitzukommen.

Vater war schon zu Hause. »Ah!« rief er fröhlich, als er Njusja erblickte. »Es ist anzunehmen, daß wir bald das Vergnügen haben werden, Sie als Gymnasiasten vor uns zu sehen, junger Mann! Ich gratuliere, ich gratuliere . . .«

Njusja machte höflich und würdevoll einen Diener.

»Warum nicht?« sagte er, die Augen mit verlegenem Stolz niederschlagend, und errötete vor Freude.

Die Tante strahlte.

Und Papa strahlte.

Pawlik spielte im Korridor »Freiheit« und vollführte einen furchtbaren Lärm, indem er die umgekippten und in eine Reihe nebeneinandergelegten Stühle aus unerfindlichen Gründen mit einem Läufer bedeckte, darunter hin und her kroch und aus Leibeskräften in die Trompete blies, die zum allgemeinen Entsetzen bei keinem Spiel fehlen durfte.

Doch heute wurde der Junge von niemandem zurechtgewiesen und tobte sich nach Herzenslust aus.

Jeden Augenblick kam Dunja von unten angesaust und berichtete die neuesten Stadtereignisse. Einmal hatte man am Bahnhof eine Menschenmenge mit einer roten Fahne gesehen – »es war nicht durchzukommen!« –, einmal hatte man in der Richeljowskajastraße einen Soldaten vor Begeisterung hin und her gewiegt –

»der Ärmste ist man bloß so hochgeflogen, man bloß so hochgehopst!« –, einmal hieß es, das Volk ströme von allen Seiten zum Revier, wo man angeblich alle Gefangenen freilasse: »Und da rennt doch 'ne Frau mit nem Mädchen auf 'm Arm, und die Tränen, die laufen ihr immerzu runter, immerzu runter.« Einmal hieß es, am Stabsgebäude sei eine Wache aus Fähnrichen aufgestellt, die keinen Unbefugten zu den Stabssoldaten, ja nicht einmal an die Fenster heranlasse. Ein Vorwitziger aber habe es doch geschafft, ans Fenster heranzulaufen, sich auf einen Stein zu stellen und hineinzurufen: »Es lebe die Freiheit!« Und die Soldaten hätten aus dem Fenster zurückgerufen: »Es lebe die Freiheit!«

Auf all diese Neuigkeiten reagierte man mit Freude und eiligen Fragen: »Und die Polizei?« – »Und er?« – »Und sie?« – »Und die?« – »Und was war da?«

Manchmal öffnete einer die Balkontür und trat ungeachtet der Kälte hinaus, um zu sehen, was sich auf den Straßen ereigne. Am anderen Ende des Kulikow-Feldes konnte man eine dunkle Menschenmenge mit einer roten Fahne erkennen.

Am Abend kam Besuch, was schon lange nicht mehr dagewesen. Es erschienen Kollegen von Papa und Studentinnen, mit denen die Tante befreundet war. Die Garderobenhaken im Flur bedeckten sich mit schwarzen Mänteln, Damencapes, breitkrempigen Hüten und Persianermützchen, die aussahen wie Brötchen. Petja gewahrte, wie man in der Küche Teewurst, herrlichen Schinken und große Brote aufschnitt.

Und als er nach diesem anstrengenden, aber lustigen Tag in Schlaf sank, hörte der Junge noch im Hinüberdämmern das volltönende Brausen fremder Stimmen, fröhliches Lachen und das Klirren der Teelöffel aus dem Speisezimmer. Mit dem hellen Lichtstrahl der Lampe drang bläulicher Zigarettenrauch in das Kinderzimmer und brachte etwas ungewöhnlich Männliches und Freiheitliches herein, etwas, was die Wohnung sonst nicht hatte, da Papa nicht rauchte.

Das Fenster war viel heller als gewöhnlich: Zum schwachen Licht der Straßenlaternen gesellte sich das verschiedenfarbige, gleichsam gelatineartige der Illumination.

Petja wußte, daß jetzt in der ganzen Stadt zwischen den Bäumen statt der Fähnchen sechseckige Laternen mit heißen, von der brennenden Kerze verrußten Scheiben an den Drähten hingen.

Doppelte Reihen gleichmäßiger Lichtlein verloren sich in der

Tiefe der geradlinigen und langen Straßen Odessas; sie lockten immer tiefer in die geheimnisvolle Ferne der nicht wiederzuerkennenden Stadt, immer weiter, aus einer Straße in die andere, als versprachen sie, ganz, ganz nahe, hier gleich um die Ecke, ein vielfarbiges Schauspiel von ungeahnter Pracht und Schönheit. Doch um die Ecke sah man die gleiche lange Straße, die gleichen eintönigen, wenn auch bunten Laternenreihen, die des Brennens ebenso müde waren wie der Mensch des Umhergehens zwischen ihnen.

Die roten, grünen, violetten, gelben und blauen Lichtstreifen glitten über die Häuserwände, fielen auf die Passanten und täuschten sie durch das Versprechen, gleich um die Ecke etwas Neues und viel Schöneres zu zeigen.

Diese ganze ermüdende Vielfalt, die sonst immer »Allerhöchster Namenstag«, »Staatsfeiertag« oder »Zarentag« hieß, wurde heute mit dem vielfarbigen Wort »Konstitution« benannt.

Das Wort »Konstitution« erklang auch alle Augenblicke aus dem Speisezimmer durch das Gepolter fremder Baßstimmen und das silberhelle Klirren der Teelöffel.

Über dem Lärm der Gäste schlief Petja ein. Sie gingen ungewöhnlich spät auseinander – sicherlich erst kurz vor Mitternacht.

Im Kellergeschoß

Kaum war es in den »Nahen Mühlen« ruchbar geworden, daß die Gefangenen freigelassen würden, als Gawrik sofort zum Revier rannte.

Terenti, der die ganze letzte Woche nicht mehr zu Hause übernachtet hatte und am frühen Morgen plötzlich irgendwoher aufgetaucht war, begleitete Gawrik bis zur Ecke. Er war verstört und schwankte vor Müdigkeit.

»Gawrik, du holst den Alten natürlich ab, aber bring ihn um Himmels willen nicht hierher. Denn bei dieser dreimal verfluchten ›Freiheit‹ wird es wohl dort am Revier von all diesen Lumpenhunden wimmeln. Da bringt ihr uns womöglich irgend so'n Kerl an. Der schmeißt uns die ganze Bude ein, und die Leute gehen für nichts und wieder nichts drauf. Verstehst du?«

Gawrik nickte. »Klar.«

Während seines Aufenthalts in den »Nahen Mühlen« hatte der Junge vieles begreifen gelernt und vieles erfahren. Es war für ihn schon kein Geheimnis mehr, daß sich das Streikkomitee in Terentis Wohnung versammelte.

Wie oft hatte Gawrik fast die ganze Nacht auf der Bank an der Gartenpforte verbringen und, sobald fremde Leute in der Nähe des Hauses auftauchten, einen leisen Pfiff ertönen lassen müssen!

Ein paarmal hatte er sogar den Matrosen gesehen, der im Morgendämmern irgendwoher kam und bald wieder verschwand. Doch der Matrose war jetzt kaum wiederzuerkennen. Er hatte sich einen anständigen Tuchmantel und eine Schirmmütze mit gekreuzten Hämmerchen am Rand angeschafft; vor allem aber hatte er sich einen Spitzbart und einen kleinen, schicken Schnurrbart wachsen lassen, die ihn so veränderten, daß der Junge fast daran zweifelte, ob es denn auch wirklich derselbe Mann war, den Großvater und er vor einiger Zeit aus dem Meer gefischt hatten.

Man brauchte allerdings nur in diese braunen Augen zu blicken, brauchte nur das launige Lächeln und den Anker auf der Hand zu betrachten, um sofort alle Zweifel fahrenzulassen.

Nach dem ungeschriebenen, aber unumstößlichen Gesetz der »Nahen Mühlen«, sich niemals über etwas zu wundern, niemals jemand wiederzuerkennen und vor allem stets die Zunge im Zaum zu halten, tat Gawrik bei seinen gelegentlichen Begegnungen mit dem Matrosen immer so, als sehe er ihn das ·erstemal. Genauso verhielt sich auch der Matrose ihm gegenüber.

Nur einmal nickte Shukow dem Jungen wie einem alten Bekannten beim Weggehen vertraulich zu, zwinkerte ein wenig, schlug ihm, ganz wie einem Erwachsenen, auf die Schulter und sang:

> Weine nicht, Marusja,
> wirst doch die meine sein!«

Dann zog er den Kopf ein und war mit einem Schritt im Flur und in der Dunkelheit verschwunden.

Dabei vermutete Gawrik, daß unter all diesen Leuten, die Terenti besuchen kamen, unter all den Vertretern des Gena-Werkes, des Mühlenwerkes Weinstein, der Hafenanlagen, der Brodski-Fabrik und vieler, vieler anderer Betriebe, der Matrose der allerschrecklichste, der allergefährlichste Gast war. Zweifellos gehörte er jener ruhmreichen und geheimnisvollen »Kampforganisation« an, von der in der letzten Zeit nicht nur in den »Nahen Mühlen«, sondern überall in der Stadt soviel gesprochen wurde ...

»Klar«, sagte Gawrik. »Bloß, wo soll ich denn unsern Alten bei der Kälte hinführen, wenn nicht hierher?«

Terenti überlegte.

»Hör mal her!« sagte er schließlich. »Zunächst bringst du ihn ans Meer, in eure Hütte. Sollte einer hinter euch hertrotten, so kann er ruhig sehen, wo ihr hingeht. In eurer Bude wartet ihr bis zum Abend, und wenn es dann dunkel ist, geht ihr in aller Stille nach der ›Malaja-Arnautskaja-Straße‹ 15. Du mußt dir die Adresse gut merken. Da gehst du zum Hausmeister und fragst ihn nach Josef Karlowitsch. Und dem sagst du – merk dir's nur recht genau –: ›Guten Tag, Josef Karlowitsch, Sofja Petrowna schickt mich her und will wissen, ob Sie schon Post aus Nikolajew haben.‹ Und dann antwortet er dir: ›Seit zwei Monaten habe ich keine Post mehr.‹ Verstehst du?«

»Klar.«

»Kannst du alles wiederholen?«

»Ja.«

»Na, dann sag's mal her!«

Gawrik legte die Stirn in Falten, zog das Näschen kraus und sagte mit Nachdruck, wie bei einem Examen: »Also Malaja-Arnautskaja-Straße 15 den Hausmeister nach Josef Karlowitsch fragen, dem sagen: ›Guten Tag, Josef Karlowitsch, Sofja Petrowna schickt mich her, ich soll fragen, ob Sie Post aus Nikolajew haben.‹ Und der muß dann antworten: ›Schon seit zwei Monaten nicht mehr.‹«

»Stimmt. Dann kannst du ihm einfach sagen, daß dich Terenti geschickt habe, und er möchte unsern Alten vorläufig zu sich nehmen und verpflegen. Alles Weitere werde sich ergeben. Ich käme dann mal vorbei . . . Verstehst du?«

»Klar.«

»Na, dann leb wohl!«

Terenti wandte sich dem Haus zu, Gawrik aber lief zum Revier. Er rannte, so schnell er konnte, wobei er sich mit aller Kraft und Wendigkeit durch die Menge schob, die zum Bahnhof hin immer dichter wurde.

Am Sennajaplatz begegneten ihm die ersten aus dem Revier freigelassenen Gefangenen. Einige gingen zu Fuß, andere fuhren in einer Droschke, mit Körben und Taschen beladen, als kämen sie vom Bahnhof. Von Verwandten, Bekannten und Freunden begleitet, schwenkten sie fröhlich ihre Mützen.

In Scharen liefen ihnen die Leute auf dem Fahrdamm nach, gaben ihnen das Geleit und riefen ohne Unterlaß: »Es lebe die Freiheit! Es lebe die Freiheit!«

Vor dem von verstärkten Kavallerie- und Infanterieabteilungen der Polizei umgebenen Alexander-Revier drängte sich eine so riesige Menschenmenge, daß es nicht einmal Gawrik gelingen wollte, sich hindurchzuzwängen. Hier hätte man den alten Mann leicht verfehlen können.

Allein schon bei dem Gedanken, Großvater könnte, wenn sie sich wirklich verpassen sollten, einen Spitzel hinter sich herziehen und so zu Terenti führen, wurde dem Jungen ganz heiß vor Angst.

Klopfenden Herzens rannte er durch eine Nebengasse, um die Menschenmenge irgendwie zu umgehen, sich aber auf jeden Fall bis zum Revier vorzuarbeiten und Großvater abzufangen. Plötzlich sah er ihn unvermittelt vor sich.

Doch, lieber Gott, was war mit Großvater geschehen? Gawrik erkannte ihn kaum wieder.

Schwankend, mit weichen Knien, die Füße in zerfetzten Stiefeln mühevoll über die Pflastersteine schleifend und alle Augenblicke stehenbleibend, schleppte sich ein hinfälliger Greis mit silbernen Bartstoppeln, hellblauen, tränenden Äuglein und eingefallenem, zahnlosem Mund an der Häuserwand entlang, dem Jungen entgegen. Hätte nicht die Markttasche in der zitternden Hand des Alten gebaumelt, Gawrik hätte den Großvater nicht erkannt. Doch dieses wohlbekannte, mit schmutziger Leinwand bezogene Schilfgeflecht fiel dem Jungen sofort auf, und sein Herz krampfte sich in einem mit nichts vergleichbaren Schmerz zusammen.

»Großvater!« schrie er erschrocken auf. »Großvater, sind Sie es?« Der Alte war bei diesem unerwarteten Anruf nicht einmal zusammengefahren. Er blieb langsam stehen und wandte Gawrik sein Gesicht mit den gleichmütig kauenden Lippen zu, das weder Freude noch Erregung ausdrückte – nichts, außer einer ergebenen, abwartenden Gelassenheit.

»Großvater, wo wollen Sie hin?« fragte Gawrik laut, als spräche er mit einem Schwerhörigen.

Großvater kaute lange an seinen Lippen, ehe er leise, aber ganz deutlich erwiderte: »Nach den ›Nahen Mühlen‹.«

»Das geht nicht!« flüsterte Gawrik, vorsichtig nach allen Seiten Umschau haltend. »Terenti hat gesagt, da dürfen wir um Gottes willen nicht hin.«

Der Alte spähte ebenfalls nach allen Seiten, aber äußerst langsam, gleichgültig und gedankenlos.

»Gehen wir erst mal nach Hause, Großvater, dann können wir ja weitersehen.«

Der Alte wandte sich, ohne ein Wort zu verlieren, gehorsam um und schlurfte, die Füße mit großer Mühe vorwärts bewegend, in die entgegengesetzte Richtung. Gawrik hielt ihm seine Schulter hin, auf die sich der Greis fest stützte. So gingen sie ganz, ganz langsam durch die aufgeregte Stadt dem Meere zu. Es sah aus, als gehe ein Blinder mit seinem Begleitjungen – Gawrik vorn, der Großvater ein wenig hinter ihm. Häufig mußte der Alte stehenbleiben und sich ausruhen. Zwei Stunden waren sie vom Revier bis zum Meeresufer unterwegs. Allein brauchte Gawrik gewöhnlich nur eine Viertelstunde für dieselbe Strecke. Das eingedrückte und verrostete Schloß lag neben der Hütte im braunen Steppengras. Die Tür hing schief in der oberen Angel und bewegte sich knarrend im Wind. Die herbstlichen Regengüsse hatten auch die letzten Spuren von Großmutters Kreide weggespült und nur die schwarzen Bretter übriggelassen. Das Dach war über und über mit Disteln bedeckt.

Offenbar hatten Vogelfänger hier gewirtschaftet und sich in dem leeren Hüttchen versteckt. Denn innen war alles um und um gewendet. Die Flickendecke und das Kopfkissen lagen feucht und lehmbeschmiert in der Ecke. Nur die kleine Truhe stand unangetastet auf dem alten Platz.

Ohne Hast betrat der alte Mann seine Hütte und setzte sich auf den Rand der Pritsche. Die Markttasche auf dem Schoß, blickte er teilnahmslos in die Ecke, ohne das wüste Durcheinander zu beachten. Es sah aus, als habe er sich nur im Vorübergehen hier niedergelassen, als wolle er nur zwei, drei Minuten ausruhen, ein wenig zu Atem kommen und dann langsam weitergehen.

Durch das zerbrochene Fenster wehte ein heftiger kalter, mit dem Sprühregen der Brandung gesättigter Wind. Sturm peitsche über den einsamen Strand. Weiße Möwen und Gischtfetzen flogen über die Felsenriffe. Der Wellenschlag tönte in den Höhlen des Ufers wider.

»Warum sitzen Sie denn, Großvater? Legen Sie sich doch hin!« Gehorsam legte sich der Großvater nieder. Gawrik gab ihm das Kissen und breitete die Decke über ihn. Der Alte zog die Beine an. Ihn fröstelte.

»Das macht nichts, Großvater. Sobald es dunkel wird, gehen wir woanders hin. Solange aber müssen Sie liegenbleiben.«

Großvater schwieg. Sein ganzes Aussehen drückte völlige Gleichgültigkeit und Ergebenheit aus. Plötzlich aber wandte er Gawrik seine geschwollenen, wie von innen nach außen gewendeten Augen zu, kaute lange mit dem eingefallenen Mund und sagte endlich: »Ob es das Boot wohl nicht abtreibt?«

Gawrik beeilte sich, ihn zu beruhigen, und erzählte ihm, das Boot sei bei Nachbarn sicher untergestellt. Der Alte nickte beifällig mit dem Kopf. Nach einer Stunde etwa drehte er sich auf die andere Seite und stöhnte ein wenig.

»Tut's weh, Großvater?«

»Zerschunden«, brachte der Greis mit einem schuldbewußten Lächeln hervor, wobei er den zahnlosen rosigen Gaumen entblößte. »Innen ist mir alles zerschunden.«

Gawrik wandte sich ab.

Bis in den Abend hinein sprach der Alte kein Wort mehr. Als es dunkel geworden war, sagte der Junge: »Kommen Sie, Großvater!«

Der alte Mann erhob sich, nahm seine Markttasche, und sie gingen an den vernagelten Sommervillen entlang, vorbei an der geschlossenen Schießbude und dem Restaurant der Stadt zu, in die Malaja-Arnautskaja-Straße 15.

Nachdem er den Hausmeister gefragt hatte, fand Gawrik im finsteren Kellergeschoß die Wohnung von Josef Karlowitsch und klopfte an die mit zerfetztem Filz beschlagene Tür.

»Wer ist da?« erklang eine Stimme, die ihm bekannt vorkam.

»Ist da die Wohnung von Josef Karlowitsch?«

»Was ist denn?«

»Onkel, machen Sie auf! Ich komme von Sofja Petrowna.«

Die Tür öffnete sich sofort, und zu seinem größten Erstaunen sah der Junge den Schießbudenbesitzer vor sich stehen; er hielt eine Petroleumlampe in der Hand. Ungerührt und ein klein wenig hochmütig blickte er auf den Jungen herab und sagte, ohne sich von der Stelle zu rühren: »Ich bin Josef Karlowitsch. Nun, was gibt's denn?«

»Guten Tag, Josef Karlowitsch«, grüßte der Junge bedächtig und gewissenhaft, so wie man ein gut gelerntes Gedicht aufsagt. »Sofja Petrowna schickt mich her, um zu erfahren, ob Sie Post aus Nikolajew bekommen haben.«

Der Schießbudenbesitzer musterte den Jungen erstaunt vom

Scheitel bis zur Sohle, was mindestens eine Minute in Anspruch nahm, obwohl Gawrik durchaus nicht groß war. Dann sagte er noch ein wenig hochmütiger: »Schon seit zwei Monaten hab' ich keine Post mehr gehabt.«

Er schwieg ein Weilchen und setzte dann, den Kopf betrübt hin und her wiegend, hinzu: »Wissen Sie, das ist aber auch eine zu unzuverlässige Dame, o weh, o weh!«

Doch plötzlich machte er ein äußerst liebenswürdiges Gesicht, wie ein polnischer Magnat, der auf seinem Gut einen päpstlichen Nuntius empfängt. Das sah sehr merkwürdig aus, weil es so gar nicht mit seinen bloßen Füßen und dem fehlenden Hemd unterm Rock übereinstimmte.

»Darf ich Sie hereinbitten, junger Mann? Wenn ich mich nicht irre, haben Sie zuweilen mein Etablissement besucht? Welch ein reizender Zufall! Und dieser alte Herr ist Ihr Großvater, wenn ich nicht irre? Bitte, treten Sie näher!«

Großvater und Enkel standen in einer Behausung, deren Dürftigkeit sogar sie erschütterte.

Oh, Gawrik hatte sich das Leben dieses reichen, mächtigen Mannes, des Inhabers einer Schießbude und – man bedenke – des Besitzers von vier »Monte Christos«, so ganz, ganz anders vorgestellt! Erstaunt betrachtete er die leeren, vor Feuchtigkeit grünlich schimmernden Wände, an denen er Gewehre und Pistolen zu sehen erwartet hatte. Statt dessen erblickte er einen einzigen Nagel, an dem ein Paar unglaublich zerlumpter Hosenträger hingen, die übrigens eher einer Pferdeleine glichen.

»Onkel, wo sind denn Ihre Gewehre?« rief Gawrik fast entsetzt aus.

Josef Karlowitsch tat, als habe er diese Frage nicht gehört. Mit einer weiten Geste forderte er zum Sitzen auf und fragte dann mit gedämpfter Stimme: »Haben Sie mir etwas mitzuteilen?«

Im Namen seines Bruders bat ihn Gawrik, den Großvater eine Weile bei sich zu beherbergen.

»Bestellen Sie Ihrem Bruder, daß alles erledigt wird; er braucht sich nicht darum zu sorgen«, sagte Josef Karlowitsch rasch. »Ich habe einige Beziehungen in der Stadt und denke, daß es mir gelingen wird, den alten Herrn als Nachtwächter unterzubringen.«

Gawrik ließ den Großvater bei Josef Karlowitsch, versprach, des öfteren nach ihm zu sehen, und ging hinaus. An der Tür flüsterte ihm der Hausherr zu: »Bestellen Sie Terenti: Sofja Petrowna läßt sagen, daß sie einen reichlichen Vorrat an Nüssen hat. Leider sind es keine besonders großen. Keine Walnüsse. Er wird schon verstehen. Keine Walnüsse. Er soll die Transportfrage regeln. Haben Sie mich verstanden?«

»Ja«, erwiderte Gawrik, der schon an Aufträge dieser Art gewöhnt war. »Keine Walnüsse, und er soll selbst danach schicken.«

»Richtig.«

Josef Karlowitsch kramte in dem Futter seines entsetzlichen Rockes, förderte nach einigem Suchen einen Groschen zutage und reichte ihn Gawrik.

»Ich bitte Sie, nehmen Sie dies für Bonbons. Ich bedaure, Ihnen weiter nichts anbieten zu können. Ich schwöre Ihnen, ich hätte Ihnen mit Vergnügen ein ›Monte Christo‹ geschenkt, aber . . .« – Josef Karlowitsch zuckte tief betrübt mit den Schultern, und ein Zittern lief über sein von Leidenschaften zerfurchtes Gesicht –, »aber infolge meiner unseligen Veranlagung besitze ich kein einziges mehr.«

Gawrik nahm den Groschen mit ernsthafter Miene in Empfang, dankte und trat auf die Straße, die sich in dem ungewissen Licht der Illumination verlor.

Die Ehrenschuld

Am Morgen kramte Petja zwei Paar lederne Sommersandalen aus der Rumpelkammer und verkaufte sie auf dem Weg zur Schule dem Altwarenhändler für vier Kopeken.

Als Gawrik dann im Laufe des Tages erschien, wurden die Öhrchen sofort aufgebaut. Aber alles, was Petja eben erst bei Gawrik gekauft hatte, war noch rascher verspielt als das erstemal.

Es war begreiflich – die Freunde kämpften mit gar zu ungleichen Kräften.

Fast alle Öhrchen, die es in diesem Stadtteil gab, befanden sich in Gawriks Säckchen. So vermochte er viel zu wagen, während Petja mit jedem Zweier rechnen mußte und nur jämmerlich niedrige Einsätze riskieren konnte. Und dies führt bekanntlich immer zu einem schnellen Verlust.

Am Tage darauf hatte Petja vollends jede Beherrschung verloren und nahm heimlich die sechzehn Kopeken, die Dunja als Rest auf das Büfett gelegt hatte.

Diesmal war er entschlossen, gescheiter und vorsichtiger zu handeln. Für das Spiel brauchte er vor allem einen richtigen, guten »Schläger«. Petjas »Schläger« – ein großer und ungemein schön aussehender Galaknopf mit heraldischem Löwen und einer Grafenkrone – taugte trotz seiner Schönheit überhaupt nichts; er war viel zu leicht. Man mußte ihn unbedingt schwerer machen. Petja ging auf den Bahnhof, schlich sich zu den Nebengleisen, zu einem weit entfernten toten Gleis hinter dem Depot, wo er, vor Angst fast vergehend, von einem Güterwagen eine Bleiplombe abschnitt.

Zu Hause klopfte er sie mit dem Hammer in die Höhlung des Knopfes, begab sich dann auf das Kulikow-Feld und legte ihn unter die Räder eines Vorortzugs. Als er ihn von den Schienen aufnahm, war er wundervoll breitgewalzt, heiß und schwer. Jetzt stand er Gawriks schönsten Schlägern nicht nach. Bald darauf erschien der Freund, und das Spiel begann. Die Jungen kämpften lange und erbittert.

Es erwies sich jedoch, daß ein guter Schläger noch nicht genügte. Man mußte auch ein Meister im Spiel sein! So hatte Petja zum Schluß nicht nur alles verloren, sondern war Gawrik noch einiges schuldig geblieben.

Gawrik versprach, morgen wiederzukommen, um die Schulden zu kassieren.

Was dann folgte, als Petja nach Hause kam, erschien ihm wie ein böser Traum.

»Auf dem Büfett hat ein Restbetrag von sechzehn Kopeken gelegen«, sagte Vater nach dem Abendessen. Er war sehr ruhig. »Hast du ihn zufällig genommen?«

Jäh schoß Petja das Blut zum Herzen und strömte ebenso jäh wieder zurück.

»Nein«, sagte er so gleichmütig wie nur möglich.

»Guck mir mal in die Augen!«

Der Vater nahm den Jungen beim Kinn und drehte dessen Gesicht zu sich hin.

»Ganz großes Ehrenwort!« beteuerte Petja, mit aller Gewalt bemüht, dem Vater fest in die Augen zu sehen. »Beim heiligen Kreuz!«

Und fast starr vor Grauen, bekreuzigte er sich angesichts des Heiligenbildes.

Er glaubte, nun würde im nächsten Augenblick die Decke zerreißen und ein Blitz auf ihn herniedersausen. Denn Gott mußte ihn ja sofort für einen so dreisten Meineid bestrafen! Doch nichts geschah.

»Das ist sehr seltsam«, bemerkte der Vater kalt. »Wir haben also neuerdings einen Dieb im Haus. Die Tante und ich haben es selbstverständlich nicht nötig, heimlich Geld vom Büfett zu nehmen. Pawlik ist den ganzen Tag unter der Aufsicht Erwachsener und hat es also nicht tun können. Du hast dein Ehrenwort gegeben. Folglich muß man annehmen, daß es Dunja war, die bereits seit fünf Jahren unser Dienstmädchen ist.«

Dunja war gerade damit beschäftigt, im Flur die Lampen zu reinigen. Sie legte sofort den Glaszylinder und den Lappen auf die Flurgarderobe und erschien in der Tür. Nicht nur ihr Hals, sondern sogar die bis an die Ellbogen entblößten Arme waren rot angelaufen, und das gutmütige große Gesicht war ganz rotfleckig und von Schmerz verzerrt.

»Ich will im Leben kein Glück mehr haben«, schrie sie, »wenn es nicht so ist, daß der junge Herr den Rest vom Marktgeld beim Öhrchenspiel an Gawrik verloren hat!«

Der Vater blickte Petja an.

Der Junge begriff, daß er sofort, auf der Stelle, blitzartig etwas ganz Stolzes und Erhabenes, etwas Gerechtes und Furchtbares sagen müsse, etwas, was ihn mit einem Schlage von allen Verdächtigungen frei machte.

Eine Minute vorher hätte er seine Schuld vielleicht noch bekennen können. Jetzt aber, da es um Öhrchen ging – jetzt um nichts mehr in der Welt!

»Sie haben kein Recht, das zu sagen!« brüllte Petja mit überschnappender Stimme, und sein Gesicht erglühte in falschem Zorn. »Sie lügen!« Doch auch das erschien ihm zu schwach. »Sie ... Sie sind wohl selbst eine Diebin!« stieß er hervor und stampfte mit dem Fuß auf.

Der Vater schüttelte ernst und traurig den Kopf und konnte nicht fassen, was im Herzen seines Jungen vorging.

Während Dunja kopflos in der Küche herumwirtschaftete, ihre Sachen zusammenkramte und auf Kündigung bestand, rannte Petja ins Kinderzimmer und knallte die Tür so fürchterlich hinter sich zu, daß ein am Kopfende des Bettes angebrachtes emailliertes Bildchen des Schutzheiligen heftig ins Wanken geriet. Der Junge weigerte sich beharrlich, Dunja um Verzeihung zu bitten. Er legte sich ins Bett und simulierte eine Ohnmacht. Man ließ ihn in Frieden.

Der Vater gab ihm keinen Gutenachtkuß.

Petja hörte die Tante auf Dunja einreden, um sie zum Bleiben zu bewegen, und hörte auch, wie Dunja schließlich unter Schluchzen einwilligte.

Nachts wachte er häufig auf und wurde von Grauen über seine Tat geschüttelt. Er hätte in die Küche laufen, Dunjas Füße küssen und die gute Seele um Verzeihung anflehen mögen. Doch noch weit stärkere Erregung ergriff ihn bei dem Gedanken an Gawrik, der morgen erscheinen und das Geld zurückfordern würde.

Am Morgen paßte Petja den Augenblick ab, da der Vater das Brüderchen ins Badezimmer brachte, und nahm die alte Galauniform aus dem Schrank. Laut Familienüberlieferung war diese Extrauniform gleich nach Beendigung des Universitätsstudiums für Papa angefertigt worden, und er hatte sie nur ein einziges Mal getragen, auf Wunsch von Mamas hochnäsigen Verwandten. Sie hatten darauf bestanden, daß Mamas und Papas Hochzeit standesgemäß vor sich ginge. Seitdem hing die Galauniform, von allen vergessen, im Schrank und erwies sich nun als außerordentlich reich an Öhrchen. Die meisten aber waren viel zu klein und ungeeignet zum Spielen. Es gab nur vier große, und auch sie erfüllten nicht die in sie gesetzten Erwartungen. Das waren ziemlich wertlose dicke weiße, fast aus dem Gebrauch gekommene Dreier.

Von einem gewissenhaften Odessaer Schneider des vorigen Jahrhunderts mit aller Gediegenheit auf das feine Tuch genäht, widerstanden sie der Schere, und Petja mußte seine Zähne zu Hilfe nehmen, um sie »mit dem Fleisch« aus der Uniform zu reißen.

Muß noch gesagt werden, daß Petja auch diesmal Pech im Spiel hatte?

Seine Schuld stieg ins Unermeßliche. Er hatte sich vollständig verrannt.

Gawrik betrachtete ihn mit einem finsteren Mitgefühl, das nichts Gutes verhieß. »Na, Petja, was wird denn nun?« fragte er barsch.

Die Bedeutung dieser Worte war kaum mißzuverstehen. Ihr Sinn war etwa folgender: Wie steht es denn, Freundchen? Hast dir die Öhrchen gepumpt und willst sie nun nicht wiedergeben? Traurig. Da werd' ich dir wohl eine runterhauen müssen. Freundschaft in Ehren, doch da kann man jetzt nichts ändern. Das gehört sich halt so, das weißt du ja selbst. Öhrchen sind nun mal keine Deckelchen, die kosten Geld. Da mußt du mir schon nicht böse sein . . .

Petja war auch gar nicht böse. Er begriff, daß Gawrik ganz und gar recht hatte. Er seufzte nur schwer und bat ihn, noch ein wenig Geduld zu haben. Gawrik willigte ein.

Petja grübelte den ganzen Abend lang. Vom Denken fingen seine Ohren dermaßen an zu glühen, daß sie gegen das Lampenlicht rubinrot leuchteten.

Er überdachte Tausende von Wegen, die zu raschem Reichtum führen könnten, aber keiner taugte etwas. Sie waren entweder zu phantastisch oder geradezu verbrecherisch. Schließlich verfiel er auf eine erstaunlich einfache und zugleich großartige Idee. Der verstorbene Großvater, Mamas Papa, war doch Major gewesen! Oh, wie hatte er das nur vergessen können! Ohne Zeit zu verlieren, riß er ein Blatt aus seinem Rechenheft und begann der Großmama einen Brief nach Jekaterinoslaw zu schreiben.

Er überschüttete sie mit zärtlichen Namen, berichtete von seinen glänzenden Erfolgen in der Schule – was, um bei der Wahrheit zu bleiben, stark übertrieben war – und bat sie, ihm so bald wie möglich die Majorsuniform des lieben Großvaters als Andenken zu schicken.

Der schlaue Bengel begriff ganz genau, bei welchem Köder die gute alte Dame am sichersten anbeißen würde. Sie verehrte das Andenken des Großvaters als eines Helden des Russisch-Türkischen Krieges, und außerdem hatte sie Petja, ihren ältesten Enkel, in ihr Herz geschlossen.

Er sei nach dem Vorbild des Großvaters fest entschlossen, gleichfalls ein Held zu werden und darum die militärische Laufbahn zu wählen, schrieb Petja. Die Uniform aber solle dazu beitragen, seinen kämpferischen Geist stets wach zu halten.

Er hoffte, die Majorsuniform würde eine Unmenge Öhrchen abwerfen, etwa zwanzig, wenn nicht gar dreißig Stück – lauter großartige Offiziersknöpfe mit geprägtem Adler.

Das allein konnte ihn von den Schulden retten und ihm vielleicht sogar dazu verhelfen, sich freizuspielen.

Nach seinen Berechnungen mußte das Paket spätestens in einer Woche ankommen, auf keinen Fall später.

Petja erzählte seinem Freund und Gläubiger von seinem Vorhaben, und Gawrik fand alles in Ordnung. Gemeinsam reckten sie sich auf den Zehenspitzen zu dem großen gelben Kasten empor, auf dem ein Einschreibebrief mit fünf Siegeln und zwei sich kreuzende Posthörner abgebildet waren, und warfen den Brief ein.

Jetzt muß man nur in Ruhe abwarten.

Im Vorgeschmack des kommenden Reichtums räumte Gawrik dem Freund uneingeschränkten Kredit ein, und Petja verspielte sorglos Großvaters gewaltige Erbschaft.

Der schwere Ranzen

Es verging eine Woche, es verging eine zweite, das Paket von Großmutter aber kam und kam nicht.

Trotz der vom Zaren verkündeten »Freiheit« wurden die Unruhen immer stärker. Die Post arbeitete schlecht. Die aus Moskau kommende Zeitung »Russische Nachrichten« blieb aus, und der Vater saß abends schweigsam und verstimmt da und wußte nicht mehr, was auf der Welt vorging und was man von den Ereignissen halten sollte.

Die Vorschule wurde auf unbestimmte Dauer geschlossen. Petja trieb sich den ganzen Tag ohne Beschäftigung herum und geriet in dieser Zeit bei Gawrik in solche Spielschulden, daß jeder Gedanke daran grauenhaft war.

Einmal kam Gawrik mit unheilverkündendem Lächeln und sagte: »Na, auf deine Öhrchen brauchst du vorerst nicht zu warten; in den nächsten Tagen geht der ›General‹ los.«

Vor einem Monat hätte Petja wahrscheinlich gar nicht begriffen, was Gawrik damit meinte, jetzt aber war ihm völlig klar: »General« konnte nur Generalstreik bedeuten. An Gawriks Informationen zu zweifeln war nicht gut möglich. Schon längst hatte Petja festgestellt, daß aus rätselhaften Gründen in den »Nahen Mühlen« alles eher bekannt wurde als in der Stadt.

Die Nachricht war ein Dolchstoß mitten ins Herz.

»Vielleicht schafft's das Paket doch noch!«

»Kaum.«

Petja wurde blaß.

»Was wird denn nun mit der Schuld?« fragte Gawrik äußerst dringlich.

Zitternd vor Begierde, das Spiel so schnell wie möglich zu beginnen, gab Petja eilig das ganz große Ehrenwort und schwor beim heiligen Kreuz, daß er morgen, komme was da wolle, unbedingt seine Schulden bezahlen werde.

»Paß auf! Sonst . . .«, sagte Gawrik und pflanzte sich nach Matrosenart in seinen weiten verwaschenen Flauschhosen breitspurig vor ihn hin.

Noch am selben Abend stibitzte Petja Pawliks berühmte Sparbüchse und schloß sich damit im Badezimmer ein. Mit Hilfe eines Tafelmessers förderte er all die gesparten Schätze aus der Büchse ans Tageslicht. Es waren dreiundvierzig Kopeken in Silber und Kupfer. Nachdem er diese komplizierte Operation erstaunlich geschickt und flink durchgeführt hatte, warf er allerlei klapperndes Zeug in die leere Blechbüchse – Nägel, Hornknöpfe, Blechschnipsel und ähnliches.

Das war unumgänglich notwendig, da der ordentliche sparsame Pawlik unbedingt zweimal am Tag, morgens und abends, den Bestand seiner Kasse prüfte. Dabei pflegte er die Blechbüchse ans Ohr zu heben, mit herausgestreckter Zungenspitze die Kopeken klappern zu lassen und sich am Schall und Gewicht seiner Reichtümer zu berauschen. Man konnte sich denken, in welches Geheul er ausbrechen würde, wenn er den Diebstahl entdeckte! Doch zunächst ging alles gut ab. Vor dem Schlafengehen schüttelte Pawlik die mit lauter Kram gefüllte Büchse und fand seine Kasse in bester Ordnung.

Im übrigen weiß man ja, daß unrechtmäßig erworbene Reichtümer keinen Segen bringen. In drei Tagen hatte Petja Pawliks Geld verspielt.

An ein baldiges Eintreffen von Großvaters Uniform war gar nicht zu denken. Und wieder fing Gawrik an zu mahnen.

Jeden Tag saß Petja auf der Fensterbank und wartete auf den unerbittlichen Freund. Mit Grauen dachte er an jenen schauerlichen Tag, an dem alles offenbar würde: die Öhrchen, die Sandalen, die Galauniform und Pawliks Sparbüchse. Früher oder später mußte doch alles unweigerlich ans Tageslicht kommen. Oh, dann würde sich Schreckliches tun! Er gab sich Mühe, nicht daran zu denken; nur der ewige, hoffnungslose Traum aller unglücklichen Spieler verzehrte ihn – der Traum, endlich einmal zu gewinnen!

Obwohl es gefährlich war, sich auf der Straße zu zeigen, kam Gawrik immer wieder, stellte sich in die Mitte des Hofes, nahm zwei Finger in den Mund und ließ einen großartigen Pfiff ertönen. Petja nickte dem Freund aus dem Fenster hastig zu und rannte die Hintertreppe hinunter.

»Hast du die Öhrchen bekommen?« fragte Gawrik.

»Morgen sind sie da, ganz großes Ehrenwort! Ich schwöre es

beim heiligen Kreuz! Es ist bestimmt das letztemal!«

Eines schönen Tages verkündete Gawrik, er wolle nun nicht mehr länger warten. Das bedeutete, daß Petja als zahlungsunfähiger Schuldner von nun an Gawriks Sklave zu sein hatte, bis zu dem Zeitpunkt, da alle Schulden bezahlt sein würden. So verlangte es das harte, aber gerechte Gesetz der Straße.

Gawrik gab Petja einen leichten Schlag auf die Schulter, wie ein erfahrener Ritter, der seinem Knappen den Ritterschlag versetzt. »Jetzt wirst du mir überallhin folgen«, sagte er gutmütig und setzte streng hinzu: »Hol den Ranzen raus!«

»Den Ranzen . . . wozu?«

»Du komischer Kauz, worin willst du denn die Öhrchen tragen?«

Und Gawriks Augen blitzten verschmitzt.

Ehrlich gesagt, gefiel Petja die Aussicht auf eine so lustige Sklaverei. Schon lange wünschte er sich, mit Gawrik zusammen durch die Stadt zu strolchen. Die Sache war nur so, daß es ihm angesichts der jüngsten Ereignisse strengstens untersagt war, die Straße zu betreten. Jetzt aber durfte sein Gewissen ganz unbelastet bleiben. Er konnte ja nichts dafür; es geschah auf Gawriks Wunsch, dem er sich widerspruchslos zu fügen hatte. Er wäre ja gern zu Hause geblieben, es ging aber nicht – so wollte es das Gesetz!

Petja rannte ins Haus und brachte den Ranzen.

»Nimm ihn über!« sagte Gawrik.

Petja gehorchte willig. Gawrik betrachtete den kleinen Gymnasiasten mit dem langen, bis an die Fersen reichenden Schulmantel und dem leeren Ranzen auf dem Rücken aufmerksam von allen Seiten und war offenbar von dem Anblick befriedigt.

»Haste deinen Gymnasialausweis?«

»Ja.«

»Zeig her!«

Petja holte den Ausweis hervor. Gawrik schlug ihn auf und las Silbe für Silbe die ersten Worte: »›Auf die Wahrung der persönlichen Ehre bedacht, muß ein Gymnasiast auch die Ehre seiner Lehranstalt hochhalten . . .‹ Richtig«, bemerkte er und gab den Ausweis zurück. »Steck ihn ein! Den brauchen wir vielleicht.«

Dann drehte er Petja mit dem Rücken zu sich herum und füllte den Ranzen mit schweren Beuteln voll Öhrchen.

»Jetzt kommen wir überall mit Leichtigkeit durch«, sagte er, schnallte den Ranzen zu und schlug vergnügt mit der Hand auf den Kalbfelldeckel.

Petja begriff die Bedeutung dieser Worte nicht ganz, fügte sich aber dem allgemeinen Gesetz der Straße – wenig fragen, viel wissen – und schwieg. Vorsichtig traten die Jungen aus dem Hoftor.

So begannen ihre gemeinsamen Wanderungen durch die von Unruhe erfüllte Stadt.

Mit jedem Tag wurde das Betreten der Straßen gefährlicher, doch deshalb unterbrach Gawrik noch lange nicht das aufregende und geheimnisvolle Leben eines fahrenden Weltmeisters. Ganz im Gegenteil. Je wirrer und unheimlicher es in der Stadt wurde, desto hartnäckiger drang er bis in die entlegensten und gefährlichsten Gegenden vor. Zuweilen hatte Petja sogar den Eindruck, als bestünde zwischen Gawrik und den Unruhen irgendeine seltsame Verbindung.

Von morgens bis abends trieben sie sich auf finsteren Höfen herum, wo Gawrik mit den dortigen Jungen in vielerlei die Öhrchen betreffende Kauf-, Verkauf- und Tauschgeschäfte verstrickt war oder wo er Schulden kassierte oder spielte, wo er geheimnisvolle Verrechnungen mit Erwachsenen führte, mit Erwachsenen, die zu Petjas größtem Erstaunen offenbar ebenso fleißig Öhrchen spielten, wie es die Kinder taten.

Den schweren Ranzen auf dem Rücken, folgte der Sklave seinem Herrn gehorsam auf all seinen Wegen. Und wieder verwandelte sich in Gawriks Gegenwart die Stadt vor Petjas staunenden Augen in Durchgangshöfe, Keller, Zaunlöcher, Schuppen oder Holzplätze und gab all ihre Geheimnisse preis. Petja blickte in die erschreckende und zugleich malerische Dürftigkeit der Odessaer Armenviertel, von deren Vorhandensein er bisher keine Ahnung gehabt hatte.

Sie duckten sich in Torbögen vor Schüssen und umgingen quer über dem Fahrdamm liegende Pferdeomnibusse; kreuz und quer strolchten sie durch die Stadt, bis hinein in die entlegensten Vororte. Dank Petjas Gymnasiastenuniform gelang es ihnen mühelos, auch in die von Militär und Polizei abgeriegelten Stadtteile einzudringen. Gawrik hatte Petja beigebracht, wie er an den betreffenden Offizier herantreten und ihn mit kläglicher Stimme anflehen müsse: »Herr Offizier, bitte, gestatten Sie uns, auf die andere Seite zu gehen; mein Freund und ich wohnen dort drüben in dem großen grauen Haus. Mama ist sicher schon ganz aufgeregt, daß wir so lange nicht kommen.«

In seinem langen Schulmantel, mit dem Kalbfellranzen auf dem Rücken, sah der Junge so harmlos und anständig aus, daß der Offizier trotz der Weisung, niemand in den bewachten Stadtteil durchzulassen, für zwei kleine erschrockene Buben eine Ausnahme machte.

»Haut ab, aber vorsichtig! Immer an den Häusern entlang. Daß ihr mir nicht noch mal unter die Augen kommt! Los, fix!«

Auf diese Weise gelangten die Jungen jederzeit in Bezirke, die sonst keiner betreten durfte.

Einige Male waren sie in der Malaja-Arnautskaja-Straße in einem alten griechischen Haus mit Innenhof. Dort stand ein Springbrunnen in Form einer aus porösem Tuff aufgeschichteten Pyramide, die von einem grünen Bronzereiher gekrönt wurde. Aus dem Schnabel des Vogels war früher ein Wasserstrahl geflossen.

Gawrik ließ den Freund auf dem Hof stehen und verschwand in irgendeinem Kellergeschoß, von wo er dann eine Unmenge Säckchen mit ungewöhnlich schweren Öhrchen herbeischleppte. Er verstaute sie eilig in Petjas Ranzen, und die Jungen verließen im Laufschritt den stillen, von alten, schiefen Galerien umgebenen Hof.

Hier war es auch, wo Petja Gawriks Großvater erblickte, der mit eingeknickten Knien langsam den Hof überquerte und auf die Müllkästen zuging.

»Oh! Großvater!« rief Petja. »Was machen Sie denn hier? Und ich hab' gedacht, Sie sind im Revier!«

Der Alte blickte den Jungen an, erkannte ihn aber offenbar nicht. Er wechselte den Eimer von einer Hand in die andere und murmelte undeutlich: »Ich bin jetzt hier ... Bin Wächter ... Nachtwächter ... ja ...« und setzte langsam seinen Weg fort.

Die Jungen gingen zum Hafen, auf die Tschumka, in den Djukow-Garten, in die Gena-Fabrik – überallhin, außer nach den »Nahen Mühlen«. Dorthin kehrte Gawrik nach einem arbeitsreichen Tag allein zurück.

Die Tante und Papa wären vor Angst wahrscheinlich irrsinnig geworden, wenn sie geahnt hätten, welche Orte ihr Petja in dieser Zeit besuchte.

Die Bombe

Eines schönen Tages jedoch nahm dieses berauschende, aber unheimliche Wanderleben ein Ende.

An diesem denkwürdigen Tag kam Gawrik früher als gewöhnlich, und die Jungen begaben sich sofort in die Stadt.

Gawriks Gesicht war grau, ungewöhnlich gespannt und unbewegt; seine vor Kälte blau gewordenen Lippen hatte er fest aufeinandergepreßt.

Rasch ging er mit wiegenden Schritten dahin, die Hände tief in die Taschen seiner weiten Flauschhose vergraben, klein, geduckt und entschlossen. Nur seine Augen, die hellen, unbeweglichen Augen des Großvaters, blitzten zuweilen in boshafter Verschlagenheit. Petja vermochte seinem Freund kaum zu folgen; fast im Laufschritt eilten sie durch die traumhaft menschenleeren Straßen.

Eine ungewisse, gespannte Erwartung lag in der Luft. Laut hallten die Tritte auf dem Fußsteig. Hier und da zerbrach unter dem Absatz die dünne Eiskruste, mit der die Pfützen überzogen waren. Irgendwo in der Ferne, im Zentrum der Stadt, ertönte plötzlich ein leises Gerumpel. Es klang, als habe sich von einem Lastwagen ein ganzer Stapel Kisten unerwartet gelöst und sei auf den Fahrdamm gepoltert.

Gawrik hielt inne und horchte auf das schwache Geräusch des Echos.

»Was ist das?« fragte Petja flüsternd. »Kisten?«

»Eine Bombe«, erwiderte Gawrik trocken und überzeugt. »Einen hat's erwischt.«

Zwei Straßen weiter kam eine Frau um die Ecke gelaufen und raste den Jungen entgegen, wobei sie Holzkohle und Quitten aus ihrem Korb verlor.

»Ach herrja, ach herrja, ach heilige Mutter Maria ...«, leierte sie halb von Sinnen und zerrte mit bebenden Händen an ihrem verrutschten Kopftuch. »Ach Gott, ach Gott, was ist denn das bloß? In tausend kleine Stücke zerfetzt ...«

»Wo?«

»In der Polizejskajastraße ... Ich gehe so, und der fährt so ... Und da ist es passiert ... In tausend kleine Stückchen ... Lieber Gott im Himmel ... Die Pferde tot, der Wagen in tausend kleine Stückchen ...«

»Wer?«

»Der Polizeioffizier vom Alexander-Revier . . . Ich gehe so, und er fährt dort . . . Und der Attentäter gegenüber, und in der Hand hält er ein ganz gewöhnliches Päckchen, stellen Sie sich vor, in Zeitungspapier . . .«

»Erwischt?«

»Wen? Den Attentäter? I woher! Wie die alle auseinandergespritzt sind, da war der auch weg . . . der Attentäter, wie vom Erdboden verschluckt . . . Ein verkleideter Matrose soll's gewesen sein.«

Die Frau rannte weiter. Gawrik war die ganze Zeit über von abweisender Verschlossenheit gewesen, jetzt aber packte er Petja bei der Schulter und stampfte mit dem Fuß auf.

»Das ist derselbe, der den Großvater mit der Faust ins Gesicht geschlagen hat!« flüsterte er rasch und hitzig. »Was hat der auch zu schlagen, stimmt's?«

»Stimmt«, erwiderte Petja schaudernd.

An diesem Tag gingen sie zweimal in die Malaja-Arnautskaja-Straße auf den Hof mit dem Springbrunnen und dem Reiher. Als sie das erstemal »Ware« geholt hatten, wie Gawrik es nannte, wandten sie sich zum Alexanderprospekt, der von Militär abgesperrt war, wo man sie aber durchließ.

Nachdem sie sich an einigen Häusern entlanggepirscht hatten, zerrte Gawrik den Kameraden in eine Toreinfahrt.

Die Jungen überquerten einen großen, menschenleeren Hof, gingen an Holzpfählen vorbei, an denen die Kosaken ihre Pferde anzubinden pflegten, und stolperten über leere Patronengurte und Gewehrhülsen, die schwere Kommißstiefel in die harte, gefrorene Erde getrampelt hatten.

Dann stiegen sie in einen Keller und tasteten sich in der feuchten Finsternis lange an Holzverschlägen entlang, bis sie einen anderen Hof erreichten.

Von diesem Hof aus konnte man sich zwischen zwei hohen, finsteren Ziegelsteinmauern wie durch einen Spalt zu einem dritten Hof hindurchschlängeln. Anscheinend war Gawrik hier mit allen Kreuz- und Quergängen vertraut.

Der Spalt war dermaßen eng, daß Petja alle Augenblicke mit dem Ranzen gegen die Mauern stieß. Schließlich erreichten sie den dritten Hof, der eng, hoch und düster war wie eine Zisterne.

Bedachte man, wie lange sie gebraucht hatten, um diesen Hof zu erreichen, wie viele Umwege sie hatten machen, wie viele Bogen sie hatten schlagen müssen, so war anzunehmen, daß das Haus auf irgendeine andere Straße hinausging.

Der ganze Hof war mit Glasscherben und abgeschlagenem Putz übersät. Alle Fensterläden waren geschlossen; es schien, als sei das Haus unbewohnt.

Ringsum herrschte Stille.

Aber hinter dieser Stille, auf der unbekannten Straße jenseits des Hauses, war der beklemmende Lärm einer undefinierbaren Bewegung zu hören – oder besser: zu ahnen.

Außerdem krachten von oben, gleichsam vom Himmel herab, einzelne laute Schüsse und erfüllten den Hof mit Getöse, das laut nachhallte, wie in einem Brunnen. Petja drückte sich mit dem Ranzen an die Mauer und schloß zitternd die Augen. Gawrik jedoch steckte gelassen zwei Finger in den Mund und pfiff.

Irgendwo in der Höhe klappte ein Fensterladen auf, und eine Stimme rief: »Gleich!«

Nach einer Minute, die Petja allerdings wie eine Stunde vorkam, stürzte aus der Tür des Küchenaufgangs ein hochroter, schweißbedeckter Mann ohne Mantel. Er trug eine kalkverschmierte Jacke.

Petja blickte auf und erstarrte vor Überraschung. Es war Terenti.

»Los, los, gib her!« murmelte Terenti, während er sich das nasse Gesicht mit dem Ärmel abwischte.

Ohne Petja weiter zu beachten, griff er nach dem Ranzen.

»Schnell! Schönen Dank, gerade zur rechten Zeit! Wir hatten schon nichts mehr.« Ungeduldig schnallte er die kleinen Riemen auf, steckte sich schnaufend die Säckchen aus dem Ranzen in die Taschen und stürzte zur Tür, wobei er noch eilig zurückrief: »Josef Karlowitsch soll sofort noch mehr schicken! Schleppt alles ran, was da ist! Sonst halten wir nicht durch.«

»Schön«, erwiderte Gawrik, »wird gemacht!«

Da schlug oben, unterhalb des Daches, eine Kugel ein, und roter Ziegelstaub rieselte auf die Jungen herab.

Auf dem gleichen Weg, wie sie gekommen, eilten sie nach der Malaja-Arnautskaja-Straße zurück und holten einen neuen Posten »Ware«. Der Ranzen war diesmal so schwer, daß Petja ihn kaum noch tragen konnte.

Jetzt war es dem Jungen natürlich schon klar, um was für Öhrchen es sich handelte. Zu anderer Zeit hätte er wohl alles hingeschmissen und wäre nach Hause gerannt. An diesem Tag aber hätte er, bis in die Tiefe seiner Seele von der Lockung der Gefahr ergriffen, die so sehr viel mächtiger war als alle Spielleidenschaft, um nichts in der Welt seinen Freund allein gelassen. Außerdem war er nicht imstande, auf seinen Anteil an Gawriks Ruhm zu verzichten. Schon der bloße Gedanke, er könnte kein Recht mehr haben, später von seinen Abenteuern zu erzählen, ließ ihn sofort alle Gefahr verachten.

Gawrik und Petja machten sich auf den Rückweg. Aber wie hatte sich indessen die Stadt verändert! Sie brodelte jetzt.

Mal waren die Straßen voll Menschen, die in verschiedene Richtungen hasteten, mal waren sie schlagartig verlassen, wie leergefegt von dem eisernen Besen einer Salve.

Die Jungen näherten sich bereits der Absperrung, als Gawrik den Freund plötzlich bei der Hand ergriff und rasch in den nächsten Torweg zerrte.

»Was ist?«

Petjas Hand fest in der seinen haltend, spähte Gawrik vorsichtig aus dem Torbogen hinaus und zuckte sofort zurück, den Rücken fest gegen das schwarze Brett mit den Namenschildern der Mieter pressend.

»Petja ... wir kommen nicht weiter ... Da läuft dieses Miststück rum, das mir die Ohren gezwackt hat ... Guck mal!«

Petja beugte sich vor und äugte auf die Straße. An der Sperre, neben dem herausgerissenen Eisengitter der Anlagen und an den zu Pyramiden zusammengesetzten Gewehren entlang, wanderte auf dem Fahrdamm ein Herr in einem Tuchmantel und einer schiffchenförmigen Persianermütze hin und her. Gerade drehte er sich um, und Petja erblickte ein derbes, bartloses Gesicht mit einer fleischigen Nase. Etwas sehr Bekanntes lag in diesem unbekannten Gesicht. Irgendwo hatte Petja es schon einmal gesehen. Aber wo? Etwas Störendes verwirrte sein Gedächtnis. War es vielleicht der bläuliche Schimmer auf der Oberlippe? Und da wußte er es auf einmal: Natürlich, das war ja der »Schnauzbart« vom Dampfer »Turgenjew«, aber ohne Schnurrbart, glatt rasiert. Er hatte sich Petjas Erinnerung für immer eingeprägt. Auch rasiert hätte er ihn unter Tausenden von Menschen wiedererkannt. »Der ›Schnauzbart‹!« flüsterte Petja, während er sich neben Gawrik stellte. »Der, der hinter dem Matrosen her war. Bloß ohne Schnurrbart. Weißt du, ich hab's dir erzählt, und du hast noch gelacht.«

»Er hat ihn sich abrasiert, damit man ihn nicht erkennt ... der Schuft! ... Der kennt mich wie 'n bunten Hund«, sagte Gawrik verärgert. »Da kommen wir im Leben nicht durch.«

»Vielleicht doch?«

»Spinnst wohl!«

Gawrik guckte abermals hinaus. »Ist noch da.« Er ballte die Fäuste und nagte wütend an seinen Knöcheln. »Und die sitzen da und warten ... O dieser Lumpenhund!«

In der Stille, die für einen Augenblick eingetreten war, hörte man entfernte Schüsse, deren Echo sich irgendwo über den Dächern verlor.

»Hör mal, Petja«, sagte Gawrik plötzlich, »die sitzen da und warten ... Ohne Ware gehen sie alle drauf, ganz bestimmt ... Und ich kann nicht gehen, weil sich dieser Kerl bestimmt an mich klammert. ..«

Gawriks Augen füllten sich mit Tränen der Wut. Er zog heftig in der Nase hoch, schneuzte sich mit der Hand und blickte Petja zornig an.

»Verstehst du, was ich dir sage?«

»Ja«, antwortete Petja tonlos und wurde blaß unter diesem wütenden, dringlichen und zugleich flehenden Blick seines Freundes.

»Kannst du allein gehen? Wirst du nicht auskneifen?«

Petja brachte vor Erregung kein Wort heraus. Er schluckte nur heftig und nickte mit dem Kopf.

Verstohlen aus dem Torbogen nach allen Seiten blickend, stopfte Gawrik auch Petjas Taschen mit Säckchen voll.

»Du mußt alles abgeben, hörst du, alle Ware! Die aus dem Ranzen und die aus den Taschen. Und wenn du geschnappt wirst, so schweig und sag, du hättest alles auf der Straße gefunden. Verstanden?«

»Ja.«

»Sobald du's abgegeben hast, kommst du hierher zurück. Ich warte auf dich, hier, im Torweg. Verstanden?«

»Ja.«

Mit ungeschickt abstehenden Taschen, fast besinnungslos vor Furcht und Erregung, ging Petja auf die Sperre zu.

»Wohin? Du kannst wohl nicht sehen, was?« brüllte der »Schnauzbart« und stürzte sich auf den Jungen.

»Ach, Onkel«, greinte Petja in dem gewohnten kläglichhohen Ton, »bitte, lassen Sie mich durch, wir wohnen hier ganz in der Nähe, auf dem Alexanderprospekt, in dem großen grauen Haus, Mama wird sich sehr aufregen, die denkt bestimmt, mir ist etwas passiert!«

Und ganz natürliche Tränen traten aus seinen Augen und flossen über die verschmierten Wangen.

Mit Widerwillen betrachtete der »Schnauzbart« die kleine Gestalt des Vorschülers, packte ihn am Ranzen, führte ihn an die Bordsteinkante und versetzte ihm einen leichten Tritt mit dem Knie. »Hau ab!« Petja rannte, so schnell er nur konnte, auf das bewußte Haus zu.

Der Revolutionsstab

Der Junge schlüpfte ins Tor und schlich über den Hof.

Als er hier vor einer Stunde mit Gawrik entlanggegangen war, hatte er keine besondere Erregung verspürt; unter der Obhut des erfahrenen und geschickten Freundes hatte er sich ganz sicher gefühlt. Befreit von der Notwendigkeit selbständig zu überlegen, war er nur ein gehorsamer Begleiter ohne eigenen Willen gewesen. Ein anderer, ein Stärkerer, hatte für ihn gedacht und gehandelt.

Jetzt aber war er allein. Er konnte sich nur auf sich selbst verlassen und auf keinen sonst.

Doch in Gawriks Abwesenheit wurde die Welt sofort bedrohlich, riesenhaft und voll verkappter Gefahren.

Die Gefahren verbargen sich in den steinernen Torbögen der inneren Galerien, unter unheimlichen Kisten, in einem Haufen alter, zerbrochener Möbelstücke; sie standen regungslos inmitten des Hofes hinter einem Maulbeerbaum, der von Pferdezähnen benagt war, und sie lugten aus dem schwarzen Loch der Abfallgrube hervor.

Alle Dinge um ihn her gewannen vergrößerte Ausmaße. Riesige Kosakenpferde tänzelten und bedrängten Petja mit ihren atlasschimmernden, goldenen Kruppen. Schweife von sagenhafter Größe schlugen pfeifend gegen seinen Ranzen. Kosaken mit langen Haarschöpfen und in blauen Pumphosen mit roten Streifen an der Seite hüpften auf einem Bein, während sie das andere schon im Steigbügel hatten.

»R-r-rechts zu-u-u dritt!« tönte heiser die Stimme des Kosakenfähnrichs.

Aus der Scheide gerissen, hingen die spiegelblanken Bögen der Säbel über den schräg aufgesetzten Mützen der Donkosaken.

214

Petja stieg in den Keller hinab.

Lange ging er tastend durch die stickige, aber kalte Finsternis und atmete die staubige Luft der Holzverschläge. Entsetzen packte ihn, wenn Spinngewebe seine Wimpern streiften; er hatte die Vorstellung, es seien die Flügel von Fledermäusen.

Schließlich erreichte er den zweiten Hof. Hier war es leer.

Erst jetzt, angesichts dieser ungewöhnlichen Leere, empfand Petja in vollem Ausmaß seine schreckliche Einsamkeit. Am liebsten wäre er zurückgestürzt, doch es waren tausend Werst und tausend Ängste, die ihn von der Straße und von Gawrik trennten.

In der Mauerspalte zwischen dem zweiten und dem dritten Hof herrschte eine so unvorstellbare Stille, daß man hätte laut schreien mögen, aus vollem Hals, ohne die Stimmbänder zu schonen – verzweifelt, leidenschaftlich, besessen schreien, nur um diese Stille nicht mehr ertragen zu müsssen.

Eine solche Stille gibt es nur zwischen zwei Schüssen.

Jetzt hätte Petja zwei Finger in den Mund stecken und laut pfeifen müssen. Doch plötzlich wurde ihm klar, daß er es gar nicht verstand, so zu pfeifen. Er hatte zwar gelernt, durch die Zähne zu spucken, aber pfeifen konnte er nicht; das hatte er nicht bedacht, das hatte er vergessen.

Ungeschickt steckte er die Finger in den Mund und pustete. Doch ein Pfiff kam nicht zustande. Verzweifelt pustete er noch einmal aus vollem Halse. Nichts. Nur Spucke und Zischen. Da nahm Petja seine ganze Kraft zusammen, kniff die Augen zu und brüllte: »Eh – h . . .!« Wie schwach seine Stimme klang! Doch das hallende Echo erfüllte sofort den zisternenhaft leeren Hof.

Niemand antwortete. Die Stille wurde noch furchtbarer.

Oben gab es ein ohrenbetäubendes Krachen, und herunter flog das abgeschossene Kniestück einer Regenrinne, Steinsplitter, Haken und Putz mit sich in die Tiefe reißend.

»Eh-h! Eh-h! Eh-h!« brüllte der Junge wieder.

Oben öffnete sich der Fensterladen, und ein unbekanntes Gesicht blickte heraus.

»Was brüllst du denn? Hast du was mitgebracht? Komm rauf! Fix!« Und das Gesicht verschwand.

Petja blickte ratlos um sich. Aber er war mutterseelenallein; niemand war da, mit dem er sich hätte beraten können. Oben krachte es wieder, ein Stück Putz flog herab und zerschellte unmittelbar vor Petjas Füßen.

Geduckt stürzte der Junge zur Tür des Küchenaufgangs und begann langsam die dröhnende Eisentreppe hinaufzuklimmen, wobei er sich immer wieder in dem langen, »auf Zuwachs« genähten Mantel verheddertе.

»Los, los, los!« brüllte oben eine wütende Stimme.

Der schwere Ranzen schlug schmerzhaft gegen den Rücken. Die abstehenden Taschen hemmten dem Jungen den Schritt. Sofort wurde ihm schrecklich heiß. Schweiß rann ihm über die Brauen in die Augen, und das Gesicht glühte.

Oben brüllte noch immer die gereizte, flehende Stimme: »Los! So gib doch schon her!«

Kaum hatte Petja, schwer atmend, den Treppenabsatz des vierten Stockwerks erreicht, als er sofort von einem Mann in einem guten, aber schmutzigen Mantel mit Lammfellkragen, ohne Mütze und mit nassen, an der Stirn klebenden Haaren in Empfang genommen wurde. Das flotte Schnurrbärtchen und das Spitzbärtchen des Fremden paßten keineswegs zu dem fiebrigen, einfachen, stupsnäsigen Gesicht, das mit Kalkstaub berieselt war. Seine tollkühnen, lustigen und zugleich irgendwie erschrockenen Augen glänzten heiß unter den staubweißen buschigen Brauen. Er sah aus wie jemand, der mit einer sehr schweren und vor allem sehr eiligen Arbeit beschäftigt und dabei gestört worden war.

»Hast du was mitgebracht?« fragte er hastig flüsternd und zog den Jungen, ohne dessen Antwort abzuwarten, in die leerstehende Küche irgendeiner Wohnung, in deren hinterem Teil große furchtbare Dinge vorgingen – Petja empfand es sofort –, Dinge, wie sie in einer Wohnung nicht üblich waren.

Der Mann betrachtete den Jungen flüchtig und griff, ohne ein Wort weiter zu sagen, in dessen weit abstehende Taschen. Rasch zog er die schweren Säckchen daraus hervor. Mit gespreizten Armen stand Petja vor ihm.

Irgend etwas an diesem fremden bärtigen Mann kam ihm außerordentlich bekannt vor. Ganz gewiß hatte er ihn schon einmal gesehen. Aber wo und wann?

Er strengte mit aller Macht sein Gedächtnis an, konnte sich aber nicht besinnen. Irgend etwas störte ihn, machte ihn konfus. Ob es der Bart war? Der unter der Nase und der am Kinn?

Inzwischen hatte der Mann alle vier Säckchen aus den Taschen des Jungen herausgezogen.

»Alles?« fragte er.

216

»Nein, im Ranzen auch noch.«

»Toller Junge!« rief der Spitzbärtige. »Da danken wir aber!
Und dabei ein Gymnasiast!« In seiner Begeisterung packte er den
Schirm von Petjas Mütze und zog sie ihm bis tief über die Ohren.

Und da gewahrte der Junge unmittelbar vor seiner Nase eine
verrußte, dumpf nach Pulver riechende, kräftige Hand mit einem
kleinen hellblauen Anker.

»Der Matrose!« rief Petja aus.

Doch in diesem Augenblick stürzte in der Tiefe der Wohnung
etwas zusammen, ein heftiger Luftstrom sauste durch die Küche,
ein Kochtopf fiel vom Regal herab. Mit einer weichen, katzenarti-
gen Bewegung sprang der Matrose in den Korridor und rief nur
noch zurück: »Bleib hier!«

Einen Augenblick später krachten ganz in der Nähe sechs abge-
rissene Schüsse.

Petja ließ rasch den Ranzen von den Schultern gleiten und öff-
nete ihn mit zitternden Händen.

Schwankend trat jetzt Terenti aus dem Korridor in die Küche.
Er trug keine Jacke, nur ein Hemd, von dem ein Ärmel abgerissen
war. Diesen Ärmel hatte er um den Kopf gebunden. Darunter
sickerte an der Schläfe Blut hervor. In der rechten Hand hielt er
einen Revolver. Als er Petja erblickte, wollte er etwas sagen, wink-
te aber erst einmal und trank, den Mund unter die Wasserleitung
haltend, in raschen, gierigen Zügen.

»Hast du was gebracht?« fragte er atemlos zwischen zwei Schluk-
ken. »Wo ist Gawrjuschka? Lebt er?«

»Ja.«

Aber es blieb keine Zeit zu weiteren Fragen. Ohne sich erst das
Wasser vom Gesicht zu wischen, holte Terenti die Säckchen aus
dem Ranzen hervor.

»Wir halten ja doch nicht durch!« murmelte er dabei und
schwankte vor Erschöpfung. »Werden über die Dächer fliehen
müssen ... Die stellen da ein Geschütz auf, Junge, und du mußt
abhaun, sonst erwischt's dich noch ... Hau ab, schnell! Schönen
Dank, bleib gesund!«

Terenti hockte sich einen Augenblick auf den Küchenschemel,
erhob sich aber gleich wieder, wischte den Revolver am Knie ab
und rannte den Korridor entlang, dorthin, von wo das ununterbro-
chene Geknatter der Schüsse und das Klirren zerbrochener Schei-
ben herübertönte.

Petja ergriff den leeren Ranzen und stürzte zur Tür. Immerhin zwang ihn die Neugier, einen Augenblick innezuhalten und einen Blick in die Tiefe des Korridors zu werfen. Durch eine weit geöffnete Tür sah er in ein mit zerbrochenen Möbeln vollgestelltes Zimmer. In der Mitte der Wand, die mit einer braungeblümten Tapete beklebt war, gewahrte er ein gähnendes Loch, in dem das Gitterwerk des Daches zu sehen war.

An die Brüstung der Fenster gelehnt, deren Rahmen entfernt worden waren, schossen einige Männer mit Revolvern und Gewehren auf die Straße hinab.

Petja erblickte Terentis verbundenen Kopf und den Lammfellkragen des Matrosen; dazwischen waren noch ein zottiger schwarzer Umhang und eine Studentenmütze zu erkennen. All das verschwamm in bläulichen Rauchschwaden. Der Matrose kniete auf einem Bein vor der Fensterbank, streckte alle Augenblicke seine beim Abdrücken zuckende Hand mit der Pistole hinaus und heulte wie wahnsinnig: »Feuer! Feuer! Feuer!«

Und inmitten all dieses Tumults, dieser Hast und Unordnung und all des Qualms gab es nur einen einzigen ruhigen Menschen, einen mit gelbem, wächsernem, gleichgültigem Gesicht und einem schwarzen Loch über den geschlossenen Augen.

Er lag in unbequemer Stellung, von leeren Patronengurten und Hülsen umgeben, mitten im Zimmer auf dem Fußboden, mit dem Gesicht nach oben. Ein zerbrochener Zwicker, dessen schwarze Schnur um sein Ohr geschlungen war, blinkte neben seinem Kopf. Und hier, auf dem mit Kalkstaub bedeckten Parkett, lag auch eine abgegriffene Technikermütze mit gespaltenem Schirm.

Petja begriff plötzlich, daß es ein Toter war.

Entsetzt stürzte der Junge davon. Er entsann sich nicht mehr, wie er aus der Gegend herausgekommen und wie er in dem Torweg gelandet war, wo Gawrik auf ihn wartete.

»Na, hast du's hingebracht?«

Petja erzählte atemlos alles, was er in der furchtbaren Wohnung gesehen hatte. »Die können sich doch nicht halten ... Die gehen über die Dächer ...«, keuchte er. »Die stellen da ein Geschütz gegen sie auf ...«

Gawrik wurde blaß und schlug ein Kreuz. Es war das erstemal, daß Petja seinen Freund so verstört sah.

Ganz in der Nähe krachte eine Geschützsalve. Ein blechernes Echo rollte über die Dächer.

»Aus!« schrie Gawrik verzweifelt. »Nun aber weg!«

Die Jungen sprangen auf die Straße und rannten durch die Stadt, die an diesem Morgen zum drittenmal ihr Aussehen gewechselt hatte. Jetzt herrschten uneingeschränkt die Kosaken. Allerorts erklang das ununterbrochene Geklapper der Hufe.

Zu Hunderten preschten die Donkosaken, die sich in Höfen versteckt gehalten hatten, aus den Torwegen hervor und ließen nach rechts und links ihre Lederpeitschen sausen.

Es war unmöglich, ihnen zu entgehen; alle Tore und Haustüren waren fest verschlossen und wurden von Militär- und Polizeitrupps bewacht. Jede Quergasse bildete eine Falle.

Die Reste der auseinandergesprengten Demonstranten rannten auf gut Glück blindlings hin und her, ohne Hoffnung auf Rettung. Die Kosaken überholten sie und hieben mit Säbeln auf sie ein. In der Malaja-Arnautskaja-Straße lief ein krummbeiniger Mann ohne Mantel und Mütze in der Mitte des Fahrdamms an den Jungen vorüber. Es war der Besitzer der Schießbude; er hielt einen Stock mit einer roten Fahne unter den Arm geklemmt. Hinkend und stolpernd rannte er dahin, wandte sich einmal nach rechts, dann wieder nach links.

Zu jeder anderen Zeit wären die Jungen wahrscheinlich darüber erstaunt gewesen, jetzt aber waren sie zutiefst entsetzt.

Alle zehn Schritte drehte Josef Karlowitsch sein verstörtes, leichenblasses Gesicht mit den irrsinnigen Augen nach hinten. Zwei Donkosaken jagten in scharfem Galopp hinter ihm her. Hell klapperten die Hufe, und Funken schlugen aus dem Granitpflaster des Fahrdamms. Einen Augenblick später war Josef Karlowitsch schon zwischen den beiden Pferden. Er duckte sich, ließ sie vorbeirasen, schlug einen Haken und griff rasch nach der Klinke einer Haustür.

Die Tür war verschlossen. Verzweifelt riß er an dem Drücker, stieß aus voller Kraft mit den Füßen, stemmte sich mit der Schulter dagegen – die Tür gab nicht nach. Die Kosaken wendeten ihre Pferde und ritten auf den Fußsteig.

Josef Karlowitsch duckte sich erneut, zog den Kopf ein und preßte mit beiden Armen die Fahne an seine Brust. Ein Säbel blitzte. Der Rücken des Wehrlosen schwankte, die Jacke platzte quer auf. Der Schießbudenbesitzer zuckte zusammen und drehte sich um.

Für einen kurzen Augenblick sah man sein schmerzverzerrtes Gesicht mit dem schräg gestutzten Backenbart.

»Schufte! Halunken! Henker!« schallte sein wilder Ruf die Stra-
ße entlang. »Nieder mit der Selbstherrschaft!«

Doch im selben Augenblick blitzten scharf und zu gleicher Zeit
zwei Säbel auf. Der Getroffene fiel hin, die Fahne immer noch an
seine behaarte, blautätowierte Brust gepreßt.

Einer der Reiter stieg ab und machte sich an ihm zu schaffen.
Gleich darauf galoppierten die beiden Kosaken weiter, an einem
Strick den Körper des Toten hinter sich herschleifend, der auf dem
fahlgrauen Pflaster des Fahrdamms eine lange rote, erstaunlich
grelle Spur hinterließ.

Als aus einer Quergasse eine Menschenmenge hervorquoll, wur-
den die beiden Jungen getrennt.

Der Pogrom

An diesem Tag hatte Petja jeden Zeitbegriff verloren.

Als er schließlich zu Hause ankam, war ihm, als dämmerte es
bereits; doch in Wirklichkeit war es noch nicht ganz zwei Uhr.

In der Umgebung des Stabsgebäudes und des Kulikow-Feldes
war alles ruhig und still.

Die Ereignisse im Stadtinnern drangen nur als Gerüchte und
entfernteres Schießen hierher, und man hatte sich an beides längst
gewöhnt.

Der niedrige, fast schwarze Himmel atmete die Kälte eines her-
aufziehenden Schneefalls. Zu dieser Jahreszeit fing der Abend
schon am Morgen an. In der trüben, bläulichen Luft wirbelten
schon einige ganz kleine Schneeflocken, die harte Erde aber war
immer noch schwarz, ohne den geringsten silbrigen Schimmer.

Petja betrat die Wohnung durch die Hintertür, warf den leeren
Ranzen in der Küche ab und schlich sich vorsichtig ins Kinderzim-
mer. Doch es war noch so früh, daß sich bisher niemand um den
Jungen gesorgt hatte.

Er erblickte die stillen, ruhigen Zimmer, hörte das fast lautlose
Surren der rasch laufenden Nähmaschine, roch den appetitlichen
Duft der kochenden Kohlsuppe und wurde plötzlich von dem
Wunsch ergriffen, Papa um den Hals zu fallen, die Wange an sei-
nen Rock zu schmiegen und ihm weinend alles zu erzählen.

Aber das war eine Empfindung, die nur für einen Augenblick
seine aufgewühlte Seele bewegte; sofort machte sie einer anderen

Platz, einer neuen – dem Gefühl für Verantwortung und Verschwiegenheit. Zum erstenmal in seinem Leben begriff der Junge ohne Einschränkung und ganz ernstlich, gleichsam von innen heraus, daß es im Leben Dinge gab, über die man sogar mit den allernächsten liebsten Menschen nicht reden durfte, die man für sich behalten, über die man schweigen mußte, so schwer es einem auch fiel.

Der Vater wiegte sich im Schaukelstuhl; er hatte den Zwicker abgenommen und die Hände hinter dem Kopf verschränkt. Petja ging durch das Zimmer, setzte sich neben ihn auf einen Stuhl und legte artig die Hände auf den Knien ineinander. »Na, mein Söhnchen, ist das Nichtstun langweilig? Macht nichts, langweile dich nur ein bißchen. Bald wird alles wieder ruhig sein; der Unterricht in den Schulen fängt in Kürze wieder an. Du gehst wieder ins Gymnasium, bringst wieder deine Vieren heim – da wird's dir leichter ums Herz.«

Und er lächelte sein liebes, vertrautes Lächeln.

In der Küche schlug die Uhr, rasche Schritte klapperten durch den Korridor, und in der Eßzimmertür tauchte Dunja auf.

Kraftlos lehnte sie am Türpfosten, die Hände fest gegen die Brust gepreßt.

»Ach, Herr . . .« Weiter brachte sie kein Wort heraus.

Sie atmete schwer und heftig durch den halbgeöffneten Mund. Unter dem verrutschten Tuch fiel ihr eine Haarsträhne mit einer daran hängenden Nadel in das ungewöhnlich blasse Gesicht.

In der letzten Zeit hatte man sich im Haus an ihr unerwartetes Eindringen gewöhnt; fast jeden Tag berichtete sie irgend etwas Neues aus der Stadt. Diesmal jedoch verkündeten ihre entsetzten Augen, ihr stoßweise gehender Atem, ihr völlig verwirrtes Aussehen, daß etwas ganz Furchtbares, nie Dagewesenes geschehen war.

Sie brachte eine so finstere, so grauenerregende Stille mit sich, daß es schien, als ticke die Uhr zehnmal lauter als vorher und als seien die Scheiben der Fenster grau geworden.

Die Finger an die mit bläulichen Adern durchzogenen Schläfen gepreßt, kam die Tante ins Zimmer gelaufen.

»Was . . . was ist . . .?«

Dunja bewegte lautlos die Lippen.

»In der Kanatjastraße fallen sie über die Juden her«, brachte sie endlich, kaum hörbar, hervor. »Ein Pogrom . . .«

»Unmöglich!« rief die Tante, sank auf einen Stuhl und griff sich ans Herz.

»So wahr ich hier stehe! Die schlagen alle jüdischen Läden kaputt. Aus 'm zweiten Stock haben sie 'ne Kommode runtergeschmissen. In zwei Minuten sind sie bei uns.«

Blaß, mit zitterndem Kinn sprang der Vater auf, vergebens bemüht, mit der bebenden Hand den Zwicker aufzusetzen.

»Mein Gott, was ist denn das alles?«

Er blickte zu dem Heiligenbild auf und schlug zweimal das Kreuz.

Dunja sah darin einen Wink von oben. Sie raffte sich zusammen, kletterte auf einen Stuhl und versuchte hastig, das Heiligenbild abzunehmen.

»Was machen Sie, Dunja?«

Doch sie lief schon, ohne zu antworten, in den Zimmern umher und sammelte die Ikonen ein. Mit ängstlicher Geschäftigkeit verteilte sie die Heiligenbilder auf den Fensterbrettern, mit dem Gesicht zur Straße, und packte Bücherstapel, Kistchen und Teebüchsen darunter – alles, was sie greifen konnte. Verwirrt schaute ihr der Vater zu.

»Ich versteh nicht . . . Was machen Sie da?«

»Aber, gnädiger Herr, wieso denn nicht?« murmelte sie erschrocken. »Wieso denn nicht? Man prügelt doch bloß die Juden . . . Die Russen rührt man nicht an . . . Wo Heiligenbilder im Fenster stehen, da gehen sie nicht hin . . .«

Plötzlich verzerrte sich des Vaters Gesicht. »Aufhören!« schrie er mit hoher, sich überschlagender Stimme und begann aus Leibeskräften mit der Faust auf den Tisch zu hämmern.

»Aufhören! Ich verbiete es Ihnen! Verstanden? Auf der Stelle hören Sie auf! . . . Ikonen sind nicht dazu . . . Das ist . . . das ist Gotteslästerung. Auf der Stelle . . . !«

Die runden steifen Manschetten sprangen aus den Ärmeln heraus, das Gesicht wurde sterbensbleich, und die hohe, schöngeformte Stirn bedeckte sich mit rosigen Flecken.

So hatte Petja den Vater noch nie gesehen: er zitterte am ganzen Körper und war einfach zum Fürchten. Dann stürzte er zum Fensterbrett und griff nach einem Heiligenbild. Dunja aber hielt es fest und ließ nicht locker.

»Gnädiger Herr . . . Was machen Sie?« schrie sie verzweifelt. »Die schlagen ja alle tot! Tatjana Iwanowna! Herzblättchen! Die erschlagen ja reineweg alle! Denen ist alles gleich!«

»Ruhe!« brüllte der Vater, und die Adern auf seiner Stirn schwollen schrecklich an. »Ruhe! Hier bin ich der Herr. Ich gestatte das nicht in meinem Haus ... Die sollen nur kommen! Sollen alle totschlagen! ... Elende Bestien! ... Sie haben kein Recht, sie haben kein Recht ...«

Die Tante rang die Hände.

»Wassili Petrowitsch! Ich flehe Sie an, beruhigen Sie sich!«

Doch der Vater hatte schon den Kopf an die Wand gelehnt und das Gesicht mit beiden Händen bedeckt.

»Sie kommen!« rief Dunja plötzlich.

Es wurde ganz still.

Aus der Ferne vernahm man leise ein wohlgeordnetes Singen. Man hätte denken können, irgendwo, noch weit ab, käme eine Kirchenprozession oder ein Trauerzug des Weges.

Petja blickte vorsichtig aus dem Fenster. Auf der Straße war kein Mensch zu sehen. Der noch tiefer herabgesunkene und dunkler gewordene Himmel hing bleiern über dem menschenleeren Kulikow-Feld. In langen, vom Wind zusammengewehten Strähnen lag flaumiger Schnee in den Furchen der nackten Erde.

Das Singen wurde unterdessen immer deutlicher. Und da erkannte Petja, daß jene tiefe dunkle Wolke am Horizont des Kulikow-Feldes, rechts vom Bahnhof, gar keine Wolke, sondern eine sich langsam nähernde Menschenmenge war.

Im Haus klappten Fenster.

In der Küche vernahm man gedämpfte, sehr leise Stimmen. Man hörte Schritte, das Rascheln von Röcken, und im Korridor tauchte ganz unerwartet eine ältere Frau auf, ein verweintes kleines Mädchen mit knallrotem Haar an der Hand.

Die Frau war besuchsmäßig angezogen; sie trug schwarze Moiréröcke, einen Umhang und baumwollene Handschuhe. Auf dem Kopf thronte etwas schief ein hohes schwarzes, mit Hühnerfedern verziertes Hütchen. Hinter ihrer Schulter schaute blaß und müde Njusjas rundes Gesicht hervor sowie der steife Hut von »Rattenfriß«.

Es war Madam Kogan mit ihrer Familie.

Sie wagte nicht, die Schwelle zu überschreiten, und blieb lange knicksend im Türrahmen stehen, mit der einen Hand ihre Röcke raffend, die andere ans Herz gepreßt. Ein süß-verbindliches und zugleich starres Lächeln spielte auf ihrem beweglichen, faltigen Gesichtchen.

»Herr Batschej!« rief sie mit durchdringender Vogelstimme, wo-
bei sie ihm die zitternden Hände entgegenstreckte. »Herr Batschej!
Tatjana Iwanowna! Wir waren einander immer gute Nachbarn! Ist
es denn Schuld der Menschen, daß sie nicht denselben Gott ha-
ben?« Sie sank plötzlich in die Knie. »Retten Sie meine Kinder!«
schrie sie verzweifelt schluchzend. »Und wenn sie alles kaputt-
schlagen – meine Kinder sollen sie verschonen!«

»Mama, du sollst dich nicht erniedrigen!« rief Njusja zornig,
vergrub die Hände in den Hosentaschen und wandte sich ab, so
daß man nur seinen rasierten bläulichen Nacken sah.

»Njusja, willst du wohl endlich still sein!« zischte »Boris Ratten-
friß«. »Oder willst du, daß ich dich ohrfeige? Deine Mutter weiß,
was sie tut. Sie weiß, daß Herr Batschej ein gebildeter Mann ist.
Er wird nicht zulassen, daß man uns totschlägt!«

»Um Gottes willen, Madam Kogan! Was tun Sie?« stammelte
die Tante, stürzte auf die Jüdin zu und hob sie auf. »Sie sollten
sich schämen! Aber natürlich, sicherlich! Ach, meine Herrschaften,
ich bitte Sie, treten Sie ein . . . Herr Kogan . . . Njusja, Dorotsch-
ka . . . Welch ein Unglück!«

Während Frau Kogan laut weinend vor Dankbarkeit verging –
Papa und die Tante hätten vor Scham in die Erde versinken mö-
gen –, während sie ihre Kinder und ihren Mann in die entfernte-
ren Zimmer schob, schwoll der Gesang hinter dem Fenster immer
mehr an, kam näher und näher.

Quer über das Kulikow-Feld strebte ein mittelgroßer Menschen-
haufen, der tatsächlich einer Kirchenprozession ähnelte, dem Hau-
se zu. Voran gingen zwei weißhaarige alte Männer in Wintermän-
teln, doch ohne Kopfbedeckung. Sie trugen auf einem Handtuch
mit bestickten Enden ein Porträt des Zaren. Petja erkannte den
Allerhöchsten sofort an dem hellblauen Band über der Schulter
und an dem länglichen Gesicht. Hinter dem Porträt schwankten,
hoch in die kalte, bläuliche Luft erhoben, farbige Kirchenfahnen.

Es fogte eine Menge gut und warm gekleideter Männer und
Frauen, die in ihren Galoschen, Überziehschuhen und Stiefeln ge-
messen daherkamen. Aus den weitgeöffneten Mündern kräuselte
sich weißer Hauch. Sie sangen: »Herr, rette Dein Volk und segne
Deine Güter . . .«

Sie sahen so friedfertig und gottesfürchtig aus, daß auf Vaters
Gesicht sogar für einen Augenblick ein unsicheres Lächeln erblühte.

»Na, seht ihr«, sagte er, »da gehen die Leute still und friedlich einher, tun keinem was zuleide und ihr ...«

Aber gerade in dieser Sekunde blieb der Zug auf der anderen Straßenseite, dem Haus gegenüber, stehen. Ein großes Weib mit blauroten Wangen und einem Schnurrbart, zwei kreuzweise gebundenen Tüchern über der Brust, kam aus dem Haufen herausgelaufen. Ihre hervorquellenden Augen waren mit wilder Entschlossenheit auf die Fenster gerichtet. Die dicken Beine in den weißen Wollstrümpfen nach Männerart breitspurig aufgepflanzt, drohte sie dem Haus mit der Faust.

»Ah, ihr Judenpack!« schrie sie mit durchdringender Marktstimme. »Verkrochen habt ihr euch? Na, wir werden euch schon finden! Christenvolk, stellt mal die Heiligenbilder raus!« Mit diesen Worten raffte sie vorn ihren Rock hoch und lief entschlossen über die Straße. Im Laufen griff sie aus dem zur Straßeninstandsetzung bereitstehenden Haufen einen großen Stein heraus.

Etwa zwanzig langmähnige, langarmige Burschen aus der Menge, mit dreifarbigen Schleifen an Mantel und Jacke, folgten ihr. Einer nach dem anderen ging ohne Hast an dem Steinhaufen vorbei auf die andere Straßenseite, und im Vorbeigehen bückte sich jeder zu dem Haufen hinab.

Als der letzte vorüber war, konnte man an Stelle des Steinhaufens nur noch den nackten Boden sehen.

Grabesstille breitete sich aus. Das Ticken der Uhr war ein lautes, fortwährendes Schießen, und die Scheiben der Fenster wurden schwarz. Die Stille währte so lange, daß Vater sogar Zeit hatte zu sagen: »Ich versteh nicht ... Wo ist denn schließlich die Polizei? Warum schickt man keine Soldaten her?«

»Ach, was heißt hier Polizei!« schrie die Tante mit hysterischer Empfindlichkeit und brach ab.

Die Stille wurde noch schrecklicher. »Boris Rattenfriß« hockte auf einer Stuhlkante mitten im Wohnzimmer, seinen steifen Hut in die Stirn gedrückt, und starrte mit kranken Augen schief und regungslos in die Ecke.

Njusja ging mit den Händen in den Hosentaschen im Korridor auf und ab. Jetzt blieb er stehen und horchte. Seine vollen Lippen kräuselten sich in einem gespannten, verächtlichen Lächeln.

Noch einen einzigen, unerträglichen Augenblick dauerte die Stille an, dann wurde sie jäh unterbrochen. Irgendwo unten klirrte durch eine Fensterscheibe der erste Stein, und nun stürzte sich der Wirbelsturm auf das Haus. Fensterscheiben flogen auf den Bürgersteig, das Eisenblech des abgerissenen Ladenschildes schepperte, laut krachten die eingeschlagenen Türen und Kisten. Man sah, wie Blechbüchsen mit Bonbons, kleine Fässer und Konservenbüchsen auf die Straße rollten.

Pfeifend und johlend umzingelte dieser ganze vertierte Haufen das Haus. Das Porträt im Goldrahmen, mit einer kleinen Krone darüber, tauchte einmal hier, einmal dort auf. Es sah aus, als stelle sich dort unten ein von Kirchenfahnen umgebener Offizier mit Achselstücken und einem blauen Band über der Schulter ab und zu auf die Zehenspitzen, um über die Köpfe hinwegschauen zu können.

»Herr Batschej! Sehen Sie, was sich tut?« flüsterte Herr Kogan, die Finger krampfhaft ineinander verschränkt. »Das ist Ware für zweihundert Rubel!«

»Papa, seien Sie still! Sie sollen sich nicht erniedrigen!« schrie Njusja. »Das hat mit Geld nichts zu tun!«

Der Pogrom ging weiter.

»Gnädiger Herr! Die kommen in die Wohnungen, um nach Juden zu suchen!«

Frau Kogan schrie auf und verkroch sich im finsteren Korridor wie ein Huhn, wenn es das Messer erblickt.

»Dora! Njusja! Kinder!«

»Gnädiger Herr, die kommen unsere Treppe hoch . . .«

Im Treppenhaus hallte lautes Stimmengewirr, durch den Hohlraum des Treppenschachts um ein Zehnfaches verstärkt. Mit zitternden Fingern, aber ungewöhnlich schnell schloß der Vater alle Knöpfe seines Rockes, zerrte unter seinem Bart mit beiden Händen an dem beklemmenden steifen Kragen und stürzte zur Tür. Die Tante kam gar nicht dazu, etwas zu sagen. Er war schon auf der Treppe.

»Um Gottes willen, Wassili Petrowitsch!«

»Gnädiger Herr, gehen Sie nicht hinaus, die schlagen Sie tot!«

»Papa!« schrie Petja und raste hinter dem Vater her.

Ganz aufrecht und leichtfüßig, mit erstarrtem Gesicht, in schwarzem Rock und knackenden Manschetten, eilte der Vater die Treppe hinab.

Ihm entgegen stieg breitbeinig und schwerfällig das Weib in den weißen Wollstrümpfen. Ihre Hand, in fingerlose Stoffhandschuhe gezwängt, krallte sie fest um den schweren Stein. Doch ihre Augen waren jetzt nicht schwarz, sondern bläulichweiß, mit einem matten

Schleier, wie bei einem toten Ochsen. Hinter ihr kamen verschwitzte Burschen mit den blauen Tuchmützen von Kolonialwarenverkäufern auf dem Kopf die Treppe hoch.

»Meine sehr verehrten Herrschaften!« schrie der Vater ganz unangebracht mit hoher, schriller Stimme, und sein Hals lief tiefrot an. »Wer hat Ihnen das Recht gegeben, in fremde Häuser einzudringen? Das ist Plünderung! Ich gestatte das nicht!«

»Wer bist du denn hier? Der Hauswirt?«

Das Weib nahm den Stein in die linke Hand und versetzte dem Vater mit voller Kraft einen Faustschlag gegen das Ohr. Er wankte, kam aber nicht zu Fall. Eine rote, sommersprossige Hand griff nach den Seidenaufschlägen seines Rockes und zerrte ihn nach vorn. Das abgetragene Tuch knackte und riß.

»Das ist unser Papa, ihr sollt ihn nicht hauen!« schrie Petja tränenüberströmt, aber mit ganz fester Stimme. »Ihr habt kein Recht dazu! Idioten!«

Irgend jemand schüttelte den Vater wütend am Ärmel. Der Ärmel riß ab. Die runde Manschette rollte samt dem funkelnden Knopf die Treppe hinunter. Petja sah einen leicht blutenden Kratzer auf Vaters Nase, sah dessen kurzsichtige Augen sich mit Tränen füllten – der Zwicker war von dem Schlag heruntergefegt worden –, sah die zerzausten, sonst so schulmäßig glattgescheitelten Haare des Familienoberhauptes in zwei Strähnen herabhängen, und ein unerträglicher Schmerz bemächtigte sich seines Herzens. Er hätte in diesem Augenblick sterben mögen, damit man Papa nicht mehr anzurühren wagte.

»Uh, diese Bestien! Viecher! Ungeheuer!« stieß der Vater stöhnend zwischen den Zähnen hervor und wich vor den Plünderern zurück. Von oben aber kamen schon mit den Heiligenbildern in der Hand Dunja und die Tante angelaufen.

»Herrschaften, um des Herrgotts willen, was tut ihr denn?« wiederholte die Tante immer von neuem, mit Tränen in den Augen.

Dunja hob das Christusbild mit den Wachsblümchen hinter der Glasscheibe so hoch wie möglich und brüllte zornig: »Ihr seid wohl verrückt, wie? Fallt schon über die Christen her! Guckt doch erst richtig hin, eh ihr zuschlagt! Schiebt ab, wo ihr hergekommen seid! Hier gibt's keine Juden. Geht mit Gott!« Von der Straße her ertönten die Pfiffe der Polizei, die wie üblich eine halbe Stunde nach dem Pogrom auf der Bildfläche erschien. Das Weib in den weißen Strümpfen legte den Stein auf die Treppenstufe, wischte sich die Hand ordentlich am Rockzipfel ab und nickte den anderen zu.

»Na, hier langt's. Alles Gute ist nie beisammen. Hört ihr, wie sich unsere Polizisten da draußen überschlagen? Jetzt aber schnell zu dem Juden in der Malofontanskaja-, Ecke Botanitscheskajastraße!« Und die schweren Röcke zusammenraffend, begann sie ächzend die Treppe hinunterzusteigen.

Die Offiziersuniform

Noch Tage danach war der Fußsteig vor dem Haus mit Steinen, Glasscherben, Kistenbrettern, zertretenen Waschblaukugeln, Reis, Flicken und allem möglichen sonstigen Kram übersät.

Im Strauchwerk auf der Wiese konnte man plötzlich die seltsamsten Dinge finden: ein Album mit Fotografien oder einen kleinen Bambusständer, eine Lampe, ein Bügeleisen und dergleichen mehr.

Die Passanten umgingen all diese Trümmer so sorgfältig, als könnte allein schon die Berührung mit ihnen einen Menschen der Teilnahme am Pogrom überführen und fürs ganze Leben beflecken. Sogar die Kinder, die neugierig und zugleich voll Entsetzen in den ausgeplünderten Laden stiegen, vergruben die Hände absichtlich tief in den Taschen, um nicht in Versuchung zu kommen, die auf dem Boden verstreuten Anisplätzchen oder die zertretene Schachtel »Kertsch«-Zigaretten aufzuheben.

Der Vater ging tagelang im Zimmer auf und ab, auf seltsame Weise verjüngt, streng, ungewöhnlich beweglich, mit sichtlich ergrauten Schläfen, das Kinn gespannt vorgestreckt. Der Rock war so kunstvoll gestopft worden, daß man den Schaden kaum noch sah.

Allmählich kam das Leben wieder ins alte Gleis.

Auf den Straßen wurde schon nicht mehr geschossen. In der Stadt herrschte friedliche Stille.

Zum erstenmal nach dem Streik fuhr wieder der Tramwagen am Haus vorüber, dieses schwerfällige und unsinnige Gestell einer städtischen Postkutsche mit den riesengroßen Hinterrädern und ganz winzigen Vorderrädern.

Auf dem Bahnhof ertönte der Pfiff einer Dampflokomotive.

Man brachte die »Russischen Nachrichten«, die »Niwa« wie auch die »Innigen Worte«.

Als Petja einmal zum Fenster hinausguckte, erblickte er vor der Haustür den gelben Postwagen.

Dem Jungen stockte beinahe das Herz. Der Postbote öffnete die hintere Wagentür und nahm ein Paket heraus.

»Von Großmama!« schrie Petja und schlug mit beiden Händen auf das Fensterbrett.

Ach, das hatte Petja ganz vergessen! Jetzt aber, beim Anblick der gelben Postkutsche, fiel ihm sofort alles wieder ein: die Öhrchen, die verdorbene Galauniform, die verkauften Sandalen, Pawliks Sparbüchse – kurz, alle seine Verbrechen, die jeden Augenblick entdeckt werden konnten.

Es klingelte. Petja stürzte in den Flur.

»Ihr dürft es nicht anfassen!« schrie er aufgeregt. »Das ist für mich! Das ist für mich!«

Und wirklich – zum allgemeinen Erstaunen stand auf der Packleinwand in großen violetten Buchstaben: »Pjotr Wassiljewitsch Batschej zu eigenen Händen.«

Ungestüm riß der Junge die mit dickem, starkem Zwirn zusammengenähte Leinwand auf, wobei er sich mehrere Nägel abbrach. Seine Geduld reichte auch nicht aus, um den knarrenden, mit langen, dünnen Stiften angenagelten Deckel vorsichtig abzuheben, nein, Petja ergriff das kleine Küchenbeil und brach damit roh die Kiste auf, die leicht wie ein Geigenkasten war. Er entnahm ihr etwas, was liebevoll in eine ganze alte Nummer des »Russischen Invaliden« eingewickelt war. Es war der Offiziersrock!

»Großvaters Uniform!« verkündete Petja feierlich. »Da!« Etwas anderes enthielt das Paket nicht.

»Ich . . . ich verstehe nicht . . .«, murmelte die Tante.

»Seltsamer Einfall, einem Kind militärische Reliquien zu schicken!« bemerkte trocken der Vater und zuckte die Schultern.

»Erstaunlich . . . unpädagogisch!«

»Ach, seid nur still, ihr versteht nichts davon! Großmutter ist 'ne Wucht!« stieß der Junge begeistert hervor und stürzte mit dem ersehnten Paket ins Kinderzimmer.

Die sehnlichst erwarteten Knöpfe waren sorgsam in dünnes Seidenpapier eingehüllt. Eilig wickelte Petja sie aus.

Aber, lieber Gott, was war denn das? Sie hatten ja keine Adler! Die Knöpfe waren vollständig glatt und unterschieden sich nicht im mindesten von den allerbilligsten Soldatenknöpfen. Freilich zählte Petja sechzehn Stück, doch dafür konnte man nicht mehr als drei Sechser bekommen.

Was war denn da geschehen? Erst viele Jahre später erfuhr Petja, daß die Offiziersknöpfe zu Zeiten Alexanders II. keine Adler trugen. Doch wer hätte das voraussehen können?

Der Junge war völlig niedergeschlagen. Er saß auf der Fensterbank, und die überflüssige Uniform war ihm auf die Knie herabgesunken. Draußen wirbelten Schneeflocken, aber er betrachtete sie nur gleichgültig und ohne die sonst beim Anblick des ersten Schnees übliche Freude zu empfinden. Vor seinen Augen erstanden die Bilder und Ereignisse, an denen er als Zeuge und handelnde Person noch vor ganz kurzer Zeit beteiligt gewesen war. Jetzt aber erschienen sie ihm so verworren, so unwahrscheinlich, so fern wie ein Traum, als wäre dies alles irgendwo in einer ganz anderen Stadt, womöglich sogar in einem anderen Land vor sich gegangen.

Indessen wußte Petja, daß es kein Traum gewesen war. Das alles hatte sich gar nicht weit von hier zugetragen, dort, hinter dem Kulikow-Feld, hinter dem milchigen Schneeschleier, der sich zwischen Himmel und Erde bewegte.

Wo Gawrik jetzt stecken mochte? Was war mit Terenti und dem Matrosen geschehen? Ob es ihnen gelungen war, über die Dächer zu fliehen?

Aber es gab keine Antwort auf all diese Fragen.

Der Schnee fiel dichter und dichter und bedeckte den schwarzen Boden des Kulikow-Feldes mit der fröhlichen weißen Decke des Winters, der nun endlich eingezogen war.

Der Weihnachtsbaum

Weihnachten war gekommen.

Pawlik erwachte noch vor Morgengrauen. Heiligabend war für ihn ein doppelter Feiertag: er fiel mit seinem Geburtstag zusammen. Man kann sich denken, mit welcher Ungeduld der Junge auf diesen frohen, zugleich aber auch höchst seltsamen Tag wartete, an dem er plötzlich vier Jahre alt werden würde! Gestern hieß es noch drei, und heute auf einmal vier Jahre! Wann sollte denn diese Verwandlung erfolgen? Wahrscheinlich nachts. Pawlik war seit langem entschlossen, diesem geheimnisvollen Augenblick aufzulauern, in dem die Kinder ein Jahr älter werden. Er erwachte mitten in der Nacht, machte die Augen weit auf, konnte aber nichts Besonderes entdecken. Alles war wie immer – die Kommode, das Nachtlämpchen, der trockene Palmenzweig hinter dem Heiligenbild . . .

Wie alt war er jetzt: drei oder vier Jahre?

Aufmerksam betrachtete er seine Hände und strampelte unter der Decke mit seinen Beinen. Nein, Arme und Beine waren dieselben wie gestern abend, als er schlafen ging! Aber vielleicht war der Kopf ein wenig gewachsen? Pawlik betastete ihn sorgfältig – die Wangen, die Nase, die Ohren . . . Auch sie erschienen ihm noch genauso wie gestern.

Um so seltsamer, da er am Morgen bestimmt vier Jahre alt sein würde. Das stand ganz eindeutig fest. Aber wie alt war er jetzt? Unmöglich, daß er immer noch drei sein sollte! Andererseits aber sah es auch nicht sehr nach vier aus.

Das beste wäre, Papa zu wecken. Der wußte es bestimmt. Aber unter der warmen Decke hervorkriechen und barfuß über den Fußboden tapsen . . . nein, danke! Lieber so tun, als schlafe man, und mit geschlossenen Augen die Verwandlung abwarten! Pawlik schloß also die Augen und schlief wieder ein, ohne es zu merken. Als er zum zweitenmal aufwachte, sah er sofort, daß das Nachtlämpchen schon längst erloschen war und daß durch die Ritzen der Fensterläden der bläulich dunkle Schimmer eines ganz, ganz frühen Wintermorgens ins Zimmer drang. Jetzt war nicht mehr daran zu zweifeln, daß er vier Jahre alt war. Alle in der Wohnung schliefen noch fest, man hörte nicht einmal Dunja in der Küche rumoren.

Der vierjährige Pawlik sprang hurtig aus dem Bettchen und kleidete sich »alleine« an, das heißt, er zog das Leibchen verkehrt über, mit den Knöpfen nach vorn, und schlüpfte mit den nackten Füßen in die Schuhchen.

Ganz vorsichtig die schweren, knarrenden Türen mit beiden Händen öffnend, begab er sich ins Wohnzimmer. Es war die große Reise eines kleinen Jungen durch eine menschenleere Wohnung. Mitten in dem finsteren Raum stand etwas Riesiges, Nebelhaftes, das das ganze Zimmer mit kräftigem Nadelduft füllte und seine dunklen Pfoten mit den hängenden Bögen von Papierketten bis tief auf das Parkett senkte.

Pawlik wußte schon, daß dies der Weihnachtsbaum war. Während seine Augen sich langsam an das Dämmerlicht gewöhnten, ging er vorsichtig um den dichten grünen Baum mit den zart glitzernden Silberfäden herum.

Jeder seiner Schritte tönte von dem Baum als leises Papiergeknister, als kaum spürbares Beben, als Rascheln der Pappfigürchen und Knallbonbons wie auch als dünnes Geklingel der Glaskugeln wider.

Da erblickte Pawlik in der Ecke den Gabentisch und stürzte sofort hin. Den Tannenbaum vergaß er für einen Augenblick ganz. Die Geschenke waren großartig, viel schöner, als er erwartet hatte. Da war ein Bogen mit Pfeilen in einem Samtköcher, ein prachtvolles Buch mit bunten Bildern: »Der Hühnerhof der Großmutter Tatjana«, ein richtiges »Erwachsenen«-Lottospiel und ein Pferd – noch größer, noch schöner und vor allem sehr viel neuer als Kudlatka. Außerdem gab es kleine Blechbüchsen mit Bonbons, Schokoladentafeln mit beweglichen Bildchen und eine kleine Torte in einer runden Schachtel. Auf so viel Reichtum war Pawlik gar nicht gefaßt gewesen. Der ganze Tisch voller Spielsachen und Süßigkeiten – und alles gehörte ihm!

Und trotzdem erschien es dem Jungen noch zuwenig. Leise schleppte er aus dem Kinderzimmer alle seine alten Spielsachen, darunter auch die zerlumpte Kudlatka, in das Wohnzimmer hinüber und stellte sie zu den neuen. Jetzt waren es so viele Sachen wie in einem Spielwarenladen, aber auch das war ihm noch nicht genug. Er holte seine berühmte Sparbüchse und stellte sie, als das eigentliche Wahrzeichen seines Reichtums, in der Mitte des Tisches auf eine Trommel.

Als er diesen triumphalen Turmbau aus den Spielsachen errichtet und ihn nach Herzenslust bewundert hatte, kehrte der Junge wieder zu dem Tannenbaum zurück. Schon lange beunruhigte ihn ein mit rosa Zuckerguß bestrichener, an einem gelben Zwirnsfaden gar nicht hoch aufgehängter großer Pfefferkuchen. Die Schönheit dieses sternförmigen Gebäcks, mit einem Loch in der Mitte, weckte das unwiderstehliche Verlangen, es so rasch wie möglich aufzuessen.

Er vermochte kein großes Unglück darin zu sehen, daß der Tannenbaum um einen Pfefferkuchen ärmer wurde, löste ihn also von dem Zweig und steckte ihn sich in den Mund. Er biß ein ansehnliches Stück ab, merkte aber dann zu seinem großen Erstaunen, daß der Pfefferkuchen bei weitem nicht so wohlschmeckend war, wie man hätte annehmen können. Ja, mehr als das – der Pfefferkuchen war einfach scheußlich: zäh, aus Gerstenmehl und gar nicht süß, mit einem starken Beigeschmack nach Sirup. Und dabei hätte man – so wie er aussah – meinen können, daß die schneeweißen Weihnachtsengel, die im Himmel nach Noten singen, sich gerade von solchen Pfefferkuchen ernährten.

Pawlik hängte den angebissenen Pfefferkuchen mit Abscheu wieder an den Zweig zurück. Das war offensichtlich irgendein Mißverständnis. Wahrscheinlich hatte man im Laden zufällig einen verdorbenen Pfefferkuchen mit eingepackt.

Dafür bemerkte er einen anderen, der noch schöner war und blauen Zuckerguß hatte. Dieser Pfefferkuchen hing verhältnismäßig hoch, man mußte einen Stuhl zu Hilfe nehmen. Ohne ihn herunterzuholen, biß der Junge ein Eckchen davon ab und spuckte es gleich wieder aus – so unangenehm schmeckte auch dieser.

Aber es war sehr schwer, sich mit dem Gedanken abzufinden, daß alle anderen Pfefferkuchen ebenfalls nichts taugten. Und so beschloß Pawlik, alle durchzuprobieren, so viele auch am Tannenbaum hingen.

Sofort machte er sich an die Arbeit. Mit seitwärts heraushängender Zunge, stöhnend und schnaufend, schleppte er den schweren Stuhl um den Tannenbaum herum, kletterte hinauf, biß einen Pfefferkuchen an, überzeugte sich davon, daß er ungenießbar war, kletterte und schleppte den schweren Stuhl zu dem nächsten weiter.

Bald hatte er alle Pfefferkuchen durchprobiert – bis auf zwei. Die hingen fast unter der Decke, wo man unmöglich hingelangen konnte. Den Kopf weit in den Nacken gelegt, stand Pawlik eine ganze Weile grübelnd da. Die Pfefferkuchen reizten ihn mit ihrer unerreichbaren und darum ganz besonders verlockenden Schönheit.

Er zweifelte nicht daran, daß ihn diese Pfefferkuchen ganz bestimmt nicht enttäuschen würden. Er überlegte bereits, wie er wohl den Stuhl auf den Tisch stellen und sie auf diese Weise erreichen könnte, da vernahm er das Rascheln eines Sonntagskleides, und die Tante schaute mit strahlendem Lächeln zur Tür herein.

»A-ah, unser Geburtstagskind ist als erster auf! Was machst du denn hier?«

»Geh ums Bäumchen pazieren«, gab Pawlik bescheiden zur Antwort und schaute die Tante mit dem vertrauensvollen, offenen

Blick eines wohlerzogenen Kindes an.

»Ach, du mein goldiges Fischchen! Pazieren! Nicht pazieren, sondern spazieren! Wann wirst du es endlich lernen? Nun, ich gratuliere dir, ich gratuliere!«

Und der Junge wurde von den warmen, duftenden, zärtlichen Armen der Tante umschlossen.

Aus der Küche aber eilte bereits Dunja herbei, vor Verlegenheit krebsrot und eine zerbrechliche hellblaue Tasse mit der Goldinschrift »Zum Geburtstag« vor sich hertragend.

So begann dieser fröhliche Tag, dem ein so gänzlich unerwartetes, schreckliches Ende beschieden war.

Am Abend kamen Gäste zu Pawlik, kleine Jungen und Mädchen. Alle waren noch so klein, daß es Petja für unter seiner Würde hielt, mit ihnen zu spielen oder auch nur mit ihnen zu sprechen. Mit grenzenloser Trauer und Schwere im Herzen saß er im Kinderzimmer auf dem Fensterbrett und betrachtete die festlich vereisten Scheiben, in deren Eisblumen die Straßenlaterne wie eine goldene Nuß glitzerte.

Finstere Vorahnungen umwölkten seine Seele.

Aus dem Gastzimmer aber strömte das warme, knisternde Licht des Tannenbaums, der in Kerzenschimmer und Goldlametta prangte. Aufreizende Klaviertöne drangen herein – sie stammten vom Vater, der mit ausgebreiteten Rockschößen und krachenden Manschetten eine flotte Polka herunterspielte. Viele stämmige Kinderbeinchen trampelten um den Tannenbaum herum.

»Kopf hoch, Junge, sein ein Mann!« sagte die Tante im Vorbeigehen zu Petja. »Nur kein Neid. Auch für dich gibt es einmal ein Fest.«

»Ach, Tante, Sie haben ja keine Ahnung!« antwortete Petja klagend. »Gehen Sie nur.«

Nun war der ersehnte Augenblick gekommen, da die Nüsse und Pfefferkuchen verteilt wurden. Die Kinder traten dicht an den Tannenbaum heran, stellten sich auf die Zehenspitzen und langten nach den Pfefferkuchen, die ihnen wie Orden entgegenstrahlten. Der Baum geriet ins Wanken, die Papierketten raschelten.

Und plötzlich erscholl ein helles, erschrockenes Stimmchen:

»Au, guckt mal, mein Pfefferkuchen ist angebissen!«

»Ach, meiner auch!«

»Ich hab' zwei, und beide sind angeknabbert . . .«

»Eh . . .«, sagte jemand enttäuscht, »die sind gar nicht mehr neu!

Die sind schon mal gegessen worden.«

Rot bis an die Haarwurzeln, stand die Tante inmitten der angebissenen Pfefferkuchen, die ihr von allen Steiten entgegengestreckt wurden. Schließlich fiel ihr Blick auf Pawlik.

»Hast du das gemacht, du ungezogener Bengel?«

»Tantchen, ich hab' sie nur ein klein wenig probieren wollen«, sagte Pawlik, die erzürnte Tante aus weitgeöffneten, im Licht der Kerzen bernsteinfarbenen Augen unschuldig anblickend. Und mit einem Seufzer fügte er hinzu: »Ich dachte, die schmecken gut, und dabei sind sie bloß für den Besuch!«

»Willst du wohl still sein, verflixter Bengel!« rief die Tante, schlug entsetzt die Hände zusammen und stürzte zum Büfett, in dem sie zum Glück noch eine ganze Menge übriggebliebener Näscherei hatte. Alle Gekränkten wurden sofort zufriedengestellt, und der Skandal war vertuscht.

Bald darauf brachte man die müde gewordenen Gäste nach Hause. Das Fest war beendet, und Pawlik begann seine Schätze zu ordnen. In diesem Augenblick erschien Dunja in der Tür des Kinderzimmers und gab Petja einen geheimnisvollen Wink. »Junger Herr, da hinten wartet dieser ulkige Gawrik auf Sie«, raunte sie und schaute sich dabei nach allen Seiten um.

Petja rannte in die Küche.

Gawrik saß auf dem hohen Fensterbrett des Küchenaufgangs, mit der Schulter gegen die vereiste Scheibe gelehnt, in der das bläuliche Licht des Mondes flimmerte. Unter der Winterkapuze glänzten seine kleinen, bösen Augen. Er schnaufte.

Im ersten Augenblick dachte Petja, der Freund käme wegen der Spielschuld. Er setzte schon an, um von dem Unglück zu berichten, das er mit den Knöpfen des Großvaters gehabt hatte, und mit einem großen Ehrenwort zu versichern, daß er spätestens in zwei Tagen seine Schulden begleichen würde.

Doch Gawrik zog unter seiner wattierten Jacke eilig vier von den wohlbekannten Säckchen hervor und steckte sie Petja zu.

»Versteck die, dann sind wir quitt«, sagte er leise und bestimmt. »Der Rest von Josef Karlowitsch, Gott hab' ihn selig.« Bei diesen Worten schlug Gawrik ehrfürchtig ein Kreuz. »Versteck sie und heb sie auf, bis wir sie brauchen.«

»Ja«, antwortete Petja flüsternd.

Gawrik schwieg eine ganze Weile, fuhr sich schließlich heftig mit der kleinen Faust unter der Nase hin und her und rutschte von der Fensterbank herunter.

»Nun ja, Petja ... Leb wohl ...«

»Und die – sind die getürmt?«

»Ja. Über die Dächer. Werden jetzt überall gesucht.«

Gawrik dachte nach, ob er auch nicht zuviel gesagt habe, beugte sich aber dann vertraulich zu Petjas Ohren hinab und flüsterte: »Wieviel sie auch eingesperrt haben, die kriegen sie nicht. Das sag ich dir. Die verstecken sich solange in den Katakomben. Da sammeln sie all ihre Leute. Im Frühjahr fangen sie wieder an. Aber Terentis Frau mit den kleinen Kindern – mit Shenja und Motja –, die setzt der Wirt aus der Wohnung. So steht's ...«

Gawrik kratzte sich besorgt die Augenbrauen.

»Weiß nicht, was ich nun mit ihnen anfangen soll. Werden wohl zusammen in Großvaters Hütte ziehen müssen. Weißt du, mit Großvater ist schon gar nichts mehr los. Wird wohl bald sterben. Immerhin, komm doch mal auf einen Sprung zu uns, Petja. Wart nur noch ein Weilchen. Hauptsache, daß du die Säckchen gut versteckst. – Na, macht nichts. ›Weine nicht Marusja, wirst doch meine sein.‹ Gib deine Pfote!«

Gawrik streckte Petja seine Hand wie ein Brettchen entgegen und lief, mit seinen kaputten Stiefeln klappernd, die Treppe hinunter.

Petja kehrte ins Kinderzimmer zurück und versteckte die Säckchen im Ranzen unter den Büchern. Doch da wurde mit einem unglaublichen Krach die Tür aufgerissen, und der Vater stürmte ins Zimmer, die verschandelte Galauniform in der Hand.

»Was hat das zu bedeuten?« fragte er mit so lauter Stimme, daß der Junge fast die Besinnung verlor.

»Ich schwöre beim heiligen Kreuz ...«, stotterte Petja, fand aber nicht die Kraft, sich zu bekreuzigen.

Und im selben Augenblick, gleichsam als Widerhall auf Vaters zornige Stimme, erklang aus dem Wohnzimmer Pawliks herzzerreißendes Heulen.

Auf seinen vor Entsetzen weich gewordenen Beinchen kam der kleine Junge ins Zimmer gewankt und schlang die Arme um des Vaters Bein. Sein Mund war so weit aufgerissen, daß man deutlich den brüllenden Rachen sah. Die Zunge bebte. Die Tränen flossen. In den dicken Patschhändchen hüpfte die geöffnete Sparbüchse, die, statt mit Geld, mit allerhand klimperndem Zeug gefüllt war.

»Pa ... pa!« schluchzte Pawlik, »Pe ...petja ... hat ... mich be . . . hik . . . be . . . stoh . . . stohlen!«

»Ganz großes Eh . . .«, begann Petja, doch der Vatter hatte ihn schon fest an der Schulter gepackt.

»Du elender Bursche! Du Schlingel!« schrie er. »Ich weiß alles! Du befaßt dich mit Glücksspielen! Du Lügner!«

Er schüttelte Petja mit solcher Wut, als wolle er ihm die Seele aus dem Leib jagen. Sein Unterkiefer zuckte und hüpfte, und an dem schwarzen Band tanzte der Zwicker, der von der schwitzenden großporigen Nase geglitten war.

»Auf der Stelle gibst du die . . . wie heißen die bei euch . . . die Möhrchen oder Röhrchen her!«

»Öhrchen«, flüsterte Petja und lächelte verlegen, in der Hoffnung, die Sache noch irgendwie ins Lächerliche abbiegen zu können.

Als der Vater aber das Wort »Öhrchen« aus dem Mund seines Sohnes vernahm, brauste er noch mehr auf.

»Öhrchen? Gut . . . Wo sind sie? Gib sie auf der Stelle her! Wo ist dieser Straßendreck? Wo sind diese Mikroben? Ins Feuer damit! In den Herd! Die sollen mir aus dem Haus kommen!«

Hitzig durchsuchte er das Zimmer und stürzte sich sogleich auf den Ranzen.

Laut weinend lief Petja den ganzen Korridor entlang hinter dem weit und erregt ausschreitenden Vater her bis zur Küche, wohin der Entführer – mit so viel Abscheu, als seien es tote Katzen – die Säckchen trug.

»Papa! Papa!« schrie Petja, ihn am Ellbogen packend.

»Papa!« Der Vater stieß ihn heftig zur Seite, schob den Kochtopf zurück und stopfte die Säckchen, rücksichtslos seine Manschetten mit Ruß beschmierend, in den hellodernden Herd.

Der Junge erstarrte vor Schreck.

»Haut ab!« brüllte er außer sich.

Doch in diesem Augenblick erschollen im Herd bereits Schüsse, denen eine kleine Explosion folgte.

Aus dem Herdloch schoß eine mehrfarbige Flamme, die Nudeln flogen aus dem Topf und blieben an der Decke kleben. Der Herd bekam Risse, und aus ihnen quoll beißender Rauch, der im Handumdrehen die Küche erfüllte.

Als man den Herd dann mit Wasser übergossen und die Asche herausgeholt hatte, fand man darin einen Haufen ausgebrannter Revolverpatronenhülsen.

Doch von alledem sah Petja nichts mehr. Er war besinnungslos. Man brachte ihn zu Bett und maß seine Temperatur. Er hatte 39,7.

Das Kulikow-Feld

Kaum war der Scharlach vorbei, als Petja eine Lungenentzündung bekam. Den ganzen Winter über war er krank. Erst zur Fastenzeit begann er ein wenig in den Zimmern auf und ab zu gehen.

Langsam näherte sich der Frühling – der ganz, ganz zeitige Vorfrühling. Es war kein Winter mehr, aber eben noch lange nicht Frühling.

Der kurzfristige südliche Schnee, den der Junge in diesem Jahr gar nicht hatte genießen können, war schon längst weggetaut. Es herrschte das trockene graue Märzwetter, wie es zu dieser Jahreszeit in Odessa üblich war.

Auf schwachen Beinen schlenderte Petja durch die Zimmer, die ihm, seit er wieder hatte aufstehen könne, klein und sehr niedrig vorkamen. Vor dem Spiegel im dunklen Flur stellte er sich auf die Zehenspitzen und betrachtete mit beklemmendem Mitleid sein blasses, schmal gewordenes Gesicht mit den tiefen Schatten unter den nicht wiederzuerkennenden, irgendwie staunend-erschrockenen Augen. Die ganze erste Hälfte des Tages blieb er völlig allein in der Wohnung, denn Vater war unterwegs und gab Stunden, und die Tante ging mit Pawlik spazieren.

Der Widerhall in den menschenleeren Zimmern verursachte ihm ein zartes Schwindelgefühl im Kopf. Das harte Ticken der Uhr beunruhigte ihn durch die beharrliche, unerbittliche Beständigkeit. Petja trat an die Fenster. Sie waren noch winterlich verschlossen und zwischen den Doppelrahmen mit den üblichen, schon vergilbten Watterollen abgedichtet, die mit feingeschnipselten bunten Garnfäden bestreut waren.

Der Junge sah das trübe Grau des trockenen Fahrdamms, die spröde Erde des Kulikow-Feldes und den grauen Himmel mit dem kaum sichtbaren Schein von wäßrigem Blau. Vom Küchenfenster aus konnte man auf der Wiese die grünlichgelben Zweige der Fliederbüsche erkennen. Petja wußte – riß man diese bittere dünne Rinde mit den Zähnen ab, so kam darunter das erstaunlich saftige, pistaziengrüne Innere hervor. Vereinzelt und grabesdüster zitterte in der Luft der tiefe Baß der Fastenglocke und erfüllte das Herz mit Langeweile und Trübsinn.

Und doch waren in dieser kargen Welt schon die machtvollen Kräfte des Frühlings beschlossen und harrten nur ihrer Stunde.

Überall machten sie sich bemerkbar, am meisten aber in den Zwiebeln der Hyazinthen.

Der Zimmerfrühling war noch in der dunklen Rumpelkammer verborgen. An den Wänden, mitten unter allerhand Gerümpel, in dem Mäusegeruch alter Haushaltsgegenstände hatte die Tante schon schmale Vasen für die Blumenzwiebeln aufgestellt. Petja wußte, daß das Keimen der holländischen Zwiebeln im Finstern vor sich gehen mußte. In der Dunkelheit der Rumpelkammer vollzog sich der geheimnisvolle Vorgang des Wachsens.

Aus der seidigen, ausgemergelten Zwiebelschale drang ein blasser, aber fester Pfeil. Und der Junge wußte, daß genau zu Ostern die kräftigen gelockten Blütenstände der weißen, blaßrosa und lila Hyazinthen auf einem dicken Stengel erscheinen würden. Indessen aber war in dieser leeren grauen Welt der Tagundnachtgleiche Petjas Kinderherz voll Trauer und Sehnsucht.

Die Tage wurden immer länger, und der Junge wußte nicht, was er mit den endlos sich dahinziehenden Stunden zwischen Mittagessen und Abendbrot anfangen sollte. Oh, wie lang sie waren, diese lästigen Stunden! Sie waren noch länger als die öden Straßen, die sich endlos bis nach den »Nahen Mühlen« hinzogen.

Petja durfte nun schon in der Nähe des Hauses auf und ab gehen. Langsam, in die jenseits des Bahnhofs untergehende Sonne blinzelnd, schritt er auf dem trockenen Fußsteig hin und her.

Noch vor einem Jahr hatte der Bahnhof für ihn das Ende der Welt bedeutet, hatte dahinter schon die Geographie begonnen. Jetzt aber wußte er, daß sich die Stadt auch hinter dem Bahnhof noch weit ausdehnte, daß sich dort die langen, staubigen Straßen der Vororte hinzogen. Dort, wo die Flucht der langweiligen Ziegelsteinhäuser einen weiten Durchblick offen ließ, hing die riesige Scheibe der roten, vorsintflutlichen Sonne, strahlenlos und doch blendend mit ihrem harten, bedrückenden Licht.

Zwei Wochen vor Ostern brachten mehrere Wagen Holzgerüste auf das Kulikow-Feld. Schreiner, Erdarbeiter und Aufseher erschienen. Nach allen Richtungen zogen sich Vermessungsstäbe hin. Vorarbeiter, mit dem gelben Zollstock in der Außentasche, schritten die Fläche ab und teilten sie in Felder ein.

Der Bau von Schaubuden für den Ostermarkt begann.

Für Petja gab es nun kein größeres Vergnügen, als auf dem Kulikow-Feld zwischen den großen Nägelkisten, den Äxten, Sägen, Balken und Brettern umherzugehen und zu raten, was da und dort gebaut werde. Jede neu aufgestellte Balkenreihe, jeder neue Graben, jedes neue abgemessene und abgesteckte Geviert entzündete seine Einbildungskraft.

Die angeregte Phantasie gaukelte ihm Schaubuden von märchenhafter Schönheit vor, voller Wunder und Geheimnisse. Und obwohl ihm die Vernunft aus Erfahrung widersprach – es würde alles genauso sein wie im vorigen Jahr, weder schlechter noch besser –, wollte seine Phantasie sich nicht damit abfinden; sie verlangte Neues, Unerhörtes. Petja trieb sich in der Nähe der Handwerker und der Vorarbeiter umher, schlängelte sich an sie heran und versuchte, ihnen etwas zu entlocken.

»Hören Sie mal, wissen Sie, was das hier wird?«

»Klar. Eine Schaubude.«

»Das schon, aber was für eine?«

»Eine hölzerne.«

Der Junge lachte gekünstelt in schmeichlerischer Absicht.

»Das weiß ich ja, daß es 'ne hölzerne ist. Sie sind aber ein Witzbold! Aber was wird denn drin sein? Ein Zirkus?«

»Ja, ein Zirkus.«

»Wieso denn ein Zirkus, wo doch ein Zirkus rund ist und das hier nicht rund ist?«

»Also wird es wohl kein Zirkus sein.«

»Vielleicht ein Panoptikum?«

»Ja, ein Panoptikum.«

»So klein?«

»Also doch kein Panoptikum.«

»Nein, im Ernst, was denn?«

»Eine Pißbude.«

Tief errötend bei dem unanständigen Wort, lachte Petja noch lauter auf, zu jeder Erniedrigung bereit, nur um etwas zu erfahren. »Ha-ha-ha! Nein, sagen Sie im Ernst, was wird das hier?«

»Mach, daß du wegkommst, Junge. Das hier ist nicht das Richtige für dich. Geh! Kommst sonst zu spät zur Schule.«

»Ich geh noch nicht zur Schule. Ich hatte erst Scharlach und dann Lungenentzündung.«

»Dann geh und leg dich ins Bett, statt uns zwischen den Beinen rumzukriechen. Stör die Leute nicht bei der Arbeit!«

Und Petja ging mit einem gezwungenen Lächeln davon, während er sich weiter den Kopf über das ungelöste Problem zermarterte. Im übrigen wußte man ja genau – solange die Schaubuden nicht mit Leinwand überzogen und mit Bildern behängt wurden, war doch auf keinen Fall etwas zu erfahren. Das war genauso unmöglich, wie die Farbe zu erraten, welche die am ersten Ostertag aus dem blassen Schaft aufblühende Hyazinthe haben würde.

Am Ostersonnabend lud man in den Schaubuden die höchst geheimnisvollen grünen Kisten und Truhen mit der Aufschrift »Vorsicht« ab, und es gab in Odessa keinen einzigen Jungen, der gewußt hätte, was sich in diesen Truhen befand.

Man konnte nur vermuten, daß es Wachsfiguren, Zaubertischchen oder schwere, flache Schlangen mit trüben Augen und gespaltener Zunge waren.

Man wußte, daß in einer dieser Truhen die Nixe mit dem weiblichen Busen und dem Schuppenschwanz statt der Beine sein mußte. Aber wie lebte sie dort ohne Wasser? Ob in der Truhe womöglich auch eine Wanne war? Oder ob man die Nixe in Meerestang verpackt hatte? Es blieb einem nichts weiter übrig, als herumzurätseln, und Petja wurde fast rasend vor Ungeduld und Erwartung des Jahrmarkts. Ihm schien, als sei noch nichts fertig, als sei alles verpfuscht und als werde man den Jahrmarkt in diesem Jahr überhaupt nicht eröffnen können.

Doch seine Befürchtungen erwiesen sich als unnötig. Am ersten Feiertag war alles fertig: die Bilder waren aufgehängt, die Fahnenstangen weiß gestrichen und der Platz reichlich aus den langen, grünen Fässern besprengt, die am Tag zuvor zwischen den Schaubuden hin und her gefahren waren und die trockene Erde mit blitzenden Wasserkämmen geschwärzt hatten. Kurz und gut, Ostern kam und erblühte genau, an dem Tag, den der Kalender vorschrieb.

Ermüdend läuteten die Kirchenglocken, und die frische Sonne flog durch schaumigweiße Wolken. Die Tante, in einem weißen Spitzenkleid, schnitt Schinken auf, dessen dicke runde Schwarte sie sorgsam zur Seite bog.

Zuckerlämmchen stand auf den Osterkuchen. Ein rosa Christus schwebte mit hocherhobenem Papierkreuz auf einem dünnen Draht wie eine Tänzerin. Um eine Schüssel mit grüner Kresse lagen bunte Ostereier. Mit Butter auf Hochglanz poliert, spiegelten sie die frisch geputzten Fenster wider.

Die lockigen Hyazinthen in den mit rosa Kreppapier umwundenen Gläsern verströmten ihren betäubend süßen und zugleich erstickend friedhofsmäßigen Duft so heftig, daß man ihn als in den Strahlen der Sonne schwebenden fliederfarbenen Dunst über dem Ostertisch zu sehen vermeinte.

Doch gerade dieser erste Ostertag war für Petja ganz besonders unerträglich lang und langweilig. Das erklärte sich daraus, daß für den ersten Feiertag ausnahmslos alle Schaustellungen und Vergnügungen verboten waren. Dieser Tag wurde von der Polizei Gott gewidmet. Dafür durften die Menschen am nächsten Tag – mit Erlaubnis der Obrigkeit – punkt zwölf Uhr anfangen, sich zu vergnügen.

Genau um die Mittagsstunde erscholl der Pfiff des Diensthabenden, und auf dem hohen weißen Mast in der Mitte des Kulikow-Feldes entfaltete sich die dreifarbige Flagge.

Und sofort setzte etwas Unvorstellbares ein. Die Regimentskapellen ließen ihre türkischen Trommeln wirbeln, die Karussells und Drehorgeln quietschten los, und die schrillen, affenartigen Schreie des dummen August und der Zauberer lockten von den geweißten Podesten der Buden das Publikum an. Das Karussell begann sich zu drehen, Wagen und Pferdchen rasten im Kreis herum. In den schwindelerregend hohen blauen, wolkigen Himmel hinein schossen die leichten Schiffchen der Schaukeln. Und beharrlich, ohne die geringste Pause, wurden kleine Messingglocken und Triangeln geschlagen.

Der Straßenverkäufer trug eine glitzernde Glaskaraffe mit gefärbtem Eiswasser auf dem Kopf. In der Flüssigkeit schwammen ein paar Zitronenscheibchen, ein Stück Eis und das Spiegelbild der Sonne, die staubig und silbern durch das Glas schimmerte.

Der pockennarbige Soldat aus Port Arthur, in einer zottigen schwarzen Pelzmütze, hatte schon seine Stiefel ausgezogen und kletterte, von einer Menschenmenge umringt, an dem eingeseiften Mast hoch, an dessen Spitze als Preis ein Rasierapparat mit Pinsel hing.

Sieben Tage lang, von Mittag bis Sonnenuntergang, dröhnte der berauschende Trubel des Kulikow-Feldes und erfüllte Batschejs Wohnung mit dem vielstimmigen Lärm der Vorstädter, die gekommen waren, um sich gründlich zu amüsieren. Den ganzen Tag, von morgens bis abends, trieb sich Petja zwischen den Schaubuden umher. Aus irgendeinem Grunde war er überzeugt, daß er Gawrik hier begegnen werde. Sehr häufig, wenn er in der Menge fahlviolette Frieshosen und eine Matrosenschirmmütze mit Ankerknöpfen erblickte – Gawriks Kleidung vom vorigen Osterfest –, stürzte Petja hinterher und schubste rücksichtslos die Menschen beiseite.

Aber es war immer vergebens.

Etwas der Atmosphäre der »Nahen Mühlen« Verwandtes lag in diesem Jahrmarkt der einfachen Leute, wo viele Männer die gleichen dünnen Eisenstöcke trugen wie Terenti und sehr viele Mädchen kleine Türkisohrringe wie Motja.

Doch Petja wurde enttäuscht. Der letzte Tag des Jahrmarkts ging seinem Ende entgegen; die Orchester spielten zum letztenmal den Marsch »Sehnsucht nach der Heimat«, die Flagge wurde heruntergeholt, und überall erklangen die Triller der Polizeipfeifen. Der Platz wurde leer, bis zum nächsten Osterfest war alles vorbei.

Die traurig untergehende Sonne brannte lange und düster hinter den festlich geputzten, unheimlich still gewordenen Schaubuden, hinter dem unbewegten eisernen Riesenrad, hinter den leeren Fahnenmasten.

Nur vereinzelt erklang in der unerträglich wehmütigen Stille des verrauschten Festes das erschütternde Gebrüll des Löwen oder das schrille Gelächter der Hyäne.

Am Morgen kamen wieder die Lastwagen, und nach zwei Tagen war vom Jahrmarkt keine Spur mehr zu sehen. Das Kulikow-Feld hatte sich wieder in einen schwarzen, langweiligen Platz verwandelt, auf dem den ganzen Tag lang die singenden Stimmen der soldatendrillenden Unteroffiziere zu hören waren.

»L-links . . . um! Eins, zwei!«

»R-r-echts . . . um! Eins, zwei!«

»Ganze Abteilung . . . kehrt! Eins, zwei!«

Die Tage aber wurden immer länger, immer unausgefüllter. Und da entschloß sich Petja eines Tages, ans Meer zu gehen, um Gawrik zu besuchen.

Das Segel

Großvater lag im Sterben.

Gawrik, Motja, Motjas Mutter und auch Petja, der jetzt fast seine ganze Zeit am Meer verbrachte – alle wußten, daß Großvater bald sterben würde. Auch der Großvater wußte es. Von morgens bis abends ruhte er auf dem durchgelegenen Eisenbett, das man aus dem Hüttchen an die frische Luft, in die warme Aprilsonne hinausgetragen hatte.

Als Petja das erstemal zu ihm trat, um ihn zu begrüßen, war er ganz erschrocken über die Reinheit und Durchsichtigkeit des alten Gesichts, das in der zarten Bläue der von feinen Äderchen durchzogenen Haut aus dem roten Kissen leuchtete. Umrahmt von einem sehr langen weißen Bart, ruhig und hell, erschütterte es den Jungen durch seine Schönheit und Erhabenheit. Doch das Allerseltsamste und Allerunheimlichste an diesem Gesicht war, daß es kein Alter mehr hatte, daß es sich schon außerhalb der Zeit befand.

»Guten Tag, Großvater!« sagte Petja.

Der Alte wandte ihm seine Augen mit den blutleeren veilchenblauen Lidern zu, blickte den kleinen Gymnasiasten lange an, erkannte ihn aber offenbar nicht.

»Ich bin es, Petja, von der Kanatnajastraße, Ecke Kulikow-Feld.«

Der Großvater blickte starr in die Ferne.

»Großvater, Sie haben ihm doch im vorigen Jahr Bleiplomben für die Angelschnur gegossen«, versuchte Gawrik seinem Gedächtnis nachzuhelfen. »Erkennen Sie ihn nicht?«

Über das Gesicht des Alten zog der Schatten einer Erinnerung, die so fern war wie eine Wolke. Er lächelte verklärt, wobei er das rosige Zahnfleisch entblößte, und sagte dann leise, aber ohne besondere Anstrengung: »Senkblei. Ja. Gegossen. Hab' ich.« Dabei blickte er Petja freundlich an und bewegte das Kinn, als ob er etwas kaute. »Ja. Bist gewachsen. Geh, Kindchen, geh nur, spiel am Strand mit Steinchen. Spiel nur. Aber paß auf, fall nicht ins Wasser!«

Offenbar glaubte er, Petja sei noch ein ganz kleines Kind, so klein wie sein Urenkel, Shenitschka, der zwischen den gelben Butterblumen umherkrabbelte. Von Zeit zu Zeit hob der Alte den Kopf, um sich an dem Anblick seines Besitzes zu erfreuen. Seit

Terentis Familie zu ihm gezogen war, hatte sich alles bis zur Unkenntlichkeit verändert. Man hätte glauben können, ein Fleckchen Erde von den »Nahen Mühlen« sei hierhergebracht worden.

Terentis Frau hatte die Hütte zu Ostern von innen und außen geweißt und den Fußboden mit Lehm ausgebessert.

Das verjüngte Häuschen blinkte mit seinen frisch geputzten Fensterscheiben, die blau umrandet waren, lustig in der Sonne. Ringsherum grünten die kurz vor dem Aufblühen stehenden Schwertlilien, und mitten unter ihnen saßen Motjas Puppen, feine Damen darstellend, die in die Sommerfrische gekommen waren. Auf einer Leine trocknete bunte Wäsche. Motja, die Haare kurz wie ein Junge, goß den Gemüsegarten und preßte dabei die große Gießkanne mit beiden Händen an sich. An einem Draht zwischen zwei Stangen lief der Hund Rudko hin und her. Neben dem Gemüsegarten rauchte ein Lehmherd mit einem Eisentopf ohne Boden als Schornstein. Es roch appetitlich nach Erbsen.

Motjas Mutter, mit einem faltenreichen Rock bekleidet, stand über den Waschzuber gebeugt. Um sie her schwebten Seifenblasen in der Luft.

Dem Großvater schien es zuweilen, als sei die Zeit rückwärts geeilt. Er war wieder vierzig Jahre alt, die selige Großmutter hatte eben erst das Hüttchen geweißt, zwischen den Pusteblumen krabbelte sein Enkel Terenti, und auf dem Dach lag ein Mast, um den das nagelneue, eben erst gekaufte Segel gewickelt war.

Gleich würde er sich den Mast auf den Buckel laden, sich die Riemen und das Ruder unter den Arm klemmen, ans Ufer gehen und das Boot herrichten . . .

Doch dann fand sein Bewußtsein wieder in die Wirklichkeit zurück. Ganz plötzlich wurde er von Haushaltungssorgen überfallen. Er stützte sich mühsam auf den Ellbogen und rief Gawrik heran.

»Was haben Sie, Großvater?«

Der Alte kaute lange und sammelte seine Kräfte. »Ist das Boot auch nicht abgetrieben?« fragte er endlich, und seine Brauen hoben sich bekümmert und bildeten ein kleines Dach über den Augen.

»Nein, Großvater, nein. Legen Sie sich ruhig hin!«

»Es muß geteert werden . . .«

»Das mach ich schon, Großvater, haben Sie keine Angst! Legen Sie sich nur hin!«

Der Alte ließ sich gehorsam wieder zurückfallen, rief aber einen

Augenblick später nach Motja.

»Was machst du da, Motja?«

»Ich gieße die Kartoffeln.«

»Recht so. Bist ein braves Kind. Spar nicht mit Wasser, zupfst du auch das Unkraut aus?«

»Ja, Großvater.«

»Sonst erstickt es bald den ganzen Garten. Na, geh, Kindchen, ruh dich aus, spiel mit deinen Püppchen.«

Und der Großvater schien beruhigt.

Doch da begann Rudko zu bellen, und der Alte wandte die zornigen Augen mit den gefurchten Brauen nach dem Tier. Er meinte, mit lauter Stimme, wie es sich für einen Hausherrn gehört, zu rufen: »Rudko, wirst du wohl still sein! Kusch! So ein Köter! Marsch, auf deinen Platz! Kusch dich!«

In Wirklichkeit aber waren seine Worte kaum hörbar.

Doch meistens schaute der Großvater regunglos in die Ferne. Dort, zwischen zwei Hügeln, sah man das blaue Dreieck des Meeres mit einer Unmenge von Fischersegeln. In ihre Betrachtung versunken, unterhielt sich der Alte mit sich selbst: »Ja, das stimmt. Der Wind liebt das Segel. Mit einem Segel ist es ganz anders als ohne Segel. Mit einem Segel kannst du fahren, wohin du willst. Wenn du willst, kannst du nach Dofinowka; wenn du willst, kannst du auch nach Lustdorf. Mit einem Segel kannst du nach Otschakow, nach Cherson und sogar nach Jewpatoria. Ohne Segel aber, bloß mit den Riemen, was ist das schon – da lachen ja die Hühner! Bis zur ›Großen Fontäne‹ schafft man's kaum in vier Stunden. Und zurück wieder vier Stunden. Nein, bist du ein Fischer, dann brauchst du ein Segel. Ohne Segel brauchst du gar nicht erst in See zu gehen. Ist 'ne reine Schande. Ein Boot ohne Segel ist wie ein Mensch ohne Seele. Jaja . . .«

Die ganze Zeit über dachte Großvater ununterbrochen an ein Segel. Es war nämlich so, daß Terenti eines Nachts für einen kurzen Augenblick gekommen war, um seine Familie zu sehen. Er hatte den Kindern Näschereien gebracht, seiner Frau drei Rubel für den Haushalt dagelassen und versprochen, in den nächsten Tagen ein Segel aufzutreiben.

Seitdem war Großvaters Trübsinn verschwunden – so erfüllt war er von dem Gedanken an ein neues Segel, so klar, so deutlich sah er dieses neue Segel vor sich, als stünde es bereits vor seinen Augen, fest, grau und gebläht von einer frischen Brise. Ganz erschöpft durch das beharrliche Denken, fiel er in einen Dämmerzustand; er begriff nicht mehr, wo er war, was mit ihm vorging, und war nur noch von Gefühl erfüllt.

Das Bewußtsein hatte alles von ihm getrennt, was außerhalb seiner selbst lag.

Es war, als vergehe er in der ihn umgebenden Welt, als löse er sich auf in Gerüche, Töne und Farben . . .

Auf und ab gaukelnd, flatterte ein Kohlweißling mit zitronengelben Äderchen auf dem kremfarbenen Flügeln dahin – und der Großvater war eins mit dem Schmetterling und seinem Flug. Eine Welle zerschellte im Uferkies – und ihr frisches Rauschen war er. Seine Lippen wurden salzig von dem Tropfen, den der Wind gebracht – und er war Wind und Tropfen zugleich. In den Pusteblumen saß ein Kind – und er war dieses Kind und gleichzeitig auch eine dieser glänzenden kükengelben Blumen, nach der sich die Kinderhändchen ausstreckten. Er war Segel, Meer und Sonne . . . Er war alles.

Das neue Segel aber erlebte er nicht mehr. Als Petja eines Morgens an den Strand kam, sah er den Alten nicht in der Nähe des Hüttchens. An der Stelle, wo gewöhnlich sein Bett im Freien aufgestellt gewesen, stand jetzt ein Sägebock, an dem ein fremder großer Mann, mit einem Kiew-Kreuz um den dunklen Hals, ein Brett hobelte. Ein langer, gedrehter Holzspan kroch spiralförmig aus dem Hobel hervor.

Daneben stand Motja in einem neuen, aber häßlichen, noch nicht gewaschenen Kalikokleid und mit zu engen Schuhen.

»Großvater ist heute gestorben«, sagte sie und trat dicht an den Jungen heran. »Willst du ihn sehen?« Das Mädchen ergriff Petjas Hand und führte ihn leise in die Hütte.

Der Großvater lag mit geschlossenen Augen auf dem ärmlichen Bett. Sein Kinn war mit einem Tuch festgebunden. Aus den großen Händen, die hoch auf der Brust über dem Bild des heiligen Nikolai gefaltet waren, ragte eine gelbe Kerze. Durch das geputzte Fenster fiel ein Stahl so lichter, heißer Sonne, daß die Kerzenflamme gar nicht zu sehen war. Über dem geschmolzenen Wachs gewahrte man nur den scharzen Haken des Dochtes, der von vibrierender Luft umgeben war. Nur daran konnte man erkennen, daß die Kerze brannte.

Am dritten Tag trug man den Großvater zu Grabe.

In der Nacht zuvor tauchte Terenti auf, der nichts von Großvaters Tod wußte. Auf der Schulter trug er ein riesiges schweres Bündel. Es war das versprochene Segel.

Terenti lud es in der Ecke ab und stand dann eine Weile vor dem Toten, den man schon in einen rohen Fichtensarg gelegt hatte. Ohne sich zu bekreuzigen, küßte er den Alten fest auf den eiskalten Mund und ging schweigend hinaus.

Gawrik begleitete den Bruder, das Ufer entlang bis zur »Kleinen Fontäne«. Terenti gab einige Anordnungen für das Begräbnis, zu dem er natürlich nicht erscheinen konnte. Dann drückte er dem Bruder die Hand und verschwand.

Vier blondbärtige Fischer trugen den Großvater in dem leichten, offenen Sarg auf ihren Schultern.

Vor dem Sarg schritt in seiner zerschlissenen Uniform der Totenwächter, der über der Schulter ein roh gezimmertes Kreuz mitführte, und gleich daneben, sauber gewaschen und ordentlich gekämmt, Gawrik, der auf einem Handtuch eine gewaltige Tonschüssel mit Kolewo vor sich her trug.

Hinter dem Sarg gingen Motjas Mutter mit Shenitschka auf dem Arm sowie Motja, Petja und einige benachbarte Fischer in ihrem Sonntagsstaat, im ganzen etwa acht Menschen. Doch je mehr sich der Zug dem Friedhof näherte, desto größer wurde das Trauergeleit.

Die Nachricht von der Beerdigung des alten Fischers, der im Revier krankgeprügelt worden war, hatte sich auf unbegreifliche Weise am ganzen Ufer entlang verbreitet, von Lanscheron bis Lustdorf. Aus den zum Meer hin gelegenen Gäßchen strömten die Fischer mit Kind und Kegel und schlossen sich dem Zuge an. Alle waren dabei, die von der »Kleinen Fontäne«, von der »Mittleren Fontäne«, von der Sommerkolonie Waltuch, von »Arkadia«, vom »Goldenen Ufer«, von überallher. Dem armseligen Sarg des Großvaters folgte jetzt schon, in tiefes Schweigen gehüllt, eine Menge von mehr als dreihundert Menschen.

Es war der letzte Tag im April. Regen braute sich in der Luft zusammen. Die Flügel weit gespreizt, badeten sich die Spatzen in dem weichen Staub der Gassen. Asphaltgrauer Himmel stand über den Gärten. Mit besonderer Klarheit zeichnete sich das junge, gleichmäßige, in Erwartung des Regens schlaff niederhängende Grün ab. Auf den Höfen krähten schläfrig die Hähne. Kein einziger Sonnenstrahl drang durch die dichten, Schwüle atmenden Wolken. Kurz vor dem Friedhof gesellten sich noch die Handwerker und Eisenbahner von Tschumka, Sachalintschik, vom Odessaer Güterbahnhof, von Moldawanka, von den »Nahen« und den »Fernen Mühlen« zu den Fischern. Mit Staunen betrachtete der Friedhofspolizist die riesige Menge, die sich durch das Eingangstor zwängte.

Genau wie die Stadt hatte auch der Friedhof eine Hauptstraße, einen Domplatz, ein Zentrum, einen Boulevard und Vororte. Sogar der Tod schien machtlos vor dem Reichtum. Selbst nach dem Tode fuhr der Mensch fort, reich oder arm zu sein.

Die Menschenmenge schritt stumm die Hauptstraße der Totenstadt entlang, vorbei an Familiengrüften aus Marmor, Granit und Labradorstein – vorbei an diesen kleinen »Prachtvillen«, hinter deren gußeisernen Gittern im dunklen Grün der Zypressen und Myrten hochmütig steinerne Engel mit gesenkten Flügeln standen.

Jedes dieser Gevierte, für sagenhaftes Geld erworben, war dynastisches Erbgut der Reichen.

Die Menge hatte das Zentrum hinter sich gelassen und bog in eine weniger vornehme Straße ein, auf der schon keine »Villen« und Denkmäler mehr standen. Hinter eisernen Gittern lagen Marmorplatten, umringt von Fliederbüschen und Sträuchern der gelben Akazie. Der Regen hatte das Gold der Inschriften abgewaschen, und kleine Friedhofsschnecken bedeckten die altersgrauen Platten.

Danach kamen Holzgitter und rasenbedeckte Hügel sowie langweilige Abteilungen nackter Soldatengräber mit Kreuzen, die so gleichmäßig waren wie eine Reihe präsentierter Gewehre.

Aber selbst dieser Teil des Friedhofs erwies sich noch als zu vornehm für den Großvater. Man begrub ihn auf einer kleinen schmalen Wiese, die mit lila gefärbten Ostereierschalen besät war, unmittelbar an der Mauer, hinter der schon die Schirmmützen der berittenen Polizei auftauchten. Dicht gedrängt umringten die Menschen die Grube, in die, an Handtüchern gehalten, das leichte Schiffchen des bettelarmen Sarges hinabgelassen wurde.

Überall erblickte Petja tiefgesenkte Häupter und große, schwarze Hände, die Schirmmützen und Kappen zerknüllten. Die Stille war so groß und düster, der Himmel so drückend, daß der Junge meinte, es bedürfe nur eines einzigen scharfen Tones – und in der Natur geschähe etwas Schreckliches, ein Wirbelsturm, ein Orkan, ein Erdbeben.

Doch überall blieb es beklemmend still.

Motja war von dieser Stille ebenso bedrückt wie Petja. Sie hielt sich mit einer Hand an dem Gymnasiastengürtel des Jungen, mit der anderen an Mutters Rock fest und blickte regungslos auf den immer höher emporwachsenden gelben Lehmhügel.

Schließlich entstand in der Menge eine leichte, kaum spürbare Bewegung. Ohne sich zu beeilen, ohne einander zu stoßen, traten die Menschen, einer nach dem anderen, an das frische Grab, bekreuzigten sich, verneigten sich tief und gaben dann erst Motjas Mutter und Gawrik die Hand.

Gawrik aber, die Stirn gefurcht, nahm mit einem nagelneuen Holzlöffel sorgfältig und gewissenhaft das Kolewo aus der Schüssel, die er Petja zum Halten gegeben hatte, und tat es in die entgegengestreckten Mützen und Hände – in jede nur ein bißchen, damit es für alle reiche. Mit peinlicher Vorsicht, bemüht, kein einziges Körnlein fallen zu lassen, schütteten sich die Leute den Reis in den Mund und traten beiseite, um anderen ihren Platz zu überlassen.

Das war alles, was Großvaters Familie ihren Freunden und Bekannten anbieten konnte, die gekommen waren, ihr Leid mitzutragen. Zu einigen der herantretenden Fischer sagte Gawrik mit einer Verbeugung: »Von Terenti einen schönen Gruß; er bittet Sie, ja nicht zu vergessen: Morgen um zwölf ist gegenüber von ›Arkadia‹ Maifeier auf einigen Booten.«

»Wir kommen.«

Schließlich waren in der leergegessenen Schüssel nur noch vier Marmeladenplätzchen übriggeblieben.

Da verbeugte sich Gawrik mit Anstand vor all denen, für die es nicht mehr gereicht hatte, sagte: »Entschuldigen Sie!« und verteilte die vier Leckerbissen unter Shenitschka, Motja und Petja, wobei er auch sich selbst nicht vergaß. Zu Petja sagte er, während er ihm das Plätzchen reichte: »Iß nur ruhig, die sind gut, von den Gebrüdern Krachmalnikow. Iß es für Großvaters Seelenfrieden. – Fährst du morgen mit uns zur Maifeier?«

»Gewiß«, erwiderte Petja und verneigte sich tief vor dem Grabhügel, genauso wie er es von den anderen gesehen hatte. Gemächlich ging die Menge auseinander, der Friedhof leerte sich. Irgendwo, weit hinter der Maier, vernahm man eine einzelne Stimme, die ein Lied begann, und sofort fiel ein ganzer Chor ein:

»Leb wohl, Kamerad, hast ehrlich vollendet
den Weg, den du tapfer beschritten . . .«

Aber schon ertönte ein Polizeipfiff. Das Lied brach ab. Petja hörte das Getrappel vieler Füße, die jenseits der Mauer davonliefen. Dann wurde alles still.

Einige Regentropfen benetzten das Grab. Doch der Regen neckte nur ein wenig – er hörte wieder auf, ohne recht angefangen zu haben. Es wurde noch drückender, noch düsterer.

Motja und ihre Mutter, Gawrik und Petja bekreuzigten sich zum letztenmal und gingen ebenfalls nach Hause. Am Kulikow-Feld verabschiedete sich Petja von den Freunden.

»Vergiß nicht!« sagte Gawrik mit bedeutungsvollem Stirnrunzeln.

Petja nickte gewichtig. »Geht klar!«

Dann trat er wie von ungefähr zu Motja. Errötend vor Scham darüber, daß er sich mit einer Frage an ein Mädchen wenden mußte, flüsterte er rasch: »Motja, sag mal, was ist eine Maifeier?«

Motja schnitt ein strenges, fast ein wenig säuerliches Gesicht und erwiderte: »Arbeiter-Ostern.«

Die Maifeier

Die ganze Nacht hindurch rauschte ein warmer Regen nieder. Er hatte im April begonnen und hörte im Mai auf. Kurz nach acht Uhr morgens trug der Wind die letzten Tropfen hinweg. Neblig dampfte das Meer und floß mit dem noch immer bedeckten Himmel zusammen. Der Horizont war verschwunden. Die Badeanstalten schienen in der milchigen Luft zu schweben. Nur das geschlängelte und blinkende Spiegelbild der Pfähle schaukelte auf den flaschenfarbenen Wellen.

Gawrik und Petja ruderten. Mit Genuß tauchten sie die Riemen in das Wasser, dem man schon von außen seine Wärme anmerkte.

Erst warfen sie sich ordentlich ins Zeug – wer wohl am kräftigsten rudern könne. Aber Petja fiel es schwer, sich mit Gawrik zu messen. Der kleine Fischer übertrumpfte den Gymnasiasten mühelos, und das Boot drehte sich ständig im Kreis.

»Heda, ihr Bengel, macht keinen Quatsch!« rief ihnen Terenti zu, der am Bug saß und mit seinem eisernen Stöckchen spielte. »Ihr bringt ja das Boot zum Kentern!«

Die Jungen hörten mit dem Wettkampf auf, hatten aber sofort ein neues Spiel erfunden – wer von ihnen weniger spritzte.

Bis dahin hatten sie wenig gespritzt. Als sie es aber darauf anlegten, den anderen zu übertreffen, flogen die Spritzer nur so von den Riemen weg. Da begannen sie einander mit Schultern und Ellbogen zu stoßen.

»Weg, du Lumpenkerl!« schrie Petja, sich vor Lachen schüttelnd.

»Selber einer!« murmelte Gawrik, preßte die Lippen zusammen und ließ plötzlich aus Versehen eine solche Fontäne hochsteigen, daß Terenti sich nur mit knapper Not vor dem Wasser retten konnte.

Die Jungen kamen fast um vor Lachen.

»Was spritzt du denn so, Halunke!«

Terenti wollte eigentlich ernsthaft böse werden, aber schon hatte ihn der unbändige, jungenhafte Übermut angesteckt. Er schnitt ein grimmiges Gesicht, griff rechts und links nach dem Bootsrand und schaukelte das Boot aus voller Kraft hin und her.

Die Jungen fielen übereinander, schlugen mit den Köpfen zusammen und brüllten vor Vergnügen aus vollem Halse. Dann hieben sie wie rasend mit den Riemen aufs Wasser, wobei sie Terenti von beiden Seiten bespritzten.

Terenti blieb ihnen nichts schuldig. Mit rascher Bewegung beugte er sich über den Bootsrand, tauchte blitzschnell die zusammengelegten Hände ins Wasser und überschüttete die beiden Jungen mit einem wahren Platzregen. Einen Augenblick später waren alle drei von oben bis unten naß. Da ließen sie sich lachend und prustend auf die Bänke fallen und stöhnten vor Erschöpfung.

Der sanfte Wind trug allmählich den Nebel hinweg. Aus dem Wasser strahlte ihnen die Sonne entgegen, als habe jemand plötzlich einen Spiegel unter das Boot geschoben. Wie ein Abziehbild tauchte das Ufer aus dem Dunst.

Der helle Maitag erglänzte in all seinen fliederfarbenen, bläulichen und grünlichen Farben.

»So, nun ist genug gescherzt«, sagte Terenti streng und wischte sich die vernarbte Stirn mit dem Ärmel ab. »Weiter!«

Die Jungen wurden ernst und begannen wieder kräftig zu rudern. Petja schnaufte vor Anstrengung mit halboffenem Mund. Um die Wahrheit zu sagen – er war schon ein wenig müde. Doch hätte er es Gawrik um nichts in der Welt eingestanden.

Außerdem beunruhigte ihn der Zweifel, ob das nun schon die Maifeier war oder noch nicht. Er wollte aber nicht danach fragen, um nicht wieder der Dumme zu sein, wie damals mit den »Nahen Mühlen«. Motja hatte gesagt, die Maifeier sei das Osterfest der Arbeiter. Aber nun ruderten sie schon eine gute halbe Stunde am Ufer entlang, und noch waren keine Osterkuchen, Schinken oder gefärbten Eier zu sehen. Doch vielleicht gehörte sich das so. Dies Ostern war ja kein einfaches Ostern, sondern das der Arbeiter.

Schließlich aber hielt es der Junge nicht mehr länger aus.

»Hören Sie bitte«, wandte er sich an Terenti, »ist das schon die Maifeier oder noch nicht?«

»Nein, noch nicht.«

»Und wann geht sie los? Bald?«

Nachdem er dies herausgebracht hatte, hielt Petja sofort ein übertrieben fröhliches, einschmeichelndes Lächeln bereit. Auf Grund jahrelanger Gesprächserfahrung mit Erwachsenen wußte er, was jetzt kommen würde: Sobald sie anfängt, geht es los. – Und wann fängt sie an? – Wenn sie losgeht, dann fängt sie an.

Zu Petjas großem Erstaunen jedoch antwortete ihm Terenti ganz wie einem Erwachsenen: »Erst legen wir bei der ›Kleinen Fontäne‹ an und holen dort einen Mann ab. Und dann fangen wir mit der Maifeier an.«

Tatsächlich, am Strand der »Kleinen Fontäne« sprang ein geschniegelter Herr mit einem Spazierstöckchen und einer geflochtenen Markttasche ins Boot. Schwungvoll setzte er sich neben Terenti, warf einen raschen, verstohlenen Blick auf das Ufer und sagte: »Los, abfahren!«

Es war der Matrose. Aber, großer Gott, was war der schick gekleidet. Die Jungen starrten ihn, entzückt und hingerissen von solch einer unerwarteten Pracht, mit halboffenem Mund an. Sie hatten es bisher nicht für möglich gehalten, daß ein Mensch so wundervoll angezogen sein könne.

Nicht genug damit, daß er eine kremfarbene Hose, grüne Socken und blendendweiße Leinenschuhe anhatte, nicht genug, daß aus der Tasche des blauen Rockes ein rotes Seidentüchlein hervorlugte und an der Krawatte mit dem Pfauenaugenmuster ein saphirfarbenes Hufeisen glitzerte, nicht genug, daß sich vorn eine steife Hemdbrust wölbte und die Kinnladen von einem hohen Stehkragen gestützt wurden, dessen Ecken wie bei einer Visitenkarte umgeknickt waren; nicht genug schließlich damit, daß ihm der steife, mit einem gestreiften Band umwundene Strohhut stutzerhaft weit im Nacken saß, baumelte auf seinem Bauch auch noch eine dicke Uhr mit einer Menge Berlocken, und prangten die elegant gespreizten Hände in grauen Stoffhandschuhen. Und das warf einen nun vollends um.

Bisher hatten sich die Jungen mit der ungelösten Frage beschäftigt, wer wohl prächtiger anzuschauen war als jeder andere auf der Welt – die Schreiber oder die Limonadenverkäufer; aber jetzt wäre es lächerlich gewesen, an die auch nur zu denken. Unbesehen und ohne jeden Zweifel konnte man alle Limonadenverkäufer und alle Schreiber allein schon wegen des gezwirbelten Schnurrbarts abfallen lassen, den der Matrose trug.

»Oh, Petja!« rief Gawrik aus. »Guck mal, der hat Handschuhe an!«

Der Matrose spuckte so weit durch die Zähne, wie es die Jungen nicht einmal zu erträumen vermochten, blickte Gawrik verschmitzt an und sagte: »Warum soll denn jeder x-beliebige gleich meinen Anker sehen? Da habe ich einfach ein Futteral drübergezogen. Na, ihr Brüderchen, nun langt's aber mit dem Unsinn!«

Dabei wurde er plötzlich ganz würdevoll, zwirbelte seinen Schnurrbart, blickte – jeder Zoll ein Mann – zu dem vor Lachen berstenden Terenti hinüber und rief zackig: »Heda! Besatzung hört auf mein Kommando! Steuerbord voraus, fertig – los!« Und dann: »Steuerbord und Backbord – eins ... weg, zwei ... weg, drei ... weg ...«

Die Jungen legten sich kräftig ins Zeug, und das Boot steuerte dem offenen Meer zu, das sich in der Mittagsglut silbern vor ihnen ausdehnte. Etwa eine halbe Werst vom Ufer entfernt, gewahrte man schon eine Ansammlung von Fischerbooten.

Ein brennendes Gefühl freudigen Erschreckens durchfuhr Petja. Mit dem gleichen Gefühl war er im Herbst dem Freund das erstemal durch die abgesperrten Straßen gefolgt.

Aber damals waren die Jungen allein gewesen. Jetzt befanden sie sich in Begleitung mächtiger, geheimnisvoller Erwachsener, die es sich auch nicht im entferntesten anmerken ließen, daß sie Petja früher schon einmal gesehen hatten. Dabei begriff der Junge sehr gut, daß sie ihn wohl kannten und in Erinnerung behalten hatten. Der Matrose zwinkerte ihm sogar ein wenig zu, als wolle er sagen: Schwamm drüber, Freundchen, wir leben!

Und Petja tat auch so, als sehe er den Matrosen zum erstenmal. Das war lustig, wenn auch ein wenig unheimlich. Überhaupt war die Stimmung bei allen Bootsinsassen gehoben, aufgepulvert, irgendwie übertrieben freudig.

Bald befand sich das Boot inmitten einer Menge anderer Fischerboote, die gegenüber der »Arkadia« auf einer Stelle umherkreuzten, wie man es vorher abgemacht hatte.

Eine ganze Flottille buntfarbiger Boote umringten den alten Kahn des verstorbenen Großvaters.

Alle Fischer, die gestern den Sarg des alten Mannes begleitet hatten – die von der »Mittleren Fontäne«, von der Sommerkolonie Waltuch, von »Arkadia«, vom »Goldenen Ufer« –, alle hatten sich heute hier eingefunden. Es waren auch einige von weiter her gekommen, von Lustdorf und Dofinowka. Sogar von Otschakow war einer darunter.

Alle kannten einander gut, waren Freunde und Nachbarn.

Sie ergriffen die Gelegenheit und vertieften sich in lange Gespräche, es herrschte ein Lärm wie auf dem Markt. Jedes neue Boot wurde mit Rufen, Ruderschlägen und Spritzern begrüßt. Kaum war Großvaters Boot in ihrer Mitte angelangt – wo im Wasser schon einige Bierflaschen umherschwammen –, da erschollen von allen Seiten Begrüßungsrufe: »Tag, Terenti!« – »Vorsicht! Ersäuf unsere Nußschalen nicht mit deinem Panzerschiff.« – »Heda, ihr Lumpenpack, laßt den politisch Verdächtigen durch!« – »Terenti! Teurer Freund! Wo hast du denn den schicken jungen Mann aufgegabelt? Weste – Pikee, blamanch! Parlee fransee!«

Terenti blähte seine Backen auf, verneigte sich mit verlegener Gemessenheit nach allen Seiten, und winkte mit seiner Schirmmütze. »Alle gegen einen!« rief er mit weinerlicher Stimme. »Haut doch wenigstens nicht alle auf einmal, sondern hübsch nacheinander! Tag, Fedja! Tag, Stepan! Tag, Großvater Wassili! Oh! Mitja! Gesund und munter? Und ich dachte schon, dich hätten längst die Kaulköpfe der ›Kleinen Fontäne‹ gefressen! Na, wieviel seid ihr denn hier alle zusammen? Sascha! Komm mal links ran!«

Auf diese Weise versuchte sich Terenti der alten Freunde zu erwehren, die ihn von allen Seiten bestürmten, kniff vergnügt die Augen zusammen und grinste von einem Ohr zum anderen. Immer noch lachend, blickte er sich im Kreise um und las laut die Namen der Boote, die ihn umgaben: »»Sonja‹, und noch eine ›Sonja‹, und wieder eine ›Sonja‹ und die ›Sonja‹ aus Lustdorf und noch drei ›Sonjas‹ – und ich allein!* ›Nadja‹, ›Wera‹, ›Ljuba‹, ›Schu-

* Aus einem bekannten Soldatenlied: »Acht Mädel – und ich allein!«

ra‹, ›Motja‹ . . . Ach, du meine Güte! Wo sind wir hingeraten? Zurück! Wenden!« schrie er mit gespieltem Entsetzen, wobei er sein Gesicht mit der Mütze bedeckte.

Außer diesen Booten gab es noch vier »Oljas«, sechs »Nataschas«, nicht weniger als ein Dutzend »Drei Heilige« und ein großes Boot aus Otschakow mit dem etwas sonderbaren, aber reizvollen Namen: »Ei! Puschkin ist ein Teufelskerl«. Als Ruhe und Ordnung eingetreten waren, stieß Terenti den Matrosen mit dem Ellbogen an: »Fang an, Rodion!«

Ohne sich zu beeilen, nahm der Matrose den Hut ab, legte ihn auf die Knie und fuhr sich mit einem winzigen Kamm durch das Schnurrbärtchen. Dann erhob er sich, stellte sich, um sicherer zu stehen, breitbeinig hin und sagte klar und laut, damit ihn alle hören konnten: »Willkommen, Genossen, Fischer von Odessa! Ich begrüße euch zum Ersten Mai!«

Sein Gesicht wurde mit einem Schlage entschlossen.

»Wie ich höre, interessiert sich hier jemand dafür, was ich für einer bin – so ein merkwürdiges Herrchen mit Handschuhen und Hemdbrust. Parlee fransee! Darauf kann ich nur antworten, daß ich ein Mitglied der Sozialdemokratischen Arbeiterpartei Rußlands bin, und zwar von der Bolschewistischen Fraktion. Das Odessaer Einheitskomitee hat mich zu euch geschickt, und ich bin genauso ein Arbeiter und Seemann wie ihr alle. Und was die gestärkte Pikeeweste und das helle Höschen betrifft, so will ich euch diese Frage gern mit einer anderen Frage beantworten: Sagt mir doch, warum trägt die Makrele eine so hübsche hellblaue Haut mit blauen Streifchen? Wißt ihr's nicht? Dann muß ich es euch sagen. Damit man sie im hellblauen Wasser unseres Schwarzen Meeres nicht erkennen soll und damit ihr Herrn Fischer sie nicht so leicht fangen könnt. Klar?«

Auf den Booten wurde gelacht. Der Matrose zwinkerte mit den Augen, schüttelte verwegen seinen Kopf und fuhr fort: »Ja, und ich bin nun auch so ein Fisch, der sich eine Extrahaut angezogen hat, in der er nicht gleich zu erkennen ist.« Auf den Booten lachte man noch mehr. »'n schöner Fisch!« – »Ein wahrer Delphin!« – »Haste denn keine Angst, mal an irgendeinen Haken zu geraten?«

Der Matrose wartete ab, bis es wieder still geworden war, und bemerkte: »Na, fangt mich doch! Ich bin aalglatt.«

Dann setzte er seine Ansprache fort:

»Da blicke ich mich nun um, Genossen, und denke über unsere

Gewässer und unsere Erde nach. Die Sonne scheint. Das Meer ist übervoll von Fischen. Die Felder sind übervoll von Getreide. In den Gärten hängen alle möglichen Früchte: Äpfel, Aprikosen, Kirschen, Pflaumen, Birnen. Es wächst der Wein. Auf den Wiesen grasen Pferde, Ochsen, Kühe, Lämmer. In der Erde gibt es Gold, Silber, Eisen und viele andere Metalle. Man könne leben wie ein Gott, es reiche für alle, sollte man denken; alle Leute könnten zufrieden und glücklich sein. Aber ist das wirklich so? Nein, keineswegs! Überall gibt es Reiche, die überhaupt nicht arbeiten und sich doch alles nehmen, und überall gibt es arme, bettelarme Leute, die Tag und Nacht wie die Verdammten schuften und doch nichts davon haben! Wie geht das zu? Darauf kann ich euch nur antworten: Sehr einfach! Nehmen wir einen Fischer. Was macht ein Fischer? Er fängt Fische. Und hat er sie gefangen, dann geht er damit auf den Markt. Und wieviel gibt man ihm auf dem Markt, zum Beispiel für hundert Kaulköpfe? Dreißig bis vierzig Kopeken!«

Der Matrose hielt inne und blickte sich im Kreise um.

»Ist noch gut, wenn sie dreißig geben«, sagte ein alter Mann, der irgendwie dem Großvater ähnlich sah, und neigte sich über den Bug seines klobigen Bootes. »Ich hab' vorgestern vierhundert gebracht, und da will die mir doch nicht mehr als fünfundzwanzig für hundert Stück geben! Und wenn du dich auf den Kopf stellst! Und verkauft sie gleich für acht Groschen weiter!«

Alle wurden lebhaft. Der Matrose hatte die wundeste Stelle berührt. Jeder wollte seinen Kummer erzählen. Die einen klagten, ohne Segel sei es kein Leben, die anderen schrien, der Markt lasse einen nicht zu Atem kommen.

Während die Erwachsenen lärmten, ließen die Jungen die Zeit nicht ungenutzt vorübergehen. Einige Fischer hatten ihre Kinder zur Maifeier mitgenommen. In den Booten saßen artige Mädchen in nagelneuen Kalikokleidchen und barfüßige Jungen mit ernsthaft gefurchten Stirnen und sonnenverbrannten Flecken auf den Aprikosenbäckchen. Sie trugen Russenblusen aus Satin und zünftige Fischermützen mit Ankerknöpfen und waren selbstverständlich alle Gawriks Freunde und Kumpane! Natürlich blieben die Kinder nicht hinter den Erwachsenen zurück. Sie begannen sofort einander zu frotzeln, und es waren noch keine zwei Minuten vergangen, als schon ein regelrechtes Seegefecht im Gange war, wobei Gawrik einen toten Fisch an den Kopf bekam und Petjas Schirmmütze ins Wasser fiel, wo sie beinahe untergegangen wäre.

Es entstand ein solches Durcheinander, und die Spritzer flogen so hoch, daß Terenti laut brüllen mußte: »Aufhören mit dem Quatsch, sonst reiß ich euch allen die Ohren ab!«

Der Matrose aber überschrie den Lärm und fuhr fort:

»Das bedeutet also, daß uns die Unternehmer drei Viertel von dem Ertrag unserer Arbeit wegnehmen. Und wir? Sobald wir nur den Kopf heben – bums, hauen sie uns gleich mit dem Säbel eins über den Schädel! Noch werden wir geschlagen, Genossen, sehr geschlagen. Auf der ›Potjomkin‹ haben wir die rote Fahne gehißt – und haben sie nicht halten können. Wir haben einen Aufstand gemacht – und wieder das gleiche. Wieviel von unserem Arbeiterblut in ganz Rußland geflossen ist, da darf man gar nicht dran denken! Wie viele unserer Brüder sind am Galgen gestorben, in zaristischen Zuchthäusern, in Gefängnissen! Euch brauch ich davon nichts erzählen, ihr wißt es ja selber. Gestern habt ihr einen guten Alten zu Grabe getragen, einen, der sein Leben still und unmerklich für das Glück seiner Enkel und Urenkel hingegeben hat. Sein altes Arbeiterherz hat aufgehört zu schlagen, und seine Seele ist davongeflogen. Wo ist sie denn, diese Seele? Sie ist nicht da und wird niemals mehr dasein . . . Vielleicht aber schwebt sie jetzt über uns, wie die Möwe dort, und freut sich, daß wir nicht von unserer Sache lassen, daß wir immer und immer wieder für unsere Freiheit kämpfen wollen, bis wir das verhaßte Joch endlich von unseren Schultern gewälzt haben . . .«

Der Matrose schwieg und wischte sich mit dem Taschentuch die schweißige Stirn. Der Wind spielte mit dem seidenen roten Fetzen wie mit einer kleinen Fahne.

In den Booten herrschte tiefe Stille.

Da ertönte am Ufer der alarmierende Pfiff eines Polizisten. Der Matrose blickte hinüber und zwinkerte mit den Augen. »Unsere Freunde regen sich auf. Macht nichts! Pfeif nur, pfeif! Vielleicht erpfeifst du dir was, Biest, verdammtes!«

Wütend beugte er den Arm und hielt den Ellbogen zum Ufer hin, das mit eleganten Panamahüten und schmucken Sonnenschirmen übersät war. »Da, beiß mal!«

Der schöne Fedja, der sich auf das Heck seiner prachtvollen »Nadja und Vera« hingelümmelt hatte, ergriff seine Harmonika und spielte den Marsch »Sehnsucht nach der Heimat«.

Und sogleich kamen auf allen Booten bunte Eier, Dörrfische, Brot und Flaschen zum Vorschein.

Der Matrose langte in seine Markttasche, holte allerlei zum Essen heraus und verteilte es gleichmäßig unter die Bootsinsassen. Petja bekam ein herrliches Stück Dörrfisch, zwei Klosterbrezeln und ein lila Ei.

Die Maifeier entpuppte sich tatsächlich als ein lustiges Ostern für die Arbeiter.

Die Polizisten liefen pfeifend am Ufer entlang, und die Boote fuhren in alle Himmelsrichtungen auseinander.

Am Horizont stiegen die Gipshäupter der Wolken empor.

Fedja wandte sein Gesicht dem Himmel zu, ließ seine Hand ins Wasser sinken und stimmte mit seinem klaren, starken Tenor das bekannte Matrosenlied an:

>>Das Meer ist endlos und breit,
die Wogen peitschen den Strand.
Genosse, wir fahren so weit,
weit weg von dem sündigen Land ...<<

Die Riemen blitzten. Aus der Ferne klang noch herüber:

>>Kamerad, mir gehen die Kräfte aus,
der Heizer zum Heizer sagt ...<<

Das Lied war kaum noch zu hören. Da gab der Matrose den Jungen das Kommando: >>Alle Mann voraus!<<

Dann schlug er Terenti auf den Rücken und brüllte los:

>>Schwarz ist das Meer
und das Schiff weiß wie Schnee,
vier Jahre ist's her,
seit mein Liebster auf See.

Na, ihr Lumpenkerle, was schweigt ihr denn? Singt doch mit!<< Und Terenti und die beiden Buben fielen aus voller Kehle mit ein:

>>Weine nicht, Marusja,
wirst doch die meine sein.
Einmal komm ich wieder,
dann bist du endlich mein!<<

Eine weiße Möwe mit regungslos ausgebreiteten Schwingen glitt – ein herrliches Bild – unhörbar über das Boot hin, und es war, als greife sie das lustige Liedchen im Flug auf und trage es wie ein zitterndes silbriges Fischchen in ihrem Korallenschnabel fort.

Die Jungen blickten dem Vogel lange nach und meinten, es sei vielleicht die schneeweiße Seele des Großvaters, die hergeflogen war, um noch einmal das Boot und die Enkel zu sehen.

Die Maifeier war vorüber.

Aber sie landeten noch lange nicht. Fast zwei Stunden kreuzten sie auf dem Meer umher und warteten auf den passenden Augenblick.

Zuerst booteten sie Terenti am »Goldenen Ufer« aus, dann brachten sie den Matrosen zum Seebad Lanscheron.

Bevor Rodion ans Ufer stieg, schaute er sich eine ganze Weile nach allen Seiten um. Schließlich winkte er mit der Hand:

»Macht nichts, wird schon irgendwie schiefgehen!«

Dann klemmte er sich sein elegantes Stöckchen mit dem neusilbernen Pferdekopf als Krücke unter den Arm und sprang aus dem Boot. »Schönen Dank, ihr Bürschchen!« murmelte er hastig. »Auf angenehmes Wiedersehen!«

Damit verschwand er in der Menge der Spaziergänger.

Zum Essen war Petja wieder zu Hause, mit Blasen an den Händen und einem knallroten, von der Sonne verbrannten Gesicht.

Fahrtwind

Eine Woche war vergangen, und Petja hatte nicht ein einziges Mal Gelegenheit gefunden, ans Meer zu kommen. Er war mit Vorbereitungen für die Ferien beschäftigt, die er wieder auf dem Gut verleben sollte. Mal mußte er mit Papa, mal mit der Tante in die Stadt, um Einkäufe zu machen.

Alles ringsumher war schon sommerlich.

Der Mai in Odessa unterschied sich in keiner Weise vom Juni. Die Stadt schmachtete vor Hitze, und das Thermometer zeigte fünfundzwanzig Grad. Gestreifte Markisen mit roten Zacken hingen schräg über Balkonen und Schaufenstern; deutlich zeichnete sich auf ihnen der Schatten der Akazien ab, die zu blühen begonnen hatten.

Die Hunde liefen auf der Suche nach Wasser mit heraushängender Zunge durch die Straßen. Zwischen den Häusern öffnete sich hier und da der Ausblick auf das flammende Meer. An grünen Tischen unter großen Leinenschirmen saßen im »Zentrum« Blumenverkäuferinnen und Geldwechsler.

Die Absätze versanken in dem weichen Asphalt.

Oh, was war das für ein Genuß, den ganzen Tag die Geschäfte abzuklappern, die lustigen Sommersachen – Reifen, Sandalen, Schmetterlingsnetze, Angelruten, Bälle und Feuerwerkskörper –

einzukaufen und dann mit leichten Paketen von sonderbarsten Formen im sommerlich offenen Pferdeomnibus heimzukehren.

Petjas Körper schmachtete noch in der heißen Stadt, seine ungeduldige Seele aber war schon weit vorausgeeilt und befand sich, vom blauen Wind einer Reise in die Ferne durchweht, längst auf dem fahrenden Dampfer.

Eines Tages ertönte am frühen Morgen auf dem Hof der vertraute Pfiff. Der Junge rannte ans Fenster und erblickte Gawrik, der mitten auf dem Hof stand.

Eine halbe Minute später war Petja schon unten. Gawrik sah ungewöhnlich sorgenvoll aus. Sein ganzes Gesicht, die entschlossen zusammengepreßten Lippen und die allzu glänzenden Augen sprachen davon, daß ein Unglück geschehen war.

Petjas Herz krampfte sich zusammen.

»Na?« fragte er und dämpfte seine Stimme unwillkürlich zu kaum hörbarem Flüstern. »Was ist?«

Gawrik wandte sich stirnrunzelnd ab. »Nichts. Willst du mit uns Boot fahren?«

»Wann?«

»Jetzt gleich. Ich, Motja und du. Mit'm Segel.«

»Lügst du auch nicht?«

»'n Hund lügt.«

»Mit'm Segel?«

»Kannst mir in die Augen spucken, wenn's nicht stimmt.«

»Bloß spazierenfahren?«

»Meinetwegen auch spazierenfahren. Willst du?«

»Da fragst du noch!«

»Dann aber fix!«

Fischerboot mit Segel! Petja lief nur noch einmal ins Haus, um sich die Mütze zu holen. In zehn Minuten waren die Jungen dann am Strand. Das Boot mit dem aufgestellten Mast und dem zusammengerollten Segel war schon halb ins Wasser geschoben und wiegte sich leise auf den Wellen.

Die barfüßige Motja kramte am Boden des Bootes herum und verstaute im Heckkasten ein Eichenfäßchen mit Wasser und ein Gerstenbrot.

»Petja, pack an!« sagte Gawrik und stemmte sich mit der Schulter gegen das Heck.

Die Jungen stießen das Boot ohne besondere Mühe ab und sprangen hinein, während es bereits fuhr.

»Los geht's!«

Gawrik band geschickt das viereckige Segel los und entfaltete es. Der schwache Wind blähte es langsam, und das Boot neigte sich nach einer Seite. Auf dem Heck niederkniend, setzte Gawrik mit einiger Kraftanstrengung das schwere Steuerruder ein und schlug die Pinne darauf.

Unter dem Druck des Ruders richtete sich das Boot ein wenig auf.

»Vorsicht!«

Petja duckte sich schnell. Vom Wind gedreht, sauste der Giekbaum direkt über seinem Kopf hinweg von back- nach steuerbord, gab den Blick über das strahlende Meer frei und verdeckte das lehmige Ufer, auf dem, bis zu den Knien im Steppengras und in der wilden Petersilie, Motjas Mutter stand, die Augen mit der Hand beschattend. Gawrik drückte auf die Ruderpinne und lehnte sich mit dem Rücken dagegen. Der Mast neigte sich ein wenig. Hell gluckste das Wasser an der Bordwand. Hüpfend und mit dem flachen Boden auf die Wellen schlagend, erreichte das Boot die offene See und glitt dann am Ufer längs.

»Wohin fahren wir?« fragte Petja.

»Wirst schon sehen.«

»Weit?«

»Wirst es schon erfahren.«

In Gawriks Augen glomm es wieder unheilverkündend auf. Petja blickte zu Motja hinüber. Das Mädchen saß am Bug, ließ die nackten Beine ins Wasser hängen und blickte starr vor sich hin. Ihre Wangen waren gestrafft, und der Wind spielte mit ihrem flachsblonden Haar.

Eine Zeitlang schwiegen alle.

Plötzlich griff Gawrik in seine Tasche und holte eine dunkelbrünierte, stählerne Uhr hervor. Wichtigtuerisch hielt er sie ans Ohr, hörte sich ihr Ticken an und ließ dann erst, nicht ohne Anstrengung, den Deckel aufklappen, wozu er seinen Fingernagel benutzte, auf dem viele weiße Pünktchen waren, die dem Menschen bekanntlich Glück bringen sollen.

Hätte Gawrik eine lebendige Giftschlange oder eine Handvoll Edelsteine aus der Tasche gezogen, so wäre Petja weniger erstaunt gewesen.

Eine eigene Taschenuhr! Das war fast dasselbe wie ein eigenes Fahrrad oder ein eigenes »Monte Christo«. Ja, vielleicht sogar noch mehr.

Petja verschlug es den Atem. Er traute seinen Augen nicht und war einfach erschüttert.

Indessen fuhr Gawrik ganz vertieft mit dem Zeigefinger die Ziffern entlang und murmelte: »Eins, zwei, drei, vier, fünf ... neun, zehn und noch ein bißchen. Na ja, da schaffen wir's.«

»Zeig mal!« schrie Petja außer sich vor Staunen.

»Grapsch nicht, kannst sie doch nicht bezahlen!«

»Gehört sie dir?«

»Nee.« Und Petja am Ärmel näher ziehend, raunte er ihm geheimnisvoll zu: »Ist 'ne amtliche. Vom Komitee. Verstanden?«

»Ja«, flüsterte Petja, obwohl er gar nichts verstanden hatte.

»Horch mal zu!« fuhr Gawrik fort und schielte dabei von Zeit zu Zeit zu Motja hinüber. »Die haben unseren Matrosen geschnappt. Klar? Jetzt sitzt er im Kittchen. Den sechsten Tag schon. Sie haben ihn gleich nach der Maifeier direkt auf Lanscheron gefaßt. Er hat natürlich Papiere auf einen falschen Namen, und vorläufig geht's noch. Aber wenn die Viecher ihn erkennen, na, dann Gnade ihm Gott, dann kann man drei Kreuze dahintersetzen ... Die hängen ihn sofort auf. Kapiert? Und entdecken können sie ihn jeden Augenblick, die brauchen ihm bloß den Schnurrbart abzunehmen; und wenn sie dann noch einen Verräter finden und ihm Auge in Auge gegenüberstellen, dann Gnade ihm Gott, dann haben sie's schon raus. Kapierste jetzt, was das für einen Schlamassel geben kann?«

»Ist ja nicht wahr!« rief Petja erschrocken aus.

»Wenn ich's dir sage, dann kannste's mir glauben. Und nun horch mal weiter! Solange der noch unentdeckt dasitzt, bereitet man von außen seine Flucht vor. Das Komitee tut's. Und heute, haargenau um zehneinhalb, wird er aus dem Gefängnis geradewegs nach der ›Großen Fontäne‹ fliehen und dann von dort aus auf unserem Boot nach Rumänien zurücksegeln. Kapierst du jetzt, wo wir hinfahren? Nach der ›Großen Fontäne‹. Wir bringen das Boot hin. Und die Uhr hat mir Terenti vom Komitee mitgebracht, damit wir nicht zu spät kommen.«

Gawrik holte sie wieder heraus und versenkte sich in ihre Betrachtung.

»Kurz vor zehn. Wir schaffen's ganz genau.«

»Wie wird er denn fliehen?« fragte Petja. »Der wird doch von Wärtern bewacht!«

»Macht nichts. Gerade um zehneinhalb wird er auf den Hof geführt, eine halbe Stunde Spaziergang. Da braucht er bloß durch die Gemüsegärten zu laufen, und am ›Kleinen-Fontäne-Weg‹ wartet schon Terenti in einer Droschke auf ihn. Und dann – ab, direkt ins Boot. Kapierst du?«

»Ja. Aber wie schafft er's denn über die Gefängnismauer? Die ist doch hoch, so-o-o hoch! Bis zum zweiten Stock! Während der klettert, schießen sie ihn mit'm Gewehr tot.«

Gawrik verzog das Gesicht, als hätte er in einen sauren Apfel gebissen.

»Ach wo! Horch doch mal her! Wozu soll er denn über die Mauer klettern? Die Mauer schlägt Terenti durch.«

»Wie denn – durch?«

»Du bist aber ulkig! Ich sag doch – er schlägt sie durch. Macht einen Durchbruch. In der Nacht hat ein Mann aus dem Komitee Tanamit druntergelegt, und heute, um zehneinhalb Uhr morgens, zu der Zeit, wo unser Matrose spazierengeht, wird Terenti von der anderen Seite aus die Zündschnur anstecken und – ab in die Droschke. Da wartet er denn. Und wenn das Tanamit losballert . . .«

Petja sah den Freund verwundert an.

»Was ballert los?«

»Das Tanamit.«

»Wie?«

»Tanamit«, wiederholte Gawrik ein wenig unsicher, »zum Sprengen. Wieso?«

»Nicht Tanamit, sondern Dynamit!« sagte Petja belehrend.

»Von mir aus Dynamit. Ist ja nicht so wichtig. Hauptsache, es haut die Mauer durch.«

Erst jetzt begriff Petja die Bedeutung von Gawriks Worten. Er fühlte eine Gänsehaut über seinen Rücken kriechen. Aus großen, dunklen Augen blickte er den Freund an.

»Gib das ganz große Ehrenwort, daß es wahr ist!«

»Ganz großes Ehrenwort!«

»Bekreuzige dich!«

»Beim heiligen Kreuz über der Kirche!«

Gawrik bekreuzigte sich rasch angesichts der Klosterkuppel bei der »Großen Fontäne«. Doch Petja glaubte ihm ohnehin; er hatte ihn nur der Ordnung halber das Kreuz schlagen lassen. Mit ganzem Herzen fühlte er, daß es die Wahrheit war.

Gawrik holte das Segel ein, und das Boot stieß an einen kleinen Landungssteg. Das Ufer war wüst und leer.

»Hast du ein Taschentuch bei dir?« fragte Gawrik unvermittelt den Freund.

»Ja.«

»Zeig mal!«

Petja zog ein Schnupftuch aus der Tasche, bei dessen Anblick die Tante wahrscheinlich in Ohnmacht gefallen wäre. Gawrik jedoch war völlig befriedigt. Ernst und würdevoll nickte er mit dem Kopf. »Geht an. Steck es ein!« Dann blickte er auf die Uhr. Es war zehn und noch ein bißchen.

»Ich bleibe im Boot«, sagte Gawrik, »und ihr, du und Motja, ihr lauft hinauf und stellt euch in das Gäßchen. Dort müßt ihr aufpassen. Sobald sie angerollt kommen, winkt ihr mit dem Tüchlein, damit ich das Segel hissen kann. Hast du das begriffen, Petja?«

»Ja . . . Und wenn sie der Posten abschießt?«

»Der schießt vorbei«, sagte Gawrik mit Überzeugung und grinste finster. »Der Posten ist ein Bekannter aus Dofinowka. Also, Petja, sobald du sie siehst, winkst du gleich. Wird das klappen?«

»Da fragst du noch?«

Petja und Motja kletterten aus dem Boot und liefen über den Strand nach oben. Wie am Ufer von Lustdorf bis Lanscheron war den Kindern auch hier jeder Pfad vertraut. Sie zwängten sich durch die blühenden verwilderten Fliederbüsche, erklommen einen hohen Abhang und blieben an einem Gäßchen zwischen zwei Villen stehen.

Von hier aus überblickte man sowohl die Chaussee als auch das Meer.

Tief unten schaukelte das kleine Boot an dem winzigen Landungssteg. Gawrik selbst war kaum zu erkennen.

»Motja, hör mal!« sagte Petja, nachdem er sich nach allen Seiten umgeguckt hatte. »Ich werd' auf den Maulbeerbaum klettern; von da oben kann man weiter sehen, und du mußt die Gasse auf und ab gehen und schön aufpassen. Bin neugierig, wer zuerst was entdeckt.«

Um die Wahrheit zu gestehen, man brauchte keineswegs auf den Maulbeerbaum zu klettern, da man von unten gut genug sehen konnte. Aber Petja fühlte sich bereits als Anführer. Er wollte Taten vollbringen und kommandieren.

Er nahm einen Anlauf und klomm ächzend auf den Baum, wobei er sich sofort die Hose am Knie aufriß. Das konnte aber keineswegs seinen Eifer beeinträchtigen, sondern verlieh ihm nur noch größere Verbissenheit.

Er setzte sich rittlings auf einen Ast und runzelte die Stirn.

»Na, was stehst du denn da rum? Geh auf und ab!«

»Gleich.«

Motja blickte den Jungen von unten her ängstlich und ergeben an, zupfte mit beiden Händen an ihrem Röckchen und ging manierlich das Gäßchen entlang, auf die Chaussee zu.

»Halt! Warte mal!«

Motja blieb stehen.

»Horch mal! Wenn du sie siehst, rufst du! Und wenn ich sie sehe, rufe ich. Einverstanden?«

»Ja«, sagte das Mädchen mit dünnem Stimmchen.

»Na, dann geh!«

Motja drehte sich um und begab sich in den dichten Schatten der milchiggrünen, kurz vor dem Aufblühen stehenden Akazien. Im Staub blieben die Abdrücke ihrer kleinen nackten Füße zurück. Sie ging bis zur Ecke, stand dort ein Weilchen und kam wieder zurück.

»Kommen noch nicht. Und bei Ihnen?«

»Bei mir auch noch nicht. Geh weiter auf und ab!«

Das Mädchen tänzelte erneut bis an die Ecke, kehrte zurück und berichtete wieder, daß sie bei ihr immer noch nicht kämen.

»Bei mir auch nicht. Geh nur wieder hin und her!«

Dem Jungen gefiel dieses Spiel ausgezeichnet.

Es war äußerst angenehm, hoch oben im Baum zu sitzen, angespannt auf das Gäßchen hinabzublicken und nach einer wild daherstürmenden Droschke Ausschau zu halten.

Oh, wie deutlich stellte er sich das schaumbedeckte Pferd vor und den Kutscher, der die Peitsche hoch über dem Kopf knallen ließ: Der Wagen fegt heran. Mit gezückten Revolvern springen Terenti und der Matrose heraus. Gefängniswärter jagen hinter ihnen her. Terenti und der Matrose schießen auf sie. Die Gefängniswärter fallen einer nach dem anderen tot um. Petja winkt aus Leibeskräften mit dem Tüchlein, ruft laut, springt katzengleich vom Baum und rast, alle anderen hinter sich lassend, zum Boot hinunter, um beim Segelhissen behilflich zu sein. Und Motja ist erst jetzt dahintergekommen, daß die Männer schon hier sind ... Ist halt ein Mädchen, da kann man nichts machen ...

Doch die Zeit verstrich, und niemand kam. Es fing bereits an, ein wenig langweilig zu werden.

Petja bekam es satt, auf die blendendweiße Chaussee zu gucken. Einmal rollte ein herrschaftlicher Wagen vorüber, mit einem Kutscher, der wie Eugen Onegin angezogen war; einmal donnerte eine Fuhre mit künstlichem Eis vorbei, und dabei wurde einem besonders heiß, und der Durst machte sich quälend bemerkbar.

In der Zwischenzeit hatte der Junge längst auch alle Einzelheiten der nachbarlichen Villa erspäht: den leuchtendgrünen Rasen, die mit Kies bestreuten Wege, die Thujabäume, eine mit violetten Schattenflecken betupfte Statue, eine Vase, aus der lange, spitze Aloeblätter niederfielen, und einen Maler, der an einer Landschaft arbeitete.

Der Künstler trug ein hochgezwirbeltes Schnurrbärtchen sowie einen kleinen Spitzbart und hatte ein Samtbarett auf dem Kopf. Er saß unter einem Sonnenschirm auf einem leinenbezogenen Klappstuhl und tupfte, zurückgelehnt, mit einem langen Pinsel auf die Leinwand, die von einer Staffelei gehalten wurde.

Ein leichter Strich – und schon bewunderte er ihn. Ein neuer Strich – und neue Bewunderung.

Am gespreizten Mittelfinger der linken Hand aber saß die Palette, dieses ovale Brettchen, das so viel schöner war als das Bild selbst, dieses Brettchen, auf dem in beängstigender, aber zauberhafter Unordnung alle Farben, des Flieders, des Grases, der Wolken, des Bootes, so wunderbar miteinander vermischt waren ...

Inzwischen aber hatte längst eine staubige Droschke gehalten, und zwei Männer kamen langsam die Gasse herab. Motja lief vor ihnen her und brüllte: »Bei mir sind sie gekommen! Winken Sie, winken Sie!«

Petja wäre beinahe vom Baum gefallen. Er riß das Tuch aus der Tasche und schwenkte es wie rasend über seinem Kopf. Das Boot begann heftiger zu schaukeln, und Petja sah, daß Gawrik darin umherhüpfte und mit den Armen fuchtelte.

Unter dem Maulbeerbaum, auf dem Petja hockte, gingen Terenti und der Matrose vorüber. Schweiß floß über ihre feuerroten Gesichter, und der Junge konnte ihren stoßweise gehenden Atem hören.

Der Matrose hatte keine Kopfbedeckung und hinkte. Seine schicke kremfarbene Hose – dieselbe, in der Petja ihn das letztemal bei der Maifeier gesehen hatte – war zerrissen und mit Ziegelstaub verschmiert. Das schmutzige, halb zerrissene Hemd ließ die gewölbte, vor Schweiß glänzende Brust sehen. Die geballten Fäuste Shukows waren wie umwunden von blauen Adern; der Schnurrbart hing traurig herab; scharf traten die Kinnbacken auf dem unrasierten Gesicht hervor, und die Augen sprühten harte Funken.

»Guten Tag, Onkel!« rief Petja.

Terenti und der Matrose warfen einen schnellen Blick auf den Jungen und schmunzelten. Petja schien es sogar, als zwinkere der Matrose ihm zu.

Doch nun liefen sie schon, eine Staubwolke hinter sich aufwirbelnd, den Pfad hinab.

»Und ich hab’ sie als erste gesehen, ätsch!« sagte Motja.

Petja kletterte vom Baum und tat, als habe er nicht gehört. Der Junge und das Mädchen standen dicht nebeneinander und blickten zum Boot hinunter.

Sie sahen die bekannte Gestalt des Matrosen hineinspringen. Das Segel blähte sich und wurde wie ein Blütenblatt vom Ufer geweht. Am vereinsamten Bootssteg standen jetzt nur noch Terenti und Gawrik. Doch einen Augenblick später war auch Terenti verschwunden.

Gawrik war allein zurückgeblieben. Er winkte Petja und Motja zu und kam in aller Ruhe den Abhang herauf.

Auf den Wellen hüpfend, glitt das Boot rasch dem offenen Meer entgegen, das sich leuchtendblau kräuselte.

»Da fährt er nun ganz allein«, sagte Petja.

»Das macht nichts. Wir haben ihm Brot eingepackt, einen großen Laib und acht Fische.«

Bald hatte sich auch Gawrik zu Petja und Motja gesellt.

»Gott sei Dank, das wäre geschafft!« sagte er und bekreuzigte sich. »War schon ’ne Sorge.«

»Was ist aber nun mit dem Boot?« fragte Petja leise. »Ist das jetzt verloren?«

»Das Boot ist hin«, erwiderte Gawrik finster und kratzte sich seinen Schopf.

»Und was macht ihr jetzt ohne Boot?«

»Red kein Blech! Wir werden schon nicht draufgehen!«

Sie hatten keine Eile mehr, kletterten über den Gartenzaun und blieben hinter dem Maler stehen. Jetzt war die Landschaft schon fast fertig. Mit angehaltenem Atem blickten sie wie verzaubert auf das kleine Stück Leinwand, auf dem wunderbarerweise eine ganze Welt für sich stand, eine Welt, die anders war als die Wirklichkeit und die doch der wirklichen auf ein Haar glich.

»Das Meer ist da, das Boot aber nicht«, flüsterte Motja. Sie legte die Hand wie von ungefähr auf Petjas Schulter und kicherte leise. Aber da nahm der Maler einen Tropfen weiße Farbe auf die dünne Pinselspitze und setzte genau in die Mitte des Bildes auf das glänzende Blau des eben erst gemalten Meeres ein schönes, plastisches Komma.

»Das Segel!« flüsterte Motja begeistert.

Und jetzt konnte man das gemalte Meer von dem richtigen kaum mehr unterscheiden. Alles war genau wie dort. Sogar das Segel.

Die Kinder stießen sich mit den Ellbogen an und blickten lange Zeit bald auf das Bild, bald auf das richtige, sich weit dehnende Meer, in dessen dunstigem Blau sich das kleine Segel von Großvaters Boot langsam auflöste, leicht und duftig wie eine Möwe.

Hoch über ihm der Sonne Gluten,
und unter ihm rauscht blau das Meer,
doch trotzig sucht es Sturm und Fluten,
als ob in Stürmen Ruhe wär.

Miguel Angel Asturias

Sturm

Ullstein Buch 3234

Der erste Roman einer
Trilogie des lateinameri-
kanischen Nobelpreisträgers
handelt vom Kampf um eine
Bananenplantage in Guate-
mala, die im Besitz einer
nordamerikanischen Gesell-
schaft ist. Held des Romans
ist ein Nordamerikaner, der
unter den Pflanzern lebt,
Zeuge der Ungerechtigkeit
wird, deren Opfer sie sind,
und sich endlich zu ihrem
Fürsprecher macht. In hohem
Maße finden sich hier zwei
Elemente, die diesen Roman
auszeichnen: das Poetische,
ja Mythische, und das
Soziale.

ein Ullstein Buch

George Orwell

1984

Ullstein Buch 3253

Die erschreckende Zukunfts-
vision eines bis ins Detail
durchorganisierten absoluten
Staates. Der Roman entstand
während des Zweiten Welt-
krieges unter dem Eindruck
des Nazismus, des Stalinismus
und der Wirtschaftspolitik
der Industriestaaten. Er zeigt,
daß die Zerstörung des
Menschen durch eine perfekte
Staatsmaschinerie unaufhalt-
sam ist – ein beklemmender
Wirklichkeitsbezug, dem sich
der Leser schwer entziehen
kann.

ein Ullstein Buch

Maria Dombrowska

Nächte und Tage

Ullstein Buch 3271
(Kassette)

Der große Entwicklungs- und
Familienroman, das Haupt-
werk der bedeutenden
polnischen Erzählerin, als
Taschenbuch. Der vierteilige
Romanzyklus gilt als ein
Dokument der polnischen
bürgerlichen Gesellschaft und
Kultur, er spielt im Zeitraum
1880 bis 1914 in Kalisch,
im damals zu Rußland ge-
hörenden Teil Polens.
Beide Bände werden nur
geschlossen in einer Kassette
abgegeben.

ein Ullstein Buch